# HERMES

在古希腊神话中，赫耳墨斯是宙斯和迈亚的儿子，奥林波斯神们的信使，道路与边界之神，睡眠与梦想之神，死者的向导，演说者、商人、小偷、旅者和牧人的保护神……

西方传统 经典与解释 HERMES
Classici et Commentarii
古典学丛编
刘小枫 ● 主编

# 希腊古风时期的真理大师

Les Maîtres de Vérité dans la Grèce archaïque

[法]德蒂安 Marcel Detienne ｜ 著

王芳 ｜ 译

华夏出版社

# "古典学丛编"出版说明

近百年来,我国学界先后引进了西方现代文教的几乎所有各类学科——之所以说"几乎",因为我们迄今尚未引进西方现代文教中的古典学。原因似乎不难理解:我们需要引进的是自己没有的东西——我国文教传统源远流长、一以贯之,并无"古典学问"与"现代学问"之分,其历史延续性和完整性,西方文教传统实难比拟。然而,清末废除科举制施行新学之后,我国文教传统被迫面临"古典学问"与"现代学问"的切割,从而有了现代意义上的"古今之争"。既然西方的现代性已然成了我们自己的现代性,如何对待已然变成"古典"的传统文教经典同样成了我们的问题。在这一历史背景下,我们实有必要深入认识在西方现代文教制度中已有近三百年历史的古典学这一与哲学、文学、史学并立的一级学科。

认识西方的古典学为的是应对我们自己所面临的现代文教问题:即能否化解、如何化解西方现代文明的挑战。西方的古典学乃现代文教制度的产物,带有难以抹去的现代学问品质。如果我们要建设自己的古典学,就不可唯西方的古典学传统是从,而是应该建设有中国特色的古典学:恢复古传文教经典在百年前尚且一以贯之地具有的现实教化作用。透彻了解西方古典学的来龙去脉及其内在问题,为的是深入理解前车之鉴:古典学成了满足于"钻故纸堆",与现代问题聊不相干。认识西方古典学的成败得失,有助于我们体会到,成为一个学人仍然必经研习古传经典之途,从而中国的古典学理应是我们已然现代—后现代化了的文教制度的基础——

学习古传经典将带给我们的是通透的生活感觉、审慎的政治立场、高贵的伦理态度,永远有当下意义。

本丛编旨在译介西方古典学的基本文献:凡学科建设、古典学史发微乃至种种具体的古典研究成果,一概统而编之。

古典文明研究工作坊

西方经典编译部乙组

2011年元月

# 目 录

中译本前言（程志敏） ………………………………………… 1

序言：回归真理的入口 …………………………………………… 1
前言（维达尔－纳盖） …………………………………………… 30

第一章　真理与社会 ……………………………………………… 38
第二章　诗人的记忆 ……………………………………………… 45
第三章　海中老人 ………………………………………………… 69
第四章　言语的模糊 ……………………………………………… 96
第五章　世俗化进程 ……………………………………………… 131
第六章　抉择：阿勒忒亚还是阿帕忒 …………………………… 158
第七章　模糊与矛盾 ……………………………………………… 204

索引 ………………………………………………………………… 208

# 中译本前言

"神话学"(mythology)是一门非常古老的学问:"神话"自从被"哲学"取代之后,就成了一种过往的"故事学"(mythos – logos),上古的神明不再是顶礼膜拜的对象,下滑成了人类理性的谈资,"神明"让位于理智的"自因"(causa sui),尽管"人既不能向(自因)这个上帝祷告,也不能向这个上帝献祭。人既不能由于畏惧而跪倒在这个自因面前,也不能在这个上帝面前亦歌亦舞。"①即便如此,古代讲述神话传说本身还具有很强的社会功能,比如在柏拉图和亚里士多德那里,"神话学"或"讲故事"是一种宣谕教化的有效手段。②

现代神话学受到弗雷泽和列维 – 施特劳斯等人的影响而皈依到"人类学"(和"民俗学")门下,成为一种"科学"的研究,似乎与道德教化和社会规范的指导没有多大关系了。不过,颇为难得的是,德蒂安的视角却或多或少能够与"结构主义"和美国当今"古典

---

① 海德格尔:《形而上学的存在—神—逻辑学机制》,孙周兴选编《海德格尔选集》,上海三联书店,1996 年,下卷,页 841。
② 亚里士多德《政治学》1257b16(米达斯的贪婪)、1269b28(阿瑞斯和阿芙洛狄忒的结合并非没有道理)、1284a22(为了政治的稳定而像阿尔戈斯英雄船上的人一样遗弃赫拉克勒斯)。但在亚里士多德那里,"神话"几乎等同于"神学"(theology),而他对"神学"这种远古而幼稚的思考很不以为然(《形而上学》983b29,1071b26 – 28,1075b26,1091a34),尽管他开出了自己的"理性神学"之维度(比较《形而上学》1074a38 – b14)。

研究"保持适当的距离。哈瑞森(J. E. Harrison,又译"赫丽生")、韦尔南和德蒂安等人的斐然成就,却引领我们进入了一个遥远而神秘的世界,堪称美丽的"失乐园"。这个远古的世界之所以"神秘",不在于它时间久远,而在于品质迥异,或者说在于我们已经失去了领会和欣赏它的能力,其缘由颇为复杂,不是三言两语可以说清楚的,要之即在于过度的理性化所产生的思想僵化。德蒂安等人的研究成果虽然因受到现代学问形态的污染而有这样那样可以商讨的地方,在学术上却无疑值得肯定,当然是我们进入人类思想源头的一个可选入口。

在漫长的古风时期,掌握"真理"的不是后世所谓的"哲人",而是"诗人"。诗人与后来作为某种文体从业者(亚里士多德《论诗术》1447b15 - 17)的身份地位大不相同,即便亚里士多德对诗人的弘扬也还远远达不到古风时期那个高度。那时,诗人是缪斯门生,被挑选出来发布和阐释神明的旨意,因此,诗人首先是占卜者和先知。这位领受了神意的特殊人物自然就是最高的仲裁者,也即正义之王。诗人因为代天立言而拥有"真理",才有资格看到真理,甚至就是真理的主人。

但势不可挡的世俗化的洪流让诗人最终变得平庸不堪,最终从神坛上被赶下来,重新登上宝座的正是推动世俗化进程并作为其代言者的"哲人",哲人后来甚至靠杀死上帝而僭登大宝。诗人收费作诗以歌颂恩主,最终让自己以及诗歌斯文扫地。当然,诗人地位一落千丈,从至高无上的"君子儒"下降为相礼的"小人儒",其身份地位的陨落不仅仅由于个人品质的败坏,还在于民主制度本身就拒绝任何"一家独大"的精英类型。人类无尽的欲求必然导致永恒的纷争,而日益严重的争斗让武士逐渐取代了诗人(因此而有了哲人),战争手段(尤其集团作战的重装步兵方阵不允许杰出人士的自我标榜)的变化也让民主精神不得不把诗人驱逐出统治阶层。"存在"与"非存在"的问题取代了"真理"和"欺骗"。

哲学在这个必然的过程中应运而生,"真理"的民主化就成了哲学。属人的语言、而非属神的诗性语言成为新的表达方式,思想亦随之发生根本性的变化,更加注重公共性、明晰性和现实性。人们尊奉的不再是神明颁布的真理,而是相互平等的个体的意见——但哲人努力把属人的意见粉饰成了"真理",从此,"真理"的内涵也发生了颠转!或者说,真正的"真理"就这样被哲学早早地"遮蔽"起来了,因此,"去蔽"不应该是回到语言的家园,而是回到最古老的"诗"中,毕竟,logos[逻各斯]与真理不同,更与 aletheia[真理]无关。唯当我们认识到,几千年来一直被我们奉为至宝的所谓"真理",其本质不过是属人的意见,我们才可能摆脱这些伪装成真理的意见所造成的巨大危机。

那么,谁才是"诗人"?帕默尼德(Parmenides,又译"巴门尼德")虽然专门写诗称颂真理,却还远远算不得"真理"的守护者。柏拉图努力恢复古风时期的"诗统",重拾"真理"之为"记忆"的本质,本可名垂千古的功绩很快淹没在自然和超自然的哲学传统中,也无法被后人恰当地视为"诗人之子"。就连大名鼎鼎的荷马和赫西俄德,亦不过是在努力地保留远古的风流,他们与柏拉图一样,只是我们时代的诗人。

"更爱真理"的亚里士多德及其以后的哲人甚至连稍微像样的身份都不愿意恩赐给荷马和赫西俄德了,在他看来,"赫西俄德周围的人和那些神学家们所考虑的只是他们自己的信念而并不顾忌我们,他们把神或出于神的东西当做本原。……对于那些神秘隐晦之辞(mythikōs sophizomenōn)不值得去认真研究,但对于那些以证明来说的道理,却必须反复考察并且追问。"①至于近人如康福德者把

---

① 亚里士多德《形而上学》1000a9 – 20,苗力田译文,参《亚里士多德全集》,中文版,卷七,页 76。神学已经成为思辨哲学的一部分(1026a19,1064b3),比较柏拉图《王制》379a5 – 6(据说是 theology 第一次出现的地方)。

赫西俄德视为哲人的先驱,不过是要让哲学的源头显得更加古老而神圣,他们看似把赫西俄德抬高到哲人的高度,殊不知却是让诗人蒙尘。

于是,我们最后就会落到一个根本性的问题上来:什么是真理?海德格尔对符合论的批评最多只是终结了流俗的真理观,而深受亚里士多德影响的他由于在思想中缺乏政治伦理的维度,也注定了他不可能真正理解与他所钟爱的being[存在]毫无关联的aletheia。"哲学"不在九位缪斯的管辖范围内,因而没有自己的保护神,哲学也从来就没有成为一位(像"法律"和"正义"那样的)神明——哲学恰恰是革掉了神明的命才得以自生自存。

"真理"(a-letheia)的字面意思是对"遗忘"的抵抗,它本身是一种宗教的力量。Aletheia本质上就是"记忆",我们只知道冥府有条"忘川"或"忘泉"(Lethe),却不知道旁边还有一座"记忆之泉"(Mnemosyne)。① 但我们转世之前最需要记住什么?首先要记住的不是冥府对恶的惩处,而是更为根本的天地大法,也就是作为良法(Eunomia)、正义(Dike)、和平(Eirene)以及"命运三女神"之母的忒弥斯(Themis),如是,人类和自然也才有安顿之处。

照此说来,我们也似乎有必要像柏拉图所主张的那样,不仅要把已经蜕化变质的诗人逐出城邦,出于同样的理由,还要把哲人逐出城邦。这种"驱逐"不是一种"惩罚"甚或"放弃",而是一种"为了回归"的历练。他们的"流放"首先就是为了向"古风时期的真理大师"学习,去思想最隐秘而本真的时代寻求真正的"真理",当然,

---

① "水"是古人最早凭以发誓的东西(参《伊利亚特》14.27,15.37,《奥德赛》5.184-185,赫西俄德《神谱》793),后来才是"血"、"酒"和"圣经",因此,"水"本身就具有宗教功能。中文的"法"中的"水"与此相通,首先不是指公平,而是指"神圣"(公平当然不在话下)。

"流放"的目的还不止于此,他们有着比"流放"深远得多的"使命"。

一本书的翻译不足以改变什么,却可能让读者在艰难的思索中有所感悟,帮助我们意识到摆脱"洞穴假象"(培根语)的急迫性。林梅玉和胡帆参加了部分章节的初译。本书的内容涉及一个我们不熟悉的思想世界,超出了我们目前的能力和水平,祈望方家不吝指教。

程志敏

2013 年 11 月 28 日

# 序　言
# 回归真理的入口

[15]在古希腊,自雕塑首次开始描绘人类以来,通向"真理草场"的道路忽然就打通了,浮现在眼前的是阿勒忒亚平原(the Plain of Alētheia)。甚至还有更隐秘的足迹通向遗忘之泉(the Fountain of Oblivion)或记忆女神(Memory)的冰川。某日在克里特(Crete),采药师厄庇米修斯(Epimetheus)睡得如此之沉以至于不知始终,他一直在睡梦中亲身和真理(Truth)对话。① 在公元前六世纪,真理,即阿勒忒亚,是那位问候帕默尼德并把他引向"完美无缺的真理世界不可动摇的核心"的女神的亲密伙伴。

真理为探寻古代、探寻原初者提供了让人着迷的考古知识,从赫西俄德的缪斯到知者的向导——太阳神的女儿们。毕达哥拉斯主义的宗教哲学圈子曾在早期为理解"魔力"之人作出了两三次尝试,对荷马和赫西俄德的主题作出了改编,这些已经让我相信沿着从宗教通向哲学思想的道路是会有收获的。② 我早在1960年发表的一篇短

---

① [译按]厄庇米修斯:希腊神话中后知后觉的神,普罗米修斯的弟弟,他娶了潘多拉为妻,结果给人类带来了灾祸。

② 按时间顺序排列依次为:《荷马、赫西俄德与毕达哥拉斯:古代毕达哥拉斯学派的诗人与哲学家》(Homère, Hésiode et Pythagore: Poésie et philosophie dans le pythagorisme ancien,见 Collection Latomus, vol. 57, Brussels, 1962)、《从宗教思想到哲学思想:古代毕达哥拉斯学派中 Daimôn 的含义》(De la pensée religieuse à la pensée philosophique: La notion de Daimôn dans le pythagorisme ancien,见

文中就已开始考察这个话题,而 1965 年我在获得列日大学(Université de Liège)博士学位的论文中完成了我的探寻。① 它起源于一个简单的发现:在古希腊,只有三类人[16]——预言家、吟游诗人和正义之王——能因为他们的特殊品质而享有发布真理的特权。诗人、先知和国王也分享相似的言语类型。通过记忆即摩涅莫绪涅(Mnēmosynē)的宗教力量,诗人和预言家都能直接进入彼岸(the Beyond),他们能看到不可见之物,说出"昔为何,今为何,将为何"。凭借这一灵性知识,诗人用歌声般的言语庆祝人类的功绩和行为,这些功绩和行为也因此成为光辉和启示,充满了巨大的力量和存在的完满。与此类似,国王的言语依靠严酷的考验而具备了语言的力量。它将正义带给人类,无需借助证据或调查就能建立法律秩序。

这三类人物都是从这种言语的核心出发,那就是阿勒忒亚,一种属于宗教存在的力量——宗教或与之相关,或与之相反。与正义即狄刻关系密切的阿勒忒亚,与歌唱言语慕萨[Moûsa]组成了一对,另外还伴有光和赞美。另一方面,阿勒忒亚与遗忘——即勒忒——相反,遗忘是沉默、谴责和晦涩的同伙。在他们的神话—宗教的(mythicoreligious)面貌中,阿勒忒亚发出了现实可行的真理。她是灵验的力量,她创造了存在(being)。正如后来福柯(Michel Foucault)所说的那样,真正的话语是"由根据习俗将说话当作权利的人发出的"。② 这样想的话,那阿勒忒亚和勒忒就不是水火不容、相互矛盾的;他们组

---

Bibliothèque de la Faculté de philosophie et Lettres de l'Universi té de Liège, vol. 165, Paris, 1963)、《赫西俄德作品中的农业危机与宗教观》(Crise agraire et attitude religieuse chez Hésiode, 见 Collection Latomus, 卷 68, Brussels, 1963)。

① 《阿勒忒亚的神话内涵》(La Notion mythique d'ΑΛΗΘΕΙΑ, Revue des études grecques 73, 1960)。

② 福柯,《话语的秩序》(The Discourse on Language, 见 The Archaeology of Knowledge, New York: Pantheon, 1972),页 218。

成了一种单一宗教力量的两个极端。沉默和遗忘的反面组成了记忆女神和阿勒忒亚不可分割的影子。同样由于这种力量,记忆女神的女儿们,即缪斯不仅能够"像说真话那样说假话",而且还具有"说真话"的知识。①

智术师和哲学家在"真理大师"的谱系中占据着什么地位呢?[17]他们的言语与预言家、诗人以及正义之王这些能传递现实的灵验言语有什么不同呢? 一种表达和逻辑都以模糊为重要特征的思想是如何过渡到通过论据、相互不矛盾和区分了意义与假设指称的对话来明确宣告新智识政权的来临这一思想的呢?

对我而言,理解这一社会历史语境也许对真理这个概念的谱系有所裨益。在研究毕达哥拉斯时,我偶然发现言语有渐渐世俗化的迹象。最重要的一个表现就是在军队组织中,因为它赐予士兵阶级的所有成员以相等的话语权,允许他们讨论公共事务。公元前650年左右开始的重装步兵改革不仅在战争中采用了一种新型武器装备和行动方案,而且还促使了"同等类似"的士兵——邦民的出现。这样一来,对话——对他们演说且宣传集体事务或与集体事务相关的世俗演说——开始站稳脚跟,而此时传播真理的灵验言语渐渐荒废。通过基于政治且与广场(agora)相关的新功能,逻各斯(logos)——言语和语言——变得独立。现在关于语言的思想主要有两个趋势。一边是逻各斯被看成维持社会关系的工具:它是如何对他人起作用的? 在这一支脉中,修辞学和诡辩术开始发展游说技巧的语法和文体分析。而另一支脉是哲学发现的,它将逻各斯所反映的看成是了解现实的途径:言语是现实的全部吗? 如果是,那么数字表达的现实[18]、数学家和几何学家发现的现实

---

① 赫西俄德,《神谱》(*Theogony*,拉提摩尔[Richmond Lattimore]译,Ann Arbor:University of Michigan Press,1959)。

又如何解释?

然后,我开始研究阿勒忒亚的兴衰,特别是曾在智术师思想中贬值的阿勒忒亚是如何将自己与帕默尼德的话语联系在一起的,如何与早期总是不证自明、受和谐统一原则严格控制、包含永恒存在的形而上学联系在一起的。

三十年后,劳埃德(Janet Lloyd)仔细地翻译了这部作品,对她我真是万分感谢,这样我就有机会重新考察这一早期作品的设想和内容,思考大量的方法论问题。1958年我在法尔内塞广场(Piazza Farnese)的罗马法语学校(Ecole Française de Rome)对"魔力"之人的分析让我开始考虑各种形式的调解,热尔内(Louis Gernet)把他的论文"哲学的起源"(Les Origines de la Philosophie)送给了我。① 那时我已拜读这位希腊学者的著作多年,二十世纪八十年代他还在圣地王子先生大街(rue Monsieur-le-Prince)时就有望成为古代社会比较研究中心(the Centre de Recherches Comparées sur les sociétés Anciennes)研究员所崇拜的对象了,该中心的左膀右臂,历史学家多纳托(Riccardo Di Donato)以其马克思主义者的狂热从比萨出发去组织中心"奠基人"的礼拜仪式。② 在那篇短文中——原文极其难找,直到1968年我和韦尔南在《古希腊人类学》(The Anthropology of Ancient Greece)中和其他论文一起收录时才重新刊印,热尔内指出了确定"神话概念、宗教实践和社会形式……牵涉哲学起源"这一过

---

① 热尔内,《哲学的起源》(Les Origines de la philosophie,见 Bulletin de L'enseignement Public du Maroc,1945),页183。

② 这些"奠基人"是创立了"历史比较"心理学的梅耶森(Ignace Meyerson,他和大多数他的忠实弟子认为"历史比较"心理学是唯一真正意义上的马克思主义心理学)、热尔内和[有点不同意热尔内的]韦尔南。关于当时多纳托举行的"礼拜仪式"及它的接受,我会在其他地方提及。

程如何发生的重要性。① 热尔内尤其注意哲学家,注意哲学家如何表现的像是被"选定"一样,注意哲学家对自己在世界上、在城邦中所处的地位和所拥有的知识是怎么看的。同样在1958年,当我在法尔内塞广场意识到希腊对民族学产生的巨大吸引力时,列维-施特劳斯的《结构人类学》(Structural Anthropology)向我揭示了分析和创立"神话思想"理论的新途径,而这些途径是希腊学者甚至在学者中间都罕有提及的。② [19]潜藏在我所探寻的真理的宗教结构之下的是卡西尔(Ernst Cassirer)和梅耶(Antoine Meillet)的假说,即语言引导观念,语言现象与习俗有关,也就是与技术、社会关系和相互交流语境下存在的重要图式有关。

我研究的课题就是言语及其早期在城邦中的使用,我今天要继续沿着同样两条普遍路线去探寻这个问题。第一条关注的是集会的实践,它来源于成百上千次实验,涉及一个政治空间内的许多模型。与此密切相关的是言语的反映、言语的效果、言语的技巧、言语与世界及与他人的关系这一切所产生的环境的本质。我目前正在从比较学者的角度分析如何在集会中使用言语和行为模式,其中涉及埃塞俄比亚人、哥萨克族和意大利的公社运动。③

---

① 德蒂安、热尔内和韦尔南编,《古希腊人类学》(The Anthropology of Ancient Greece,汉密尔顿[John Hamilton]和纳吉[Blaise Nagy]译,Baltimore:Johns Hopkins University Press,1981),页353。

② 尤其见第11章《神话的结构研究》(The Structural Study of Myth,Structural Anthropology,New York:Basic Books,1963)。

③ 此项工作是巴黎大学古典研究实践派、国家科研中心(Ecole Pratique des Hautes Etudes/Centre de la Recherche Scientifique,Université de Paris)和霍普金斯大学(Johns Hopkins University)"历史与人类学:比较研究方法"(Histoire et Anthropologie:approches comparatives)研究小组项目的一部分,目前正在进行中。

研究的第二条线是在忒弥斯觉醒时考察各种程序产生和建立的图式,包括神谕的宣告、集会的开闭幕、刻在刚萌芽的城邦中某处石头上的决议。① 1970 年福柯在法国学院(College de France)首次讲课时发现了古希腊有统治我们自己的"求知意志"或更准确地说是我们的"求真意志"的领域。② 在我看来,我自己的研究似乎就是他所指那个领域的缩影。我们曾经放弃了早期对"权力与知识"的糟糕定义,而回过头来看,希腊早期的真理大师们似乎早已在言说真理的愿望上作下记号。而表述这一意志或愿望的既有赫西俄德的缪斯,又有年轻的蜂女(Bee‐Women,指阿波罗的女祭司——译按)。③ 同样,在政治领域内,[20]实践有效性总是很明显:先是预言家以"谁希望或愿意为城邦立言?"这个问题开启集会的仪式,之后是以同一种模式将成千上万个决定依法刻在石头上,小心翼翼地放在"有意者便可读"的位置上,从提问到镌文全都显示了这实践的有效性。④ 哲学家们迫不及待地试图独享求真的

---

① 关于该论题研究的新进展,见《古典研究实践派年鉴 99》(*Annuaire de l' Ecole Pratique des Hautes Etudes 99*,1990—1991),页 243 - 246。[译按] 忒弥斯:希腊神话早期神祇,十二提坦之一,秩序、正义女神、命运女神之母。

② 福柯,《话语的秩序》,前揭,页 218 - 220。

③ 赫西俄德,《神谱》,前揭,27 - 28(ethelein[愿意]);《荷马的赫尔墨斯颂》(*Homeric Hymn to Hermes*),伊夫琳‐怀特(Hugh G. Evelyn‐White)译,Cambridge,MA:Loeb Classical Library,1967)558 - 563(愿意)。

④ 预言家使用的套话见于欧里庇得斯(Euripides)《乞援女》(*The Suppliant Women*,琼斯[Frank William Jones]译,Chicago:University of Chicago Press,1958),页 438 - 439(愿意);关于石头上刻的套话是合法且可见的(boulesthai)这点,见德蒂安在《古希腊书写知识》(*Les Savoirs de l' écriture en Grèce Ancienne*,2$^{nd}$ ed.,Lille:Presses Universitaires de Lille,1992[1998])页 41 所写的《希腊的文字与新的知识对象》(*L' Ecriture et ses nouveaux objets intellectuels en Grèce*,德蒂安编,*Les Savoirs de l' écriture en Grèce Ancienne*,3$^{rd}$ edition,Lille:Presses Universitaires de Lille,1994)。

欲望。但是多亏城邦有演讲和集会,它才摆脱了这种独裁——虽然这一发展同时完全类似于那些过分热衷于靠人来为民有政府建立制度的人的意志和欲望了。

  此处要考察的不仅仅是阿勒忒亚的语义场,还有哲学的原史,古代社会的变化必定会产生回应,或沉默或呼喊,有三门学科就处于这一事业的评判者的位置上:当然有语文学和历史,还有人类学,前提是人类学能克服自己的复杂性而能与另外两门学科及他们的国际——至少是欧洲的——声誉匹敌。也许人们本来期望历史学家更多地关注"重装步兵改革"的文章,但是思想分类的趋势不隶属于古今的任何史学研究。① 芬利(Moses I. Finley)密切关注社会经济以外的东西,甚至包括严格意义上的政治。维达尔-纳盖是唯一的例外,当时他正和莱维克(Pierre Levêque)一起研究克莱斯忒涅斯(Cleisthenes)和伴随着克莱斯忒涅斯伟大政治改革的知识阶层变革;②现在我比之前更欣赏他的著作。但是被称作左翼(the Left Bank)的语文学家、文学家(littéraires)又如何呢?③

---

  ①  德蒂安,《方阵:问题与论辩》(La Phalange:problèms et controverses, Jean-Pierre Vernant ed., *Problèms de la guerre en Grèce ancienne*, 2$^{nd}$ ed., Paris:Editions de l'Ecole Pratique des Hautes Etudes en Sciences Sociales, 1958)。

  ②  [译按]克莱斯忒涅斯(约公元前570?—前508?):雅典政治家和首席执政官(公元前525—前524),一般认为是雅典民主政治的开山祖。出身于阿尔克迈翁家族。公元前508年,克莱斯忒涅斯联合公民大会实行民主改革,过去以家族、氏族、宗族为基础的政治组织改为以地域为基础的政治组织。4个血统部落被10个地方部落取代,每个部落都有来自城市、沿海和高山地区的代表。雅典议会的人数增至500名。他改革的基础是人人权利平等的原则。

  ③  [译按]左翼:指巴黎塞纳河左岸波西米亚区,该地区自十九世纪九十年代开始就以艺术家、作家和学生聚集地著称。

知识阶层的考察者们早就意识到历史学家们分为"民族主义者"[21](大约有四分之三)和非民族主义者,其中非民族主义者在像今天的法国这样的"民族"几乎没有。① 语文学家——这就是作为真理考古学家的我要回归的对象——总是清楚地分为两类:思考的语文学家和不必思考的语文学家。据说不论周遭环境如何,不必思考的语文学家都无一例外地产出丰厚。但是,具有日耳曼式和语文学家式领悟力的利勒(Lille)解释学派无疑属于思考的语文学家。② 这类语文学家中的一些成员支持布尔迪厄(Pierre Bourdieu)著作中的法国式(à la française)文化社会学,③他们甚至显露出对可能引向希腊文化某些重要方面的人类学研究方法的兴趣。这一领域的例子包括与认知实践相关的写作以及它对特定知识类型模块的效果;还有"神话学"或"神话思

---

① 见该法国历史学家担任的"国家牧师"角色,他出现在诺拉(Pierre Nora)历史与自恋参半的著作《记忆圣地》(*Les Lieux de mémoire*, Paris: Gallimard, 1984—1992)卷7中。尤其见《论争》(*Débat*,1994)78,对欧洲其他国家所作的比较激发了诺拉关于法国在历史上就倾向记忆的设想。在法国这样一个习惯于纪念的国家,所有一开始坚持对这些"分类"进行批判性分析的比较方法都脱离原来的轨道了。对这个"很法国"的进取心作出的最中肯的评价来自美国,是从社会学角度出发的:维莱姆(Jean-Paul Willaime),《"记忆圣地"与国家想象》("Lieux de mémoire" et imaginaire national, *Archives des sciences sociales des religions* 66.1, 1988);英格朗得(Steven Englund),《论历史学家对"国家"一词的使用及相反用法》(De l'Usage du mot "nation" par les historiens et réciproquement, *Le Monde diplomatique*,1988年3月),页28-29。

② 在其他大纲性的论辩文章中,我推荐博拉克(Jean Bollack)的《对实践语文学的思考》(Réflexions sur la pratique philologique, *Informations sur les sciences sociales* 66.3-4,1976)。

③ [译按]布尔迪厄(1930—2002):法国社会学家和人类学家,以文化及教育上的批判研究而闻名。布尔迪厄基于社会地位及教育的财富,引进了文化资本论的概念,指出统治阶级在学校和社会的成功大部分依赖个人所处阶层的文化信仰或习惯。他受到结构主义的影响,提出习惯类似一种语言,而且比语言更基本。著有:《实践理论概要》(1977)、《教育、社会、文化再生产》(1977)、《区别》(1984)。

想"方面的早期作品,里面涉及自荷马史诗以来到接近古代末期非常明显的多神文化实践。① 最近解释学派的学者们组织的一个赫西俄德国际研讨会将所有学科中最耀眼的哲学、人类学和语文学结合了起来。② 从康福德(F. M. Cornford)开始,《神谱》的作者赫西俄德就被看作哲学的先驱,但是之前没有预料到人类学也在其中。在此次研讨会的背景下更是如此,贴上"人类学"标签的似乎包括时而带有比较性质的所谓历史心理学的论文,包括编年史派(Annales)历史学家的著作及其研究方法目录,包括对神话结构的探索,从迪梅齐(Georges Dumézil)的研究到列维-施特劳斯的鸿篇巨制。③ 希腊主要叙事的"结构"分析显然

---

① 浮现在我脑中的是拉孔卜(Pierre Judet de la Combe),他很喜爱我编的文集《古希腊书写知识》。而我更要感谢他,因为几乎就在那个时候——1984 到 1988 年,我在康奈尔大学(Cornell University)的汤逊讲座(Townsend Lectures,1987 年 2 至 4 月)上对他这一位坚信德里达是唯一的"书写之神"的听众论述了我对"书写之神"(The Gods of Writing)的观点,他显然有充分的论据持此观点,但这个观点抵消和违背了帕拉墨得斯(Palamedes)的观点、埃及对[发明文字的]托特神(Toth)的记述以及俄尔甫斯对文字即书写(grammata)的宣告。我想以后写一本书来试着理解为什么"帕拉墨得斯先生"的故事在一位受过高等牧师书写(High Priest Writing)启蒙的听众看来会如此荒诞。在《俄尔甫斯的书写》(前揭)101-130 页,我已经用两章对创新书写在神话和知识分子中的体现作了初步的概括。

② 《重新认识世界性的赫西俄德:语文学、人类学、哲学》(Rencontre internationale Hésiode:Philologie, Anthropologie, Philosophie,1989 年 10 月 12-14 日)。(将以《赫西俄德》[Hésiode,Paris:Editions du Cerf,1995]为名出版,包括布莱兹[Fabienne Blaise]、拉孔卜和鲁索[Philippe Rousseau]的论文。)

③ 这一系列研究在博拉克《对实践语文学的思考》(前揭),页 379-380 中有所述及,里面提到了对"结构主义学派的作者"关注"表现系统与精神心理结构"的这个解释。他批判结构主义学派的作者没有研究一部作品的"独特意义",而只关注"直接借鉴社会现实"的作品。其中隐晦地提到"民族学和人类学"替代了在希腊民族志语境下对"神话学"叙事的分析过程的思考(参德蒂安,《阿多尼斯的花园》后记"重访阿多尼斯的花园",劳埃德译[Princeton,N:Princeton University Press,1994])。

[22]或多或少会激怒严谨的解释学派。然而,幸亏可以提出这样一个重要的问题:赫西俄德和缪斯的真理真的落入以解释学派为代表的"文学作品学"的研究范围去了吗?

威斯曼(Heinz Wismann)在评论赫西俄德研究时提出了这个问题。① 把现代解释学的原则应用到《神谱》的作者身上,在最后分析时将作品意义的一致性归于个人的自发决定,这样做合理吗?(威斯曼,1993,页3)制约这个原则的因素包括接受这部作品是独立的、作品意义的一致性、作品的整体性、涉及的一位作者,以及与唯一的作者相对应的唯一解释者。甚至无法想象如何比较——从一开始就不能涉及任何人类学的因素,而人类学却来自于从事比较研究的学者。十九世纪末,语文学在忠实本学科的原则下详细解读了柏拉图和《新约》(the New Testament),但语文学的注解无法适应历史人种志语境下的分析。② 水的预示、潜在的预兆、俄尔甫斯—狄奥尼索斯式(Orphico-Dyonysiac)葬礼仪式,这些习俗被驱逐出神奇的解释学领域,充斥在赫西俄德所属文化中的记忆和遗忘的所有表征也被驱逐了。那些"资料"因为"外在于"文本——赫西俄德的文本,所以与构成作品"唯一意义"的文学含义完全无关。因此"结构主义学派的作家"——博拉克这样称呼他们——完全出局了,和他们一道的还有他们对希腊文化的理解,而希腊文化已经削减为一些伟大的文学文本或哲学性文学

---

① 三个油印文本标志着威斯曼的方法有了进展(博拉克举办的博拉克研讨会[1976]、赫西俄德研讨会的资料[1976]、《赫西俄德讲座上的观点》[Propositions pour une lecture d'Hésiode,1993])。此处文本按时间顺序排列。

② 拉克斯(André Laks)和奈什克(Ada Neschke)编,《解释学范式的诞生:施莱尔马赫、洪堡、伯克、德罗伊森》(La Naissance du paradigme herméneutique[Schleiermacher, Humboldt, Boeckh, Droysen], Lille: Presses Universitaires de Lille,1991)。

文本了(同上,页379)。

　　这里显然有许多无法预料之处,正如现代"古典研究"在美国的情况[23]及其对"伟大文本"和文本注解的持续关注所展示的那样。实际上,古典研究致力于维持某些特殊价值,而完全不是将对文化系统的分析看作是理解不同文化中人类思维机制的一种途径。但是,对"结构主义作家"以及法国解释学派成员而言,赫西俄德的诗歌显然是以言语为主题——它的重要地位、权威性和它是由诗人与缪斯表现的都说明了这一主题。我们都意识到从荷马到赫西俄德,吟游诗人和记忆女神的女儿们(指缪斯——译按)经历了一次转变,变得更复杂了。缪斯在《伊利亚特》(Iliad)中是全知的,诗人多亏了她们才能清楚地看到吟游诗人和记忆女神的女儿们的营地。作为缪斯的仆人,吟游诗人能讲述特洛伊木马(the Trojan horse)进入阿波罗(Apollo)和赫克托尔建造的城邦时所发生的事。① 吟游诗人根据缪斯的指示时而为奥德修斯(Odysseus)咏唱,时而为他人咏唱,向他揭示在他失明的双目前展开的事实,仿佛特洛伊战争(the

---

① [译按]特洛伊木马:关于特洛伊战争的一个传说,据说希腊人修建了一个巨大的木马,并将一支突击队隐藏其中。当希腊人假装败退时,特洛伊人将木马带进了城内。希腊人在夜间从木马中出来,为他们的军队打开了城门并对特洛伊进行洗劫,将男子杀害,女子俘房。阿波罗:希腊神话中的太阳神,宙斯之子。他传达宙斯的意旨,使人们认识到自己的罪恶,并为他们洗刷罪恶。他主管宗教法和城邦法,能预言未来。他的标志是象征距离、死亡、恐怖和敬畏的弓及象征音乐、诗歌和舞蹈的里拉琴。德尔斐建有阿波罗的神庙。赫克托尔:希腊传说中特洛伊国王普里阿摩斯(Priam)和王后赫卡柏(Hecuba)的长子。他是安德洛玛刻(Andromache)的丈夫和特洛伊军队的主要战士。在荷马史诗《伊利亚特》中,他不仅骁勇善战,而且情操高尚。他还是阿波罗的宠儿,阿波罗帮助他在打仗时杀死阿喀琉斯的朋友帕特洛克罗斯,后来阿喀琉斯替朋友报仇,在战斗中刺死赫克托尔,并拖着他赤裸的尸身绕行特洛伊城墙。

Trojan War)之时他自己就在场。① 但是,阿克拉(Acra)的赫西俄德同时以第一人称和第三人称进行讲述。缪斯选择了一位诗人预言家在场,这位诗人预言家现在设定了新的言语模式。威斯曼强调这点是正确的:"他们说自己知道怎么把假话(pseudeis,我把它译成"骗人的"东西)说得像真的一样,但同时又知道怎么让人理解真实的东西"(威斯曼,1989,页5)。

在这里,缪斯被理解成是在思考叙事主题和叙事结构。因此,话语的顺序,即逻各斯,就具备了双重语域:一重是华而不实的虚构,这当然无疑被拒绝了,另一重是"真正的理解"。根据威斯曼所言,"真正的理解"意味着"抓住叙事结构"或"真正的结构如何叙事"等。② 这样一来,阿勒忒亚标明了可理解的范围,即对赫西俄德

---

① 福特(Andrew Ford),《往昔之诗》(*The Poetry of the Past*, Ithaca, New York:Cornell University Press,1992)关注的是史诗诗学的复杂性。[译按]特洛伊战争:传说在小亚细亚西部希腊人和特洛伊人之间发生的战争。后由希腊人在公元前十二或前十三世纪记载。在荷马的《伊利亚特》和《奥德赛》以及希腊悲剧和罗马文学中也均有记载。荷马的书中认为特洛伊王子帕里斯和斯巴达王墨涅拉俄斯(Menelaus)的王后海伦(Helen)私奔,于是墨涅拉俄斯的兄长阿伽门农带领希腊部队去解救她。该战争持续了10年,其参与者包括赫克托尔、阿喀琉斯、普里阿摩斯、奥德修斯和埃阿斯(Ajax)。最后希腊人以木马计获胜,结束了战争。奥德修斯:荷马史诗《奥德赛》的主人公。据荷马的说法,他是伊塔卡(Ithaca)的国王。他的机敏、多谋和毅力使他能够通过木马计攻克特洛伊,并且忍受9年的流浪和冒险,回到伊塔卡,在那里他的妻子佩涅洛佩(Penelope)和儿子特勒马科斯(Telemachus)等着他。奥德修斯是西方文学中最常描述的人物之一,许多希腊和罗马的诗人以及后来的作家以他为题材进行创作。

② 威斯曼(1976,页5)使用了"意义的即时显露"这一表达。他还将阿勒忒亚定义为"达到真正理解的水平"(1989,页6)或作为"结构的象征主义"(1989,页7),"叙事者凭借自我意识才可能把握的结构"(结构的缪斯?)。在[威斯曼]1993年版的第7页就只考察作品(《神谱》,前揭),充分利用了"哲学为从中得出其体系而会继续考察的真正意义"。

[24]及后荷马时期的缪斯所创作的作品的真正理解。这两个层面都属于记忆女神的女儿们的范围,这一点体现在对比《荷马的赫尔墨斯颂》(*Homeric Hymn to Hermes*)中三位阿波罗女祭司的描写中。这些女祭司根据双重语域——至少是用占卜的方式——来教导阿波罗:

> 他们从家中飞出,忽而在这里,忽而在那里,以蜂蜜为食,把所有东西带过去。当因吸食到黄色蜂蜜而欢欣鼓舞(thuiôsin,"她们雀跃",像被酒神上身的提伊娅们一样)时,①她们愿意[ethelein]说真话[Alētheia]。但是如果没有享用到神的甜蜜食物,她们就会因沮丧而说假话[pseūdesthai]。②

这里最根本的就是和预言家拥有的知识作比较;解释学派有幸可以用一个"伟大文本"中的定义来解释这一点:③《伊利亚特》明确说过,卡尔卡斯(Calchas)能言说现在、未来和过去(《伊利亚特》1.70)。④ 两种情况都有双重语域:女祭司对预言者阿波罗所说的,缪斯对赫西俄德所说的,都是诗人预言家。它们的不同在于蜂蜜,在于让她们狂喜的途径。赫西俄德的缪斯虽然是奥林波斯神,但却更接近现实,甚至连惯有的琼浆仙肴都不会让她们觉得有必要狂

---

① [译按]提伊娅:即 Thyiad,酒神狄奥尼索斯的女祭司。
② 《荷马的赫尔墨斯颂》,前揭。
③ 识别一个语文学家可以从他老远就伸长脖子这一点来判断,他的脖子因为向后、向上审视过去的或早期的作家的作品而轻微地扭曲着;他的眼前是过去,他是倒着走的。
④ [译按]卡尔卡斯:特洛伊战争中希腊最富智慧的随军预言家,据说他看到另一预言家莫普索斯(Mopsus)比他更擅长预言后便郁郁而终了。

喜。阿波罗女祭司们的"渴望或意愿"与赫西俄德的缪斯类似，消减了真理之食僵化的本质，因此拉近了两者的距离。

　　解释学派也许成功地发现了赫西俄德的双重言语，但是，它没有将记忆和遗忘置于其人种和宗教语境下去理解，而我在本书中恰是这样做的。① 解释学家必须在词汇层面上进行字面解释：遗忘的意思必须是"不解的一种"，与真理相反，真理是"我们不再不解的事物"——而他告诉我们这个意思就是我们有"对他们的真正理解"。② 摩涅莫绪涅或曰记忆女神就像[25]宙斯的前三位妻子——第一位墨提斯（Mētis）、第二位忒弥斯、第三位赫拉（Hera）——一样，是一种神圣的力量，结果却极其可笑地消失在陈词滥调中了。她变成了单纯的"美好记忆"，因为"我们必须记住现有的对阿勒忒亚的理解"（威斯曼，1989，页10）。当然，赫西俄德提供的迹象更清晰：在赫利孔山（Mount Helicon）上，③缪斯似乎靠近宙斯的祭

---

① 在1976到1993年间，从我1965年的研究中产生的"真理—记忆—遗忘"的思想视域几乎无人问津，而乏味、基础的语文学（如梅特[Hans Joachim Mette]和克里舍尔[Tilman Krischer]）却被认为是值得讨论的。这些手法与"语文学家职业"的策略并非无关。

② 威斯曼，1989，页6。他在1993年版第6页中乐于只提及"记忆的准则"摩涅莫绪涅，因此这个词仅仅是 Lēthē 的反义词，在前面加上前缀 a 就变成了 Alētheia。在他的《赫西俄德神谱中的权力与作者》（Autorité et auteur dans la Théogonie hésiodique, Hésiode，见上文注释1）中，纳吉（Gregory Nagy）批评了科尔（Thomas Cole）在《古带文化中的城市地区》（Quaderni urbinati di cultura classica，1993）页13中解读出的"古风时期的真理"（Archaic Truth）。纳吉再次强调了诗歌思想中的"记忆"和"真理"之间的必然联系（页35），他试图表明赫西俄德 alētheia gērusasthai 的这个表达意指所有泛希腊神话的各种版本，而这些版本与当地形形色色的版本完全不同。

③ [译按]赫利孔山：希腊中东部山峰，是较高的帕尔纳索斯山脉的延伸部分，该山脉的一部分靠近科林斯湾，海拔1749米。因古希腊人视这里为缪斯女神的故乡而闻名，山上有阿加尼佩泉和希波克林泉，即传说中诗人灵感的来源。

坛;①她们向诗人(empneuein)"轻声低语",就像阿波罗赋予他选中的人以关于现在、过去和未来的知识一样。② 在《神谱》中,勒忒远不只是"不解的一种",而是像谎言(Words of Deception)即伪逻各斯(Pseudeis Logoi)一样的神圣力量,和睡眠(Sleep)、死亡(Death)一样是黑夜之子。③ 任何深入赫西俄德诗中言语的研究都不能忽视最直接的赫西俄德文本,即作品自身。同样,忽视作为深海(蓬托斯)之子的海中老人会导致对《神谱》中另一个关键段落的忽视,从而无法思索正义之王所暗示的"唯一真理",以及他的预言知识和其他力量(赫西俄德《神谱》233-236)。何种"文本阐述"会一开始就毫无道理地把作品的大部分掩盖起来呢?

更有趣的是,最关注记忆和遗忘的神话宗教方面及它们与责备和赞美的关系的学者是哈佛大学的美籍希腊研究者,如纳吉(Gregory Nagy)和西格尔(Charles P. Segal),这显然是因为他们意识到扩大知识视野的极端重要性,不愿把一个文化系统仅仅当作类似于大

---

① 赫西俄德,《神谱》,4.31 以及 1.32(按:原文如此)——赫西俄德被他的"力量"激发而"吟唱了关于未来和过去的故事",即像预言家一样用占卜的话语(在 31 中 thespis[灵感]和 aoidē[吟游]是一起的),前揭。

② 这些力量包括缪斯的力量、言语的力量。早在 1965 年,像纳吉和西格尔这些希腊学者就意识到作为歌唱言语力量的缪斯代表了自我意识在言语和语言的反映的一个重要方面,她们那引人注目的名字就组成了可说的歌唱神学。解释学派——至少是在威斯曼 1989 年著作的第 8 页——似乎发现这点只能在其字面意思中找到证据。

③ 赫西俄德,《神谱》211-231;塔那托斯(Thanatos)和希波诺斯(Hypnos),在 212;墨摩斯(Mōmos),责备,在 215;阿帕忒(Apatē),欺骗,在 224;Pseudeis Logoi,谎言,在 229。正如我所指出的那样,赫尔墨斯主管谎言(Pseudea)和甜言蜜语(Haimulioi logoi),这些直接影响了潘多拉,使言语为人神所共有。

量收藏互不相关的、独立的作品。① 即使受到了所有语文学家的质疑,近期最重要的研究还是发现了作品的古老复杂特性和宗教哲学领域内的实践。第一个发现就是最古老的希腊书籍,约公元前380年的德尔斐纸草书,[26]这是俄尔甫斯图书馆的一份纸卷,包含了大量对俄尔甫斯预言的哲学评论。② 第二个发现是新的金碑,在大希腊(Magna Graecia)的希波尼翁(Hipponion)和忒塔利亚(Thessaly,旧译色萨利或帖撒利)的佩利那(Pelinna),它们确立了刻文金碑的运送者最先独享的"巴克斯式的"狂欢生活和他们运送金碑的圣道,圣道的尽头就是死去的男人女人能拥有丰富生命的地方。③ 公元前四世纪末一种巴克斯和俄尔甫斯式的仪式反过来验证了富于记忆、遗忘和真理相互作用的宗教哲学领域的写作的重要性。④ 最后一个是在欧比亚(Olbia)的黑海海岸旁发现的米利都(Miletus)殖

---

① 见纳吉,《阿开俄斯人杰》(*The Best of the Achaeans*, Baltimore: Johns Hopkins University Press, 1979)和《品达的荷马:昔日史诗中的抒情诗》(*Pindar's Homer: The Lyric Possession of an Epic Past*, Baltimore: Johns Hopkins University Press, 1990)。

② 德尔斐纸草书发现于1962年,1964年由卡普索米诺(Styliano G. Kapsomenos)公布,韦斯特(M. L. West)《纸草学与铭文期刊47》(*Zeitschrift für Papyrologie und Epigraphik* 47, 1982)在该书的发现者将书出版之前对其进行了编辑。它是1993年普林斯顿大学一次座谈会的主题(此次的会议纪要即将出版)。

③ 普格利泽-卡拉泰利(G. Pugliese - Carratelli),《昔日的话语》(*La Parola del passato*, 页29, 1974); 仓聪诺格鲁(Kyriekos Tsantsonoglou)和帕拉索格鲁(George Michael Parassoglou),《忒塔利亚的两块金碑》(Two Gold Lamellae from Thessaly, *Hellenika*, 页38, 187)。

④ 见格拉夫(F. Graf),《俄尔甫斯文本与巴克斯风俗:关于佩利那金碑的一些假设》(Textes orphiques et rituel baccique: propos des lamelles de Pélinna, Phillipe Borgeaud 编, *Orphisme er Orphée*, Geneva: Droz, 1991)。关于俄尔甫斯运动中选择的具体文本和著作,见德蒂安《俄尔甫斯的书写》,前揭,页101-132。

民地,来自苏联的挖掘者发现了公元前五百年的骨板,上面涂有文字。在生—死—生三个词下面,俄尔甫斯和狄奥尼索斯旁边的是真理(阿勒忒亚)。在另一块狭长的骨板上,与和平—战争这对词平行的词是真理—欺骗(阿勒忒亚—谎话)。最后在第三块骨板上,狄奥尼索斯的缩写下面刻着与阿勒忒亚相关的灵魂(心灵)。①

这样看来,六世纪晚期的宗教哲学领域和真理的主题密不可分,而在海德格尔(Martin Heidegger)看来,这个真理不论对错都是希腊哲学的必要组成部分,是从希腊时期到"我们的时代"这一时期"推翻形而上学"这一哲学讨论的核心。② 研究古代的学者或有教养的读者中很少有人意识到海德格尔派和"解构主义者"已经小心翼翼地建造了一堵实实在在的墙,把他们自己与研究古希腊的学者隔开。希腊研究者的错误就在于他们可能没有意识到希腊思想唯一真正的创新者是海德格尔,而且这些学者还继续出版、公开来自古希腊这个多元社会的文件、文本甚至整部的著作。[27]这一障碍似乎不可逾越。即使清醒的批评家们不断解读海德格尔的真理观点,他们表面上似乎也接受了海德格尔"去蔽"或"解蔽"的概念,而不再尝试解构这个概念或把这个概念放到阿勒忒亚的古希腊描绘中。其中最大胆的一位批评家多兹(André Doz)是那些不知欧比亚和德尔斐的发现而最固执己见的人之一,他曾写道,"我们应该更仔细地观察真理(alēthēs)这个词"。③ 另一方面许多希腊学者可能

---

① 韦斯特,《欧比亚的俄尔甫斯》(The Orphics of Olbia, *Zeitschrift für Papyrologie und Epigraphik* 45,1982)。

② 关于海德格尔眼中的真理之路可以此书为导读:扎哈代(Marlène Zarader),《海德格尔与原始话语》(*Heidegger et les paroles de l'origine*, 2$^{nd}$ ed., Paris: Vrin, 1990)页49-82。

③ 见多兹,《海德格尔、亚里士多德与真理的主题》(Heidegger, Aristote et le thème de la vérité, *Revue de philosophie ancienne* 1, 1990),尤见页96。

不知道的是，对海德格尔和他的学生来说，哲学史以至于真理意义的确立都属于独一无二的存在史中的一部分(同上，页 76)。这对要发起一场关于希腊思想和文化中的隐藏、遗忘和记忆模式的论辩来说，显然不会更容易。

　　从我一开始就选取的角度来看，绝对挑不出一个完全正确的词源(幸亏如此)。至少从帕默尼德开始，希腊的哲学家们就意识到要思考就必须辩驳和争论。当一个词源看似无效或令人迷惑时，没有更好的理由可以确立它的权威性。在同一问题的语境下，我们要记住城邦(polis)的词源是造成政治领域被海德格尔和他的追随者排除在分析之外的原因之一，因为他们正一心一意地在"推翻形而上学"。海德格尔曾在一次研讨班中说过(他后来写进了书中)，polis(城邦)一词来自 polein，是"存在"(to be)这个动词的古老写法。这个词源纯属专断臆想；polis一词根本就没有令人信服的、可考的"真正含义"。即便如此，这一基本信息也没有理由禁止对城邦思考的发展：如果城邦，或称 polis 是在"存在"这个动词的基础上形成的，那么它本身就显示了城邦肯定是能完全揭露存在的地点。① 因此，在政治性

---

① 见海德格尔，《形而上学导论》(*Introduction to Metaphysics*)，曼海姆(Ralph Manheim)译，New Haven, CT: Yale University Press, 1959；又见海德格尔《全集》(*Gesamtausgabe*，卷 53，1984)页 100，参页 98-99。海德格尔的诠释者告诉我们，这不仅仅是词与词如何组合的问题或语言学上的问题。海德格尔试图揭示希腊人自己没有理解的东西：如"隐藏完全统治了存在的本质"；真理是个"奥秘"，在那里揭开了的和隐藏着的会面。去蔽？为什么不呢？将它澄清且迫使它无法藏身？但是，这些都是海德格尔和他自己对存在进行诗学与哲学思考时的一个问题。希腊人只是随手抓来的人质。但是，如果像扎哈代第 82 页那样相信海德格尔想要澄清"他们所说所想的基础"，那么这个解释和其他解释一样都应该会遭到驳斥，意识到自己的错误，从其他视角来讨论这个话题。没有"几何"形式的呈现就没有真理大师。

(to politikon)的细微意义上,城邦不能和"政治"[28]有任何相同之处。果如是,就告别了政治。① "宗教哲学"层面甚至在世俗世界和彼岸世界都没有提及。

这个问题是值得停下来思考的,因为这不是一场辩论,而其负面影响仍继续着。② 据我所知,海德格尔的学生中没有一个人曾质疑过这个无效的词源。后来少数人认为在海德格尔看来,政治不同于伦理学或本体论之类的范畴或领域。政治及其通过无数次实践而清楚说明的基本仪式、神祇和独立性并不存在。它湮没在稀薄的空气中,不见踪影,没有作用,默默无闻。实际上,仔细观察就会发现,自海德格尔发表《存在与时间》(Being and Time)以来,一般意义上的政治已经饱受鄙视了。它依旧是此在(Dasein)及什么才是存在的过程中的一大障碍,这一过程是由存在自身决定的,只有脱离平凡的社会生活、脱离城邦和无意义的闲谈场所才有可能获得存在。只有一位最大胆、最清醒的哲学家雅尼科(Dominique Janicaud)是从这层关系来理解海德格尔是如何公开把思想建立在"他身上所发生的事"的基础上的。③ 当然,我指的是最近的 1933 年发生的事:存在哲学家支持希特勒(Adolf Hitler)的国家社会主义,在灭绝

---

① 海德格尔甚至想得更远,他宣称柏拉图和亚里士多德都没有想出城邦的精髓是什么(《全集 53》,前揭,页 99)。孰是孰非? 他的追随者们参与了这一质询并还在探索之中。

② 雅尼科的《思想的阴影:海德格尔与政治问题》(L'Ombre de cette pensée:Heidegger et la question polotique,Grenoble:Millon,1990)通过文本材料对此进行了公开论辩。我再次阅读了此书的法语和意大利语版本;见德蒂安的《与希腊人一起成为一位人类学家》(Pour une anthropologie avec les Grecs,博纳尔[André Bonnard]编,Civilisation grecque,vol. 1,2$^{nd}$ ed.,Brussels:Editions Complexe,1991)。迎接所有这些著作的都是让人无法理解的沉寂。我要回到这点上来,并将和"成为一位人类学家"项目勾勒出的计划一起,继续这项研究。

③ 此处指雅尼科的《思想的阴影:海德格尔与政治问题》。

犹太人种族的问题上始终缄口不言,此后又没有对他"偶然"支持纳粹党作出任何哲学批判。这也许和真理这一非常希腊的概念没有多大关系,但是它不可能和海德格尔所称的"人类学"受到的无数鄙夷完全无关。对海德格尔的学生及追随者而言,"人类学"这个术语包括古希腊历史学家们对宗教哲学和思想形式的探寻,而这些都是通过既不为人所熟悉又不触及"伟大作品"核心的方法所获得的。

[29]最后值得一提的还有两个问题。第一个关于"神话思想",我坚持认为它具有真正的韧性,但也被"推翻"了。第二个关于"社会心理"条件,它使得我所发现的历史上真理概念的巨大变化成为可能。

在一篇差强人意的书评中,我预料到"神话"是希腊的重要范畴,莫米利亚诺(Arnoldo Momigliano)留意到我对希腊从神话思想到理性思想的译本研究并不满意,他认为这是当时广为接受的议题。① 一贯观察细致的莫米利亚诺认为我的不满预示我与韦尔南所作的研究自发表《希腊思想的起源》后决裂了。但是莫米利亚诺错了,就像我们所有人偶尔会犯错一样。他完全误解了我的《神话学的产生》(*The Creation of Mythology*)一书的意图。② 该书的目的是为了思考"神话"这一范畴及其在列维-施特劳斯分析方法中的地位,引发大家的思考——我本人在1972年《阿多尼斯的花园》(*The Gardens of Adonis*)中就使用过分析方法(我相信这是该方法第

---

① 莫米利亚诺(Arnaldo Momigliano),《重访意大利的故事94》(*Rivista storica italiana* 94,1982 = Ottavo contributo alla storia degli studi classici e del mondo antico[Rome,1987])。

② 德蒂安,《神话学的产生》(*The Creation of Mythology*),库克(Margaret Cook)译,Chicago:University of Chicago Press,1986。对此产生误解的并非莫米利亚诺一人。

一次应用于希腊语境;参德蒂安《阿多尼斯的花园》)。① 莫米利亚诺没有意识到我成功地让韦尔南相信有必要重新考虑诸如"神话"这类叙事范畴,韦尔南自己在畅销期刊《科学与未来》(*Sciences et Avenir*)中完全是以我的《神话学的产生》为依据来解释"今天希腊神话学的意义正在改变"。② 韦尔南并没有像莫米利亚诺那样因为这个而感到沮丧。实际上这似乎正合他意。③

这个问题关注的是我从 1960 年开始就作为研究重点的"神话思想"。那时,这个问题由一再提及乌瑟纳尔(Hermann Usener)观点的热尔内促成,但他却完全是用涂尔干(Emile Durkheim)一位学生的观点——④[30]可能还有卡西尔的观点——来谈论这个问题的;卡西尔 1924 年的著作《象征形式的哲学》(*Philosophy of Symbolic Forms*)通篇都在讨论"神话思想"。⑤ 韦尔南紧随热尔内的脚步建立了一个

---

① [译按]阿多尼斯:即 Adonis,希腊神话中的美少年,深受阿芙洛狄忒(Aphrodite)女神的宠爱。孩提时,由冥后珀耳塞福涅(Persephone)看护,后来冥后却拒绝把他交出。众神之王宙斯裁定阿多尼斯每年分别与珀耳塞福涅和阿芙洛狄忒待 4 个月,其余时间则由阿多尼斯自己支配。阿多尼斯成为一个猎人,后来被野猪咬死。在神话传说中,阿多尼斯在冬天的死亡和在春天的再生表示自然的循环。他也被视为巴比伦神坦木兹(Tammuz)。

② 布朗克瓦(Henri de Saint Blanquat)对韦尔南的采访,《希腊神话意义的改变》(La Mythologie greque change de sens, *Sciences et avenir*,1982 年 1 月)页 105—110。

③ 1974 至 1975 年,那时我刚开始对"神话"和"神话学"在古代和现代的表现进行史学史和批评性的分析,当时书中前六节的内容与后来的不完全相同。

④ [译按]涂尔干:法国社会学家,他提出了集体表象,著有《宗教生活的基本形式》、《社会分工论》、《社会学研究方法论》、《自杀论》等。

⑤ 热尔内,《古希腊人类学》,前揭,页 96、102、104、150;卡西尔《神话学思想》(*Mythological Thought*, *Philosophy of Symbolic Form* 卷 2,New Haven, CT: Yale University Press,1953)。

新的"框架":"神话思想"——"实证哲学家的抽象思想",换句话说就是"从神话到理性"的转变。① 列维－施特劳斯那时还没有充分阐述过这个话题。列维－施特劳斯《神话学》(Mythologiques)的第一卷《生吃与熟食》(The Raw and the Cooked)到 1964 年才出版,而我直到对"饮食密码"与毕达哥拉斯献祭进行比较时受到了鼓舞去尝试新的希腊神话分析方法时,才了解"神话思想"是如何被赋予新的意义的。②

只要一想到全球的特性包括大量不同的经验类型,那么,神话思想或古代宗教思想使得我们有可能围绕着一个单一言语模型及通用手势、做法和习俗来精心建造一个令人信服的囊括诗人、先知和国王的构架。现在分析阿勒忒亚从赫西俄德到帕默尼德的轨迹也为观察哲学思想初期知识阶层体制的变化提供了一次独一无二的机会。我现在计划发展那些趋向忒弥斯的言语的宗教和神话表征,而忒弥斯则处于预言、阿波罗和集会之间。③ 我并非要写一部类似记忆的"心理功能"史;这绝不是致力于在哲学家们尚未涉足

---

① 见韦尔南,《希腊的神话与思想》(Myth and Thought among the Greeks, London: Routledge & Kegan Paul, 1983),特别是"从神话到理性"(From Myth to Reason)这章。

② 这一比较来自列维－施特劳斯 1970 年的研讨会,以"毕达哥拉斯的阴谋"(La Cuisine de Pythagore)为题发表在《宗教社会学文档 19》(Archives de sociologie des religions 19, 1970)上。我用这些方法进行研究已经三年多了(《古典研究实践派》,第 6 节,1969—1972),用来研究蜜蜂、蜂蜜、俄尔甫斯,虽然我只发表了一篇题为《蜂蜜中的俄尔甫斯》(Orphée au miel,戈夫[Jacques Le Goff]和诺拉编,Faire de l' histoire, vol. 3, Paris, 1974)的文章。我在《阿多尼斯的花园》的后记中概括了这一"新含义"和"Mito"(Enciclopedia delle sceinze socilai, Rome: Istituto della Enciclopedia, 1995)。

③ 见《古典研究实践派年鉴:宗教科学 49》(Annuaire de l' Ecole Pratique des Hautes Etudes: Sciences religieuses 49, 1990—1991)中总结的关于忒弥斯的研讨会。

的地区考察阿勒忒亚踪迹的目标。① 我也不是要寻找可能凭直觉看来是"神话思想"的"那个"逻辑,因为这种观点无一不是虚假的。比起对比研究模糊原则和唯一的矛盾原则,我现在更愿意强调构架的多元性,既包括阿勒忒亚,也包括[31]对第一次考察时遇到的多种框架各自的侧重点进行的比较。也许只知道真理也有历史或只知道帕默尼德曾描绘说这位女神向他揭示了真理之路(the Way of Truth)还不够,真理必须经过证明、讨论,接受各种反驳的考验。②

从我早先开始探索真理及其双重语域到我对真理初期的不同形式进行比较——这是"记录神话学"(Transcrire les mythologies)的中心主题,我选择将注意力集中到断裂和巨变。③ 我这样做有两个原因。第一个原因明确又实际,即希腊文献到处是缺失开头、突然断裂的情况,希腊人兴奋地意识到这些情况,他们迫切地想着鼓励大家对这些新知识进行思考。第二个原因在我的比较研究中更显明晰:与深刻的变化和与过去的突然断裂有关的情况更易于我选择在文化系统间作适当的比较。就《真理大师》而言,这种比较还是内在的:是两种类型的人、两种相继的构架、两种言语模式间的比

---

① 关于"心理功能",见梅耶森,《常规心理学与病理学期刊66》(*Journal de psychologie normale et pathologique* 66,1969)。

② 关于研究帕默尼德辑语7.5—6的两种方法,见弗利(David Furley)《在诘难中幸存的真理:帕默尼德的观点》(Truth as What Survives the Elenchos: An Idea of Parmenides, Pamela Huby 和 Gordon Neal 编,*The Criterion of Truth*, Liverpool:Liverpool University Press,1989);考德罗(Nestor Luis Cordero),《希腊的理性女神》(*La Déesse de la raison en Grèce*, Jean–François Mattéi 编,*La Naissance de la raison en Grèce*, Paris:Presses Universitaires de France,1990),页207–214。

③ 见德蒂安编,《标注神话学:传统、书写、历史》(*Transcrire les mythologies: Tradition, écriture, historicité*, Paris: Albin Michel, 1994),特别是"开篇"(Ouverture)和"希腊风格的开端"(Manières grecques de commencer)。

较。比较赫西俄德和帕默尼德,其决定性的因素似乎是时间的不同和语境的改变。我想分析厄庇墨尼德斯(Epimenides)和帕默尼德的"真理"发生转变的社会和心理条件。似乎无法仅仅注意到两者间的裂缝,尤其是两种言语模式,即"神话宗教"模式和"对话—言语"模式的对立在希腊文化和希腊城邦早期就变得越来越明显。我后来称为"世俗化进程"的现象首次出现在社会框架内,这一进程的实践和表现对城邦的形成非常重要,在荷马时代的诗歌中就对此有过描述,特别是在《伊利亚特》中。我认为现在更要通过史诗中对召开集会和表现[32]士兵阶层中平等主义的空间的描述来理解八世纪在第一个希腊城邦中广场日益增长的重要性,以及六七世纪"政治"世界中均法(isonomia)模式的发展。

从"神话思想"到"实证主义抽象思想",城邦思想沿途经过了五颜六色的风景,其中有这么一条垄沟从一开始便可看见。伴随着这条裂痕的是另一种言语、另一个框架、另一种思想,上面标明了时间的划分(八世纪是荷马的,七世纪中叶是以"重装步兵改革"为代表的剧烈质变,而两者之间的是大约730年开始大希腊诸城邦的建立者们在大地上建立的第一个广场)。不论多么困难,这些主题都是值得继续追踪、不断研究的,即便今天也是如此。借助后知后觉的优势,我将来会避免提到诸如"思想的世俗化"这种大现象和"新型社会关系的出现及其特殊的政治结构"这样多彩而复杂的变化之间有什么"无法否认的关系"。鉴于古希腊材料的缺乏,既顾及文化的诸多方面又在不同社会心理现象的互动中将它们联系起来的做法固然令人心动,但在大多数情况下也只能管中窥豹了。

加维因(Maurice Caveing)对《真理大师》的分析很细致且颇有见地,他指出了平等主义、世俗社会和不矛盾原则的形成之间的鸿沟,帕默尼德的阿勒忒亚中至少坚持要采用不矛盾原则。① 当然,我对许多先辈学者曾郑重界定过的"重大社会事实"提出疑义的行为或许稍显唐突。② 这个概念的重要性毫无疑问,[33]像我这样仅仅做一个总结似乎显得很不协调。这两个或说两组论题在法律和政治中的实践显然值得以他们各自的形式和步骤进行研究。但是,更可行的似乎是强调数学证明技巧在六世纪的希腊可能起到的作用及坚持这一新知识内的统一,正如加维因在1968年所做的那样。平等空间下对"普遍问题"(ta koina)的论辩不一定要和知识阶层关于推理规则、证明形式和概念分析标准的论辩直接相关。③ 最近劳埃德的比较研究确实揭示了这一新型理性思维实验的复杂性,以及其中包含的各种知识、相互竞争的对立框架、不同类别的证据、区分真假话语的不同方法。④ 推理模式与形成或建立唯一真理的途径之间的比较正在不断完善,即使是在今天,《真理大师》依然会在涉及这种比较的研究项目中占据一席之地。

---

① 加维因,《言语的世俗化与理性的约束》(La Laïcisation de la parole et l'exigence rationnelle, *Raison présente*, 1969年1月),页85 – 98。

② 这里我想到了上一条注释的100 – 101页及"世俗化进程"(Le Procès de laïcisation)这章的末尾。

③ 在探讨书写和它新的知识主题时,我强调的是:即使写下的法律塑造了公共空间和政治领域,但还是知识分子——哲学家、医生和几何天文学家——用书写创造了史无前例的主题,开阔了知识界的眼界而通向新的探索道路;见德蒂安的《希腊的文字与新的知识对象》(前揭)。我在《标注神话学:传统、书写、历史》(前揭)"开篇"中简略地提及了这点。

④ 劳埃德(Geoffrey Lloyd),《揭秘思想方法》(*Demystifying Mentalities*, Cambridge: Cambridge University Press, 1990)是在不同的理性模型之间首次进行丰富比较的著作,而它的出发点是支持互相对立的知识类型的各类证据、证实和论据。

## 文献增补

我完成《真理大师》已有些年头,围绕着对"真理"的这一谱系学研究所探讨的问题,又新增了许多文献。考虑到现在翻阅此书的读者,为了这一新"版本",我想对文献进展的情况提供些参考。

• 对本书两篇值得指出的分析:

CAVEING Maurice,《语言的世俗化和理性的要求》(La laïcisation de la parole et l'exigence rationnelle),载《当代理性》(Raison présente),1969 年 1 月,页 85 – 98。

CROISSANT Jeanne,《论古希腊哲学史解释的若干问题》(Sur quelques problèmes d'interprétation en histoire de la philosophie grecque),载《布鲁塞尔大学学刊》(Revue de l'université de Bruxelles),1973,3 – 4,pp. 376 – 391。

• 如何看待"神话思想"?

DETIENNE Marcel,《神话的发明》(L'Invention de la mythologie),Gallimard, Paris, 1981(新版1987)。

——《何处是阿多尼斯的花园》(Où en sont les jardins d'Adonis?),《阿多尼斯的花园:古希腊的香料神话》(Les Jardins d'Adonis. La mythologie des aromates en Grèce)之"后记",Gallimard, Paris,修订版 1989,页 243 – 261。

VEYNE Paul,《希腊人相信他们的神话吗? 论构建性的想象》(Les Grecs ont-ils cru à leurs mythes? Essai sur l'imagination constituante),Le Seuil, Paris, 1983。

• 宗教思想，合理性的形象，知识与社会：

LLOYD G. E. R.，《巫术、理性和经验：古希腊科学的起源和发展》(*Magie, Raison et Expérience. Origines et développement de la science grecque*)，法译本，Flammarion，Paris，1990。

——《智慧的革命：古希腊科学的主张和实践》(*The Revolutions of Wisdom. Studies in the Claims and Practice of Ancient Greek Science*)，University of California Press，Berkeley and Los Angeles，1987。

MATTÉI Jean-François 编，《理性在希腊的诞生》(*La Naissance de la raison en Grèce*)，Paris，PUF，1990。

VERNANT Jean-Pierre，《古希腊的神话与思想》(*Mythe et pensée chez les Grecs*)，Paris，La Découverte，修订新版，1985。

• 我关于"真理大师"的研究所阐发的某个概念或范畴的制度性意义：

BENVENISTE Émile，《印欧语系的制度语汇》(*Le Vocabulaire des institutions indo-européennes*)，Éd. de Minuit，Paris，I–II，1969。

• 诡计、欺骗、引诱和劝服：

DETIENNE Marcel 和 VERNANT Jean-Pierre，《理智的诡计：古希腊人的头脑》(*Les Ruses de l'intelligence. La mètis chez les Grecs*)，Paris，Flammarion，1974（Champs 丛书，1978）。

• 关于语辞的问题：

LECLERC Marie–Christine，《赫西俄德的语辞》(*La Parole chez Hésiode*)，Paris，Les Belles Lettres，1993。

SVENBRO Jesper，《语辞和大理石：古希腊诗学的起源》(*La parola e il marmo. Alle origini della poetica greca*)，Turin，Borringhieri，1984。

- 关于历史学家的探究中的"真理的部分":

DARBO‑PESCHANSKI Catherine,《特殊的话语:论希罗多德的探究》(*Le Discours du particulier. Essai sur l'enquête hérodotéenne*),Paris,Le Seuil,1987.

- 关于预言与真理:

COULOUBARITSIS Lambros,《预言之艺与真理问题》(*L'art divinatoire et la question de la Vérité*),载 *Kernos*,3,1990,页113–122.

SAUGE André,《从史诗到历史:"历史"观念的根基》(*De l'épopée à l'histoire. Fondements de la notion d'"histoire"*),Francfort,Peter Lang,1992.

- 关于书写、民主制、公共领域和新知识人:

《古希腊的书写知识人》(*Les Savoirs de l'écriture. En Grèce ancienne*),Marcel DETIENNE 主编,Presses universitaires de Lille,1992(第一版1988).

- 荷马史诗中"神话"的语义:

MARTIN Richard P.,《英雄的语言》(*The Language of Heroes*),Ithaca and London, Cornell University Press, 1989.

- 未被解释者们忘记的帕默尼德:

CORDERO Nestor–Luis,《帕默尼德的两条道路》(*Les Deux Chemins de Parménide*),Vrin, Paris–Bruxelles, 1984.

COULOUBARITSIS Lambros,《帕默尼德的神话与哲学》(*Mythes et philosophie chez Parménide*),Éd. Ousia, Bruxelles,1986.

《帕默尼德研究》(*Études sur Parménide*),Pierre Aubenque 编,Vrin,Paris,1987,I–II(第一卷,尤其是帕默尼德诗作的翻译和论

评,由 Denis O'BRIEN 和 Jean FRÈRE 合作完成).

• 关于"真理"(Alètheia)的本质,海德格尔所构建的解释进路,以及当今流行的古代范式,两种相反的进路:

CASSIN Barbara,《希腊与罗马:阿伦特和海德格尔的古代范式》(Grecs et Romains. Les paradigmes de l'Antiquité chez Arendt et Heidegger),收入《本体论与政治:阿伦特》(Ontologie et Politique, Hanna Arendt),Paris,Tierce,1989.

——《帕默尼德:论自然或论存在》(Parménide. Sur la nature ou sur l'étant),Paris, Le Seuil,1998.

ZARADER Marlène,《海德格尔与起源的话语》(Heidegger et les paroles de l'origine),Paris, Vrin,第二版,1990.

• 关于"真理"和"真实"(alèthès)的语义分析和语文学解释:

COLE Thomas,《古风时期的真理》(Archaic Truth),载 Quaderni Urbinati di Cultura Classica,1983,页 7 – 28;另参 G. Nagy 的评论,《赫西俄德〈神谱〉中的权力和作者》(Autorité et auteur dans la Théogonie hésiodique),收入 F. BLAISE,P. JUDET DE LA COMBE 及 Ph. ROUSSEAU 编,《神话之艺:阅读赫西俄德》(Le Métier du mythe. Lectures d'Hésiode),Lille,Presses universitaires du Septentrion,1996.

HUBY P. 和 NEAL G. 编,《真理的标准》(The Criterion of Truth),Liverpool University Press, 1989.

LEVET Jean-Pierre,《古风希腊思想中的真与假:语汇研究》(Le Vrai et le Faux dans la pensée grecque archaïque. Étude de vocabulaire),I, Paris,Les Belles Lettres,1976.

SNELL Bruno,《思与真理的道路》(Der Weg zum Denken und zur Wahrheit)(Hypomnemata,卷 57),Göttingen,1978,页 91 – 104.

# 前　言

维达尔 – 纳盖(Pierre Vidal – Naquet)


[7]仅从书名来看,德蒂安(Marcel Detienne)的这本书就是一个悖论,一种设定。真的存在"真理大师"这种生物吗？早在远古时期就出现了这一教育观,即一位大师必须独立于他所传授的真理之外,而真理者,既非他所能及,也非我们所能及。这种观点在十九世纪讲求严谨的科学中似乎风靡一时,甚至在社会科学中也如此。马克思相信社会现实可以作为科学的对象独立于观察者之外,因此,他曾郑重宣布自己不是马克思主义者。今天,这种普适观受到了广泛的质疑,不过要解释这一过程及其产生的原因并非我的目的。这一观点受到质疑不无裨益,至少我们现在更关注科学思想产生和发展的心理、社会甚至经济环境,更关注不同的学者和科学提出的各种观点了。此外,如果某些言论或某些人把自己当成了一些传递激进真理的信使和主人,那就不妙了。不论是在军队中还是在知识分子中,激进主义者总是成群结队地围着时下的规矩转,比如"学习某总统的著作,践行他的教义,遵照他的指示！"这样一位大师,不管在哪里登台,都不会有真理。

[8]然而,这样的局面可能已经逐渐形成,激进的语言像诗歌一样——因为各种各样的理由——绝对不可译,不可传：一项规矩只能为被立规矩的对象所理解。与此相反,科学语言的独特之处在于,它能被所有尝试学习它的人所理解,能被翻译成人类的每一种方言。

此处并非要责难其他人——非洲人、中国人或美洲印第安人——取得的成就的价值，但是，我们确实意识到，今天广为人知的科学语言源于希腊，由一个比三世纪末"印欧"民族到达后流传下来的"希腊"土地更富裕、更复杂的希腊孕育而成。

但是，即使理性最初源于希腊，它也必定植根于那个历史语境中。我们要在希腊社会的历史中、在希腊人民的历史中寻找最根本的因素来解释他们对神话的刻意抛弃，背离无意识的组织结构（我指的是列维－施特劳斯[Claude Lévi-Strauss]所说的没有意识到他们自己是"有逻辑的"），转而执意去描述两个问题，一是宇宙如何运作，二是人类群体如何运作。伊奥尼亚（Ionia）和意大利的"物理学家们"用他们的推理牢牢扣住了第一个问题，而像赫卡泰俄斯（Hecataeus）、希罗多德（Herodotus）和修昔底德（Thucydides）这些历史学家则在第二个问题上纠缠。

神话如何转变成了理性这个问题，即使是那些意识到神话之中也包含理性的人都无法解决。这一难题显然困扰了几代学者。韦尔南（Jean-Pierre Vernant）曾在1962年的《希腊思想的起源》(*The Origins of Greek Thought*)中建立了一个我和德蒂安都认同的体制，想必读者对此已熟知。① 总而言之，"理性思维"是在一个特定的政治、经济和社会体制，即城邦的体制中产生的，这个体制只有经历了至关重要的[9]主权危机，才能在一个没有以东方"独裁者"为模型的米诺斯文明或迈锡尼君主制这一主流妨碍的社会空间中产生。

然而，在理性本身没有出现的时候，它的基础就已经存在了，那

---

① [译按]此处指1962年出版的法文版 *Les Origines de la pensée grecque* (Paris: Presses Universitaires de France, 1962)，英文版为 *The Origins of Greek Thought* (Ithaca, New York: Cornell University Press, 1982)。

就是人们(此处指希腊人)对真理——阿勒忒亚(Alētheia)——的表达。① 德蒂安的著作所写的并非是这个词的历史。不是说这样一部历史乏味,而是谨慎的语文学家德蒂安不会局限于"词源学上的证据"。他清楚地把自己的方法论界定为"确定影响词汇系统的脉络,鉴别对立组和关联组,简言之,在古希腊的范围中运用结构词汇学的方法,探索语义场理论。"在此书的最后,我们看到了一幅奇景,翻开帕默尼德的诗篇,看到他对存在(Being)的沉思:"一次由太阳神之女驾着双驹马车的旅行,一条特地为知者留下的路,一条通往日夜大门的小径,一位揭示真知的女神",以及他在存在的世界与偏见的世界之间作出抉择的责任。

从某种意义上说,德蒂安的目标是写一部帕默尼德诗歌的前史。结果这个历史远比他所期望的要丰富,要复杂。但是,总的来说,在极其广袤的知识迷宫中,他所走的那条小路却是非常确定的。真理最初是言语,只有诗人和卜师才是长期在"记忆"或唯一知道"昔为何,今为何,将为何"的"缪斯"门下的学徒,而德蒂安却抓住了这个瞬间;他还捕获了可以赞、可以怨、可以荣、可以贬、可以真、可以假的言语。在埃及东部的社会和[10]美索不达米亚,赞美国王和赞美神毫无二致。诗人的言语通过强化神而"强化"了"公正的王"。他的诗歌确保了国王本人集自然和社会于一身。在以国王为中心的那个东西之外,没有真理可言。

"希腊文学"出现之时,迈锡尼国王已不复存在。虽然公元前五世纪的品达(Pindar)和埃斯库罗斯(Aeschylus)知道这位神秘的国王,流传于民间的希腊神话中也有他存在的痕迹,这个传说最后还在弗雷泽爵士(Sir James Frazer)那里复活了。但是,这位国王究

---

① [译按]阿勒忒亚:象征真理的白衣女神,与象征欺骗和谎言的黑夜之女阿帕忒(apatē)象征欺骗和谎言相对,下文有详细论述。

竟是不是迈锡尼国王的直系后裔,还无法确定。这位国王变得神秘了,这一事实对我的重要性可能远胜于对德蒂安的重要性。但是,正如德蒂安自己所注释的那样,赫西俄德(Hesiod)的《神谱》(*Theogony*)是唯一真正能被喻为东方诗歌的希腊诗歌。显然,《神谱》的中心是一位国王一样的人物宙斯(Zeus),正如《埃努玛·埃利什》(*Enuma Eliš*)①的中心是巴比伦国王的原型马尔杜克(Marduk)神。②"又一次,这位国王只是一位神。"这句话道出了真谛:神永远存在,但是,赋予他生命的社会存在即国王,已经消失。神人的命运已经分离,神的时代离人的时代越来越遥远。保留下来的传统——显然是个富有诗意的传统,是一位"正义之王"手持天平,既分配真假,也接受真假。与此类似,我们发现所有的真理都如此神秘,就像诉说真相的人自己一样,例如[第三章]《海中老人》(the Old Man of the Sea)中描绘的普罗透斯(Proteus)③或涅柔斯(Nereus),④德蒂安的第三章所讲述的便是这个故事。真假之间、真理(阿勒忒亚)与遗忘(勒忒)并没有"对立"或矛盾:⑤

---

① [译按]《埃努玛·埃利什》:巴比伦创世史诗,写成于中巴比伦时代(公元前1550—公元前1155)。

② [译按]马尔杜克:又称 Bel(贝勒,主),美索不达米亚宗教中巴比伦城的主神和巴比伦尼亚的国神。最开始是雷暴之神,传说他制服了原始混沌怪提阿马特之后成为众神之首。马尔杜克的占星是木星,圣畜是马、狗和一条有叉状舌的龙,巴比伦城墙就饰以此龙之像。

③ [译按]普罗透斯:希腊神话中能变化自如、预言未来的海神。

④ [译按]涅柔斯:希腊神话中最初的海神,又称"海的祖先"(the Sea's Ancient)或"海中老人"(the Old Man of the Sea),该娅之子,他和妻子多蕾丝(Doris)生育了五十个女儿,即海中女神尼瑞德(Nereids)。

⑤ [译按]勒忒:即 Lēthē,遗忘之意,又译忘川,希腊神话中的一条河流,相传在冥府哈德斯(Hades),饮其水后会忘却生前所知的一切,下文会述及其与阿勒忒亚、摩涅莫绪涅、阿帕忒等女神的关系。

因此并不是说真理（＋）站在一方,而遗忘（－）站在另一方。相反,这两极之间存在一个中间区域,在那里真理趋向遗忘,反之亦然。这样一来,遗忘[11]就没有与存在分离;它在真理的边缘,成了真理不可分割的影子。

在最古老的希腊思想著作中,即使是卓有成效的言辞也会出现矛盾,而先于这一矛盾而存在的,是古代城邦中行为的矛盾。① 在面对永远都会在每次集会决议(开战还是和谈,全面殖民远征还是简单的军事占领)中出现的冒险行为时,这座城邦一步一步地慢慢策划了由对话构成的详细言论——包括在政治领域交锋的不同社会群体之间的对话,支持不同决定的演说家之间的对话。自此以后,卓越的言语丧失了自主权,对话甚至能因预言的改变而调整。在第二次波斯战争(the Second Persian War)期间,德尔斐神谕宣告雅典会因"木制壁垒"得救,忒米斯托克勒斯(Themistocles)借机将这个充满模糊的表达解释为"雅典舰队",②虽然另一个可能的含义更明显,而且也有人提出了那个解释。在这些解释的细节上就产生了对话。"真理"因此进入了一个事物都是相对的世界。法令的措

---

① 我使用古典城邦(classical city)的表达仅为方便。德蒂安所分析的变化中涉及的最早文献远早于伯里克勒斯的古典时期。

② [译按]忒米斯托克勒斯(约公元前 524 年—前 460 年):雅典政治家和海军战略家。作为一个统治者,他在比雷埃夫斯建立了防御海港。公元前483 年,他说服公民大会提高海军实力,他相信此举将是防御波斯人侵略的最佳策略。当波斯国王克尔克斯一世前来进犯时,起初希腊的一支海军军队在阿提密喜安被打败,但之后忒米斯托克勒斯却将克尔克斯一世的舰队诱入萨拉米斯并将其歼灭。尽管忒米斯托克勒斯取得了胜利,但雅典人最终还是将其作为一名政治鼓动分子驱逐出境(公元前 472 年)。后来斯巴达人指控他串通波斯人,忒米斯托克勒斯最后逃亡到伯罗奔半岛,成为波斯人控制的一些亚洲希腊人城市的管理者直到去世。

辞有了延伸,"这让人高兴……","人们似乎认为……是正当的"。德蒂安围绕着两极列举了他的证据。德蒂安采用柏拉图依据一些必要特征建立的分类法(虽然这种方法出现在柏拉图之前)对比了演说家和智术师(Sophist)在相对于哲学知识和宗教教派领域的普遍能力。一方面,狡诈和欺骗(阿帕忒)被蓄意地接受了,另一方面,我们发现阿勒忒亚不是用来交换的,而是通过师生代代相传的。但是,作为毕达哥拉斯的大胆冒险,当这些真理大师试图让整个城邦接受他们的真理时,他们自己最终却失败了,成了无足轻重的人群。然而,对于演说家和[12]智术师来说,真理曾是现实,不论是好是坏,它都曾是成功的论点,是曾经付诸实践的决定。

　　思想在历史中的极速发展为德蒂安在此书中对突变的研究提供了依据。希罗多德——这位后来被称作"最像荷马的"希罗多德——的著作依然有部分是颂词,甚至是对古代的回忆:"哈利卡纳苏斯人(Harlicarnassian)希罗多德在此处阐明了他的调查所得,这样往昔的记忆也许就不会在时间中被人们玷污,希腊人和外邦人的伟大事迹……也许就会享有盛名。"但是,希罗多德还研究了战争的"起因",即从对话中重新构建的希腊人和外邦人之间理直气壮的相互指责。另外,希罗多德区分了神的时间和人的时间,也就是两者相遇的时间。在修昔底德看来,除了对话别无他物。列维-施特劳斯的方法是系统地揭露隐藏在神话中的二元结构,这一方法现在已广为人知;在修昔底德的作品中,这些二元结构根本没隐藏,事实上一对对恰当的二元结构很容易辨别:认知(gnōmē)与机遇(tychē),言语(logos)与行为(ergon),习俗(nomos)与自然(physis),和平与战争。因此,历史变成了庞大的政治悖论:政治家们的计划受到来自其他同仁、现实、机遇、行为和自然的挑战,而修昔底德在卷一开头就好奇地把自然归为造成人类世界动乱的一分子,正如伯罗奔半岛战争中武器的对话也常常是言语的对话,自然带来了地震。如果不把这归咎于对话,那么,修昔底德还能归罪于哪种普遍存在呢?

模糊显然已经让位于矛盾。或者更确切地说,古代话语中模糊的特点现在已受到了事实的庇护。然而,对于历史学家来说,[13]模糊早已消失。战争或者和平,两者只能取其一:这点从作者的角度来看更加清晰。若说赫西俄德的逻辑是模糊的——没有人能确定是出于正义(Dikē)还是出于肆心(Hubris),也不确定他是赞成真理还是谎言,那修昔底德的逻辑就是矛盾的。

德蒂安没有仅仅满足于像绘双连画一样对比灵验言语和对话言语,他还试图解释两者是怎么转换的。从某种意义上说,整本书的关键在第五章。当然,他没有涉及希腊的所有历史来进行完全的诠释,而是运用了部分非常恰当的发现。

自亚里士多德之后,许多历史学家都认为第一个城邦共同体[politeia]是由士兵组成的。人们常说是城邦的无序创造了战争,后来就像荷马描述的那样,断断续续出现的个人争斗被身披铠甲、行动规律的重装步兵组成的两大方阵所起的冲突取代了。军队中的"同等人"变成了城邦中的"同等人"。我们知道"同等人"(Homoioi)这个名称,严格说来(stricto sensu),就是斯巴达公民出名的原因。德蒂安研究过的一项内容是对"重装步兵改革"的传统看法,虽然不一定准确。① 在那本书里,他分析了军事生活的特定内容——葬礼竞技、战利品的分配、士兵编排和军事委员会,展示了怎样在军队中创造一种前政治模式,而这一模式后来出现在城邦生活

---

① 韦尔南编,《古希腊战争问题》(*Problèmes de la guerre en Grèce ancienne*,见 Bibliothèque de l'Ecole Pratique des Hautes Etudes 第 6 节, The Hague: Mouton, 1968)。

中。其中一个例子就是阿喀琉斯(Achilles)在举行纪念帕特洛克罗斯(Patroclus)的葬礼竞技前召开的"大集会"。① 甚至用来形容这一事件的词 agōn,也意义非凡,它既表示这种集会,又表示竞技。

当然,这一"解释"并没有解决这个难题,也无意去解决,因为,其他社会也经历了"军事民主",却没有进化为城邦或产生任何[14]政治民主。但是,德蒂安的书却让这一难题更可能令人信服。"解决",从定义上看,就一直是有待明日的问题。

---

① [译按]阿喀琉斯:希腊英雄,希腊神话里特洛伊战争中最勇敢、最强壮的战士。传说在他年幼时,母亲曾把他浸在冥河水中,使他除了没沾到河水的脚跟以外,周身刀枪不入。在特洛伊战争期间,他拿下了特洛伊附近地区 12 个城市,但在和阿伽门农(Agamemnon)发生争吵后,便不再替他效命。后来他让侄儿兼好友帕特洛克罗斯穿上自己的盔甲出阵,结果赫克托尔(Hector)杀死了帕特洛克罗斯。后来阿喀琉斯重返战场杀死了赫克托尔,并拖着他的尸体绕行特洛伊城墙一周。《荷马史诗》中提到了阿喀琉斯的葬礼,但没提到死亡细节。后来的诗人阿克提努斯则叙及他被帕里斯(Paris)用阿波罗引导的箭射死。

# 第一章　真理与社会

[35]在我们的科学文明中,一提到"真理"我们马上会想到客观性、可传播性和一致性这些概念。① 真理有两层定义,即合乎逻辑原则与合乎现实。② 因此,真理与证明、核实及验证密不可分。在我们所有的常识性概念中,真理如今似乎确实一直存在,一成不变且相当简单。然而,要深究这一想法,我们只需要再次验证,例如我们关于什么是真的这一概念的基础之一是强制性,它已成为社会中的一个传统手段,因为在这个社会中占据重要地位的已经是物理和化学。

因此,我们或许会想作为精神层面的真理是否不得不脱离整个思想体系和社会物质生活。③ 与此相反,印度伊朗语中被译成真理一词的 Rta 也有仪式祈祷的意思,是迎接黎明再次到来的力量,是神明建立的秩序,是法律——简言之,它融合了各种我们自己所无

---

① 见利耶(Henri van Lier),《新的时代》(Le Nouvel âge, Paris: Casterman, 1962)。

② 见布罗沙尔(Victor Brochard),《论错误》(De L' Erreur, 3$^{rd}$ ed., Paris: Alcan, 1926)。这里我指的只是真理的常识性含义。这一表述和现代(那些物理学家、数学家、经济学家、历史学家等的)其他各种"真理"显然不同。

③ "思想的分类一直存在,或显或隐,由常识来表现或由哲学家和心理学家共同构建,从某种意义上来说,思想的分类和人是同质的,从来没有改变,而物质生活、社会生活、知识和智力生活一般都在不断变化着。"梅耶森《心理学功能与道德行为》(Les Fonctions psychologiques et les oeuvres, Paris: Vrin, 1948)页120。

法想象的意义。① 看起来简单的被复杂取代了,而且这种复杂的组织结构也和我们自己的相去甚远。

[36]若说印度伊朗世界与我们的世界极其不同,那希腊世界又如何呢?"真理"在其中的地位和在我们概念系统里的地位是否相同,是否具有相同的语义内涵呢?提出这个问题绝不仅仅是出于好奇。希腊引起我们的注意有两个相互依存的原因。第一,西方历史上客观和理性的真理观源于希腊思想。众所周知,现当代哲学家对真理进行了大量的思考,他们不断地引用、研究和质疑帕默尼德、柏拉图和亚里士多德的思想。② 第二,从公元前六世纪开始的希腊对

---

① 见迪歇纳-吉耶曼(Jacques Duchesne - Guillemin),《祆教:批判性研究》(*Zoroastre:Etude critique*,Paris:G. P. Maisonneuve,1948)58 - 68 页的分析。关于印度将真理作为一种恰当的规范和作用于物体的方法这一思想,见马松-乌塞尔(Paul Masson - Oursel)《印度与印度文明》(*L'Inde et la civilisation indienne*,Paris:La Renaissance du Livre,1933)144 - 147 页;关于真理(satya)的论述见瓦雷纳(Jean Varenne)编写的《摩诃那罗衍天奥义书》(*Mahā Nārāyana Upanishad*,卷 2,Paris:Editions de Boccard,1960)241 页,里面指质的鉴定和真理在印度是相关的。印欧世界中的真理问题已经成为一系列研究的话题,如毗萨尼(V. Pisani)的《印欧语言的"真"与"假"》(Parole indo - europe pro "vero" e "falso",*Rivista Indo - Greca - Italica di filologia*,1936)及之前弗里斯克(Hjalmar Frisk)的《印度-日耳曼语言中的"真实"与"谎言":几个形态学考察》("Wahrheit" and "Lüge" in den indogermanischen Sprachen. Einige morphologische Boebachtungen, *Högskolas Årsskrift* 41,1935)。关于 ṛta 及它与印欧语种同根词(ōrdō, ritus, ἀριϑμός ἀρμονία ἀρετή 等以调整之意为主导的词)和相关印度概念(dhōman-, dharman-, Varta-)的关系,见福吉耶(Huguette Fugier)在《拉丁语中神圣表达的研究》(*Recherches sur l'expression du sacré dans la langue latine*,Paris:Editions les Belles Lettres,1963)中的观点。

② 关于这一思想,见如瓦尔,(Jean André Wahl)《关于存在的思考》(*La Pensée de l'existence*,Paris:Flamaarion,1951)239 - 288 页;维耶伦(Alphonse de Waelhens),《现象学与真理:关于胡塞尔和海德格尔真理观演变的论文》(*Phénoménologie et Vérité:Essai sur l'évolution de l'idée Vérité chez Husserl et Heidegger*,Paris:Beatrice - Nauwelaerts,1953)。

理性的建构是以"真理"的特定形象作为基础的。当哲学思想找到它要探寻的特定对象,将自身从依然建筑于伊奥尼亚宇宙论之上的神话思想底部解放出来,刻意开始提出它后来仍然关注的问题时,它就开始围绕着一个核心概念来构建自身,这个概念从那时起就界定了特定的第一哲学(或曰形而上学)方面以及第一位哲学家(或曰形而上学者):那个概念就是阿勒忒亚,或曰"真理"。

当阿勒忒亚出现在帕默尼德诗的序曲中时,它不完全是从哲学家的脑袋里蹦出来的。从史料中判断,这个词来源于荷马。虽然这似乎需要有证据证明荷马和帕默尼德相继提出了这个概念来阐释"真理",但这个问题应另当别论。① 多年来,学者们一直致力于研

---

① 这里需要提到路德(Wilhelm Luther)的《古希腊的"真实"与"谎言"》("*Wahrheit*" and "*Lüge*" *im ältesten Griechentum*, Leipzig: R. Noske, 1935)中的一些话。这本著作的结论再次出现在他的《宇宙观与精神生活》(*Weltansicht und Geistesleben*, Göttingen: Vandenhoeck & Ruprecht, 1954)一书中,稍作改动后又出现在《从语言看早期希腊的真理思想》(*Der frühgriechische Wahrheitsgedanke im Lichte der Sprachen, Gymnasium* 65, 1958)。路德的研究仅仅是客观的历时年表。他显然预设了自己所要做的只是给出各个词语的意义,他认为无论这些意义是什么,它们显然是他课题中最受关注的,也是最容易观察的。这个早期的研究整体上都是非常模糊的。即使路德的著作中最明显的结论是说明希腊"真理"和我们的不同,他不过是一直在深究一个具体、细微且是修辞性的真理概念,以此作为决定希腊有关真理的表达和词汇的出发点。他是从收集似乎能表达同一含义的词汇这些所指出发的,而与此相反,他本应该从能指即ἀλήθεια出发来看该词的"语义场"是怎样在一个特殊时期到另一个时期的过程中构建起来的(见莫米利亚诺在《重温语文学与古典构建》[*Rivista di filologia e d' instruzione classica* 15, 1937]对路德该书的评论。)从我目前的研究来看,似乎应该研究这一特定课题:确定词汇系统的主线,区分对立与关联之间的关系,简言之,应用结构词汇学来检测古希腊存在"语义场"这一推论的可能性(见马多赫[Georges Matoré],《法语范围内的词汇学方法》[*La Méthode en lexicologie: Domaine français*], Paris: M. Didier, 1973);及杜诺瓦[Jean Dunois]的重要论文《1869—1871年间法国的政治词汇:著作、评论、报刊概览》(*La Vocabulaire*

究帕默尼德诗中所设场景的奇特之处：一次由太阳神之女驾着双驹马车的旅行，一条特地为识途者留下的路，一条通往日夜大门的小径，一位揭示真知的女神。简而言之，这种神话和宗教的形象与关注诸如存在本身的抽象哲学思想极其不同。[37] 所有这些特征都具有不可否认的宗教特性，这无疑是要把我们指向某种仅仅将哲学家当作智者甚至是占星家的宗教哲学圈子中。在这些圈子中，我们可以发现一类指向阿勒忒亚的人和这样的一种思想。克里特的厄庇墨尼德斯亲眼看见阿勒忒亚，就是在"阿勒忒亚的平原"上，先驱们的灵魂渴望陷入冥思（见上一条引文的 123 页）。理性的阿勒忒亚在肇始之时通过厄庇墨尼德斯和宗教哲学人士明确地定向为以这种"力量"为关键的某些宗教思想形式。

哲学的阿勒忒亚在肇始之时便将我们引向了预言家、诗人和正义之王的思想体系，阿勒忒亚为这三位限定了一种特定的言语形式。要界定"真理"在具备理性意义之前的意义就要回答很多重要

---

*politique et social en France de* 1869 *à* 1871：*A Travers les ouvres des écrivains*，*les revue et les journaux*，Paris：Librarie Larousse，1962）。关于结构语义学，见厄尔曼（Stephen Ullmann）的著作和评论《语义学的原理：意义的语言学研究》（*The Principles of Semantics*：*A Linguistic Approach to Meaning*，Oxford：Basil Blackwell，1959）及瓦特伯格（Walther von Wartburg）《语言学的问题与方法》（*Problèmes et méthodes de la linguistique*，Pierre Maïllard 译，Paris：Presses Universitaires de France，1963）第 3 章。但是，这一方法很难运用。结构词汇学研究必须要有大量的材料才能起作用，也就是说需要以一个完备的词汇系统为基础。而且这一研究应该集中于非常短的时期，因为各要素之间的联系与对立在持续变化（在《1869—1871 年间法国的政治词汇：著作、评论、报刊概览》中，杜诺瓦将自己的研究限制在三年内）。然而，大家都知道，我们关于希腊跨度至少是两个世纪的古代时期的知识就像被时间蚕食的纸草一样全是裂痕。

的问题。① 阿勒忒亚在神话思想是如何表现的?② 一种灵验的言语是如何因其自身的某一问题,例如言语与现实的关系及言语与他人的关系,而被另一种言语取代的? 以及为什么被取代? 公元前六世

---

① 我目前的研究有明确的限定和界线(见上述注释6)。但它只代表了历史的一条研究线路,肯定无法穷尽整个关于希腊"真理"的课题。我刻意没有列出真理在不同层次中的所有方面,读者可参考路德的《古希腊的"真实"与"谎言"》,前揭;伯德尔(Heribert Boeder)《早期希腊的逻各斯和真理的语词用法》(Der frühgriechische Wortgebrauch von Logos und Aletheia, *Archiv für Begriffsgeschichte* 6,Bonne,1959);海奇(Ernst Heitsch)《论非哲学的真理》(Die nicht-philosophische ἀλήϑεια, *Hermes* 90,1962)和《作为记忆的真实》(Wahrheit als Erinnerung, *Hermes* 91,1963)。

② 我说的不是一般的真理,而是从阿勒忒亚中得出的真理。真理显然不是一个简单的想法。巴舍拉尔(Gaston Bachelard)《新科学精神》(*The New Scientific Spirit*, Arthur Guldhammer 译,Boston:Beacon,1984)所观察到的是正确的:"没有一个所谓的简单想法,因为……没有一个想法能在融入一个复杂的思想和体验系统之前被理解"(页148)。

神话思想这个表达需要稍作解释。和美国或非洲学者研究的古代文明相比,希腊在"神话思想"上是缺乏的。除了赫西俄德,希腊文明只向我们展现出大量神话,它们保存在后期的注释或古代记录中,或被神话的学生在学术性重建上再次使用。但是,赫西俄德自己如何? 难道真的可以说《神谱》这一神话诗歌创作可以与班巴拉族(Bambara)和波洛洛族(Bororo)的神话相提并论吗? 常见的一种观点是,赫西俄德的思想只代表了宗教与哲学之间的神话新思想的一个层面。(正如许多地方指出的那样,并不存在所谓的单一神话思想:见德豪胥(Luc de Heusch),《结构人类学的境遇与地位》[Situation et position de l'anthropologie structurale, *L'Arc* 26,1965],页12)。神话思想总是具体的,指向自己本身的某些问题(见韦尔南对拉姆努克斯[Clemence Ramnoux]的《希腊传统中的夜神与夜神的孩子们》[*La Nuit et les enfants de la niut dans la tradition grecque*, Paris:Flammarion,1959]所作的评论,发表在 *Journal de psychologie normale et pathologique*,1969)。在这些情况下,说"神话思想"有对这个概念进行推算的嫌疑。尽管有这些文献,但是,赫西俄德依然是某些结构模型和某种宗教思想语言特色的主要文献来源,与公元前六世纪出现的新思想形式不同。

纪的某些社会革新与围绕逻各斯的思想发展之间有什么关系？何种价值即使在意义发生变化时依然在一种思想体系（神话思想体系）向另一种思想体系（理性思想体系）转换时保持重要地位？① 反观之，什么才是宗教思想和理性思想的根本差别？本书的目的不仅仅是考察神话思想系统内和理性思想萌发之时的精神、社会和历史语境以界定"真理"在具备理性意义之前的含义。② 阿勒忒亚的历史给我们提供了一个理想的领域来实现两个更长远的目标。其

---

① 关于这一关键的转变问题，见梅耶森《心理学功能与道德行为》（前揭）及他的几篇重要论文，尤其是《精神史中的断裂与独立演变》（Discontinuités et cheminements autonomes dans l'histoire de l'esprit, *Journal de psychologie normale et pathologique*, 1948），《心理学史中的道德问题：详证、变体、体验》（Problèmes d'histoire psychologique des oeuvres: spécificité, variation, expérience, *Mélanges Lucien Febvre*, Paris: A. Colin, 1953）。关于变化和结构问题，见列维-施特劳斯的论述《人种学中结构概念的局限》（Les Limites de la notion de structure en ethnologie, *Sens et usages du terme structure*, The Hague: Mouton, 1962），以及皮亚杰（Jean Piaget）的《心理学中智力的产生与结构》（Genèse et structure en psychologie de l'intelligence, *Entretiens sur les notions de "genèse" et de "structure"*, The Hague: Mouton, 1964）。

② 我要感谢热尔内提供的大作，同时我也意识到他的杰出研究非常重要，如《古希腊的法与法前思想》（Droit et prédroit en Grèce ancienne, *L'Année sociologique*, 3rd series [1948-1949], Paris: Presses Universitaires de France, 1951）。为了向这位伟大的学者致敬，我还在1960年补充到，热尔内早就意识到阿勒忒亚有可供玩味的含义，而当时我自己才开始留意到这个词（见我的短文《阿勒忒亚的神话内涵》，前揭）。而我最要感谢的还是韦尔南。他在三年多的"谈话"中对我助益良多，慷慨赐教，以至于我恐怕自己从他那里获益太多而无法将我自己的思想同他的思想分开。我衷心地感谢他。维达尔-纳盖是位严厉而友好的批评家。他的评论和建议对我很有价值。除了少数例外，文中所引的现代出版物截止到1965年1月，但是（页215）增加了一个新的参考文献，即帕帕托莫波洛斯（M. Papathomopoulos, C. N. R. S.）帮助我重新阅读了该书的引证，他的细致入微大大地提升了此书法语版（Paris, 1965）的排版。

一,它让我们能够用形而上的哲学来思考某些概念的宗教起源问题,[38]并以此来揭示那一类人通过哲学而被引入城邦的一个方面。其二,这一领域让我们能在宗教和哲学思想相互交织的连续性中准确地找出意义的变化及非常不同于这两种思想的逻辑断裂。

# 第二章　诗人的记忆

[39]在诗的开头,诗人向缪斯祈诉,缪斯的职责是让过去的事情为人所知:①

---

① 关于缪斯、她们的宗教意义和她们在诗歌思想中的地位有许多著作,迈耶尔(M. Mayer)在"缪斯"词条下(s. v. Musai, R. – E. ,1933,680 – 757 页)收集整理了大量材料。马罗特(Karoly Marót)的《古希腊文学导论》(Die Anfänge der griechischen Literatur, Ungarische Akademie der Wissenschaften, Budapest: Verlag der Ungarschen Akademie der Wissenschaften,1960)也是重要的研究资料。其它值得一提的资料有明顿(William W. Minton)的《荷马对缪斯的祈诉:传统模式》(Homer's Invocations of the Muses; Traditional Patterns, Transactions of the Proceedings of the American Philological Association 91,1962)和阿卡梅(Silvio Accame)的《对缪斯的祈诉与荷马和赫西俄德的"真理"》(L'Invocazione alla Musa e la "Verità" in Omera e in Esiodo, Rivista di filologica e di istruzione classica 91, 1963)。
这些"过去的事件"肯定不是指"历史的过去"。荷马的英雄置身于他们自己的时代,即诗歌时代;见维达尔 – 纳盖的论述《荷马与迈锡尼世界:对近期著作和古代论战的设想》(Homère et le monde mycénien. A propos d'un livre récent et d'une polémique ancienne, Annales: Economies, sociétés, civilisations, 1963),特别是 716 – 717 页。但是,这里还要说明,这一诗歌时代并没有完全脱离"历史"的角度:托伊(Max Treu)《从荷马到抒情诗》(Von Homer zur Lyric, Munic: Beck,1955)页 33 及以下、页 126 及以下强调将 ἄνδρες πρότεροι 作为荷马英雄的模型。又见芬利《神话、记忆与历史:历史与理论》(Myth, Memory and History: History and Theory, Studies in the Philosophy of History, vol. 6, New York: Harper & Row,1965)页 281 – 302,以及《特洛伊战争》(The Trojan War, Journal of Hellenic Studies 84,1964)。

居住在奥林波斯山的缪斯们,现在请你们告诉我,你们这样无所不知的女神就在那里,而我们只是道听途说,一无所知。那么他们之中谁是首领?谁又是达那俄斯人(Danaans)的主人?他们如此之多,我无法分辨,更无法给他们命名,即使我有十条舌头、十张嘴也做不到,即使我有永远不坏的金嗓子、铜铸的心脏也做不到,除非奥林匹亚的缪斯,这些庇护人的女儿们记得(mnēsaiath')所有那些来到伊利昂(Ilion)的人。①

诗人言语的发展凭靠的是诗歌的传统,与两个互补的概念密不可分:即缪斯和记忆。② 这些宗教的力量一起组成了赋予诗歌的阿勒忒亚以真正深奥意义的结构。

缪斯的意义是什么?记忆的功能又是什么?学者们已经注意到希腊万神殿的诸神是以感觉、激情、态度和才智等命名的。Moūsa

---

① 《伊利亚特》2.484 以下,拉提摩尔译, Chicago: University of Chicago Press, 1951。希腊不像我们一样区分"回忆"和"提及"。Μιμνήσκω 经常兼具(如邦维尼斯特[Emile Benveniste]所说的那样)"μνάομαι 的形式和意义"(*Sprachgestichte un Wortebdeutung*: *Festchrift A. Debrunner*, Berne: Francke, 1954)。但是从谱系——即结构——上来看,缪斯和记忆的关系使得强调 μνησαίας 作为"记忆"的含义合理化。[译按]达那俄斯人:"古希腊"人自称为达那俄斯人(Danaos)。

② 在以下数页中,我主要是界定诗学表现的体系(见拉纳塔[Giuliana Lanata]的文集《前柏拉图诗学:证据与片段》[Poetica preplatonica: Testimonianze e Frammenti, *Bibliotèca di studi superiori*, vol. 43, Florence: La Nuova Italia, 1963]),但是,这只能作为古代诗学社会学的间接材料。关于这个话题以及它的研究方法和局限,见拉塞尔(François Lasserre)的《古希腊诗人的境况》(La Condition du poète dans la Grèce antique, *Etudes de Lettres* 5, Lausanne: Faculté des Lettres de l'Université de Lausanne, 1962)。斯内尔(Bruno Snell)的《诗歌与社会:诗歌在古希腊的地位》(*Poetry and Society: The Role of Poetry in Ancient Greece*, Bloomington: Indiana University Press, 1961),虽然该书的题目如此,但它涉及的社会学内容并不多。

就是这样一种[40]"甚至当人感觉到它们存在于体内时"还是在人之外的宗教力量。① 正如智慧这一才智上的品质是通过宙斯的一个妻子墨提斯表现的,而正义这一社会概念是通过宙斯的另一个妻子、伟大的忒弥斯表现的,普通的文艺一词是通过希腊诸神中世俗的缪斯表现的。大量的古典文本告诉我们,慕萨是一个普通名词,表示歌唱式的或有节奏的言语。② Moūsa 的双重意义(普通名词和神圣力量)在亚历山大里亚的斐洛(Philo of Alexandria)的一段"古

---

① 见韦尔南《希腊的记忆神话观》(Aspects mythiques de la mémoire en Grèce,*Journal de psychologie normale et pathologique*,1959)页 1 及以下,书中引用了爱若斯、爱朵、皮提娅(Pythian)、皮斯蒂、阿泰、利萨(Lyssa)等例子(之后在他的《希腊的神话与思想》[*Myth and Thought among the Greeks*,London:Routledge,1983]一书中重印,前揭,简称 *M. T.*[《神话与思想》])。

② 《荷马的赫尔墨斯颂》477:舒缓不解之忧的歌声(μοῦσα ἀμηχανέων μελεδώνων);埃斯库罗斯《欧墨尼得斯》(*Eumenides*,拉提摩尔译,Chicago:University of Chicago Press, 1953)308:令人恐惧的歌声(μοῦσαν στυγερáν);《乞援人》(*The Suppliant Maidens*,伯纳德特[Seth Benardete]译,Chicago:University of Chicago Press, 1953)695:吟游诗人的虔诚之声(εὔφημοω... μοῦσαν);品达《涅嵋凯歌》(*Nemean*,尼塞提[Frank J. Nisetich]译,Baltimore:Johns Hopkins University Press, 1980)3.28:埃阿斯之歌(μοῖσαν φέρειν),也可读成 Μοῖσαν φέρειν,因为这两个含义经常并存;欧里庇得斯《腓尼基妇女》(*Phoenician Women*)50:斯芬克斯之歌(μούσας Σφιγγός);《腓尼基妇女》788:唱一曲(μέλπῃ μοῦσαν);索福克勒斯《特拉基斯少女》(*Trachiniae*)643:长笛的圣歌;柏拉图《法义》(*Laws*)829d:不被允许的诗歌创作(ἀδόκιμον μοῦσαν,又见《王制》411C,548B);欧里庇得斯《阿尔克斯提斯》(*Alcestis*)962:穿越歌唱言语的土地(διὰ μούσας);品达《皮托凯歌》(*Pythian*,尼塞提译,Baltimore:Johns Hopkins University Press, 1980)5.65:赠予歌唱言语或缪斯(δίδωσι μοῖσαν 或 Μοῖσαν);欧里庇得斯《伊翁》(*Ion*)757:变调的言语(μοῦσα);阿里斯托芬(Aristophanes)《云》(*Clouds*)313(μοῦσα αὐλῶν);欧里庇得斯《安提厄佩》(*Antiope*)辑语 184N²;索福克勒斯辑语 162 N²;阿伽通(Agathon),辑语 2N²;欧里庇得斯《帕拉墨得斯》(*Palamedes*),辑语 588N²;《帕拉

话"(palaios logos)中解释得尤为清楚:

> 有一个古老的故事经常被人传唱,这个故事是先贤们想象的,像其他故事一样植根于一代又一代人的记忆中……故事是这样的:"当造物主创造了整个世界以后,他就问一个先知,他所希望的事物是否还有不存在于世界上已经存在的万事万物中的。先知回答,万事万物都极其完美和完满了,唯独缺少一样东西,那就是赞美的语言(ton epainetēn…logon)"……万有之父(the Father of All)听了之后很同意他的话,立刻就创造了充满和音的歌者家族,这些歌者全由他身边的一位记忆贞神(Mnēmē)所生,普通大众将她们的名字改为摩涅莫绪涅。①

在这段文字中,缪斯在这里称之为"赞美的语言"的"歌唱言

---

蒂尼文选》(Palatine Anthology)5.139,5.5;普鲁塔克《爱欲》(Eroticos, Flacelière 编,Paris:Editions les Belles Lettres,1953);《七贤之宴》(Banquet of the Seven Wise Men)156D(缪斯与逻各斯)。在拉科尼亚方言(Laconian)中,Mῶá 是一种和词语混合的歌声,见克莱姆斯(K. M. T. Chrimes)《古斯巴达》(Ancient Sparta, Westport, CT:Greenwood Press,1971)。Μούσα 的"原子论"词源引起了许多解读,都简要概括在塞提(Alessandro Setti)的文章《记忆及其诗篇:古希腊的智者》(La Memoria e il canto:Saggio di poetica arcaïca greca, Studi italiani di filologia 30, Florence;F. le Monnie,1958)以及马罗特的《古希腊文学导论》(前揭)中。[译按]阿伽通为希腊悲剧作家,泡赛尼阿斯的同性伴侣。

① 斐洛(Philo),《论种植园》(De Plantatione 30.126,Paul Wendland 编本,卷2),页158。此处的英语采用库蒙(Franz Cumont)根据法语翻译的译文《关于波塞冬和斐洛的毕达哥拉斯神话》(Un Mythe pythagoricien chez Posidonius et Philon, Revue de philologie 43,1919)79 页。又见布瓦扬塞(Pierre Boyancé)的《缪斯与社会的和谐》(Les Muses et l'harmonie des sphères, Mélanges dédiés à la mémoire de Félix Grat, vol.1,Paris:En Dépot chez Mme Pecquer – Grat,1946)。

语"有密切的联系。这种联系表现在极其明显的记忆女神的女儿们的名字上就更加清晰了,这些名字反映了"歌唱言语"的整个神学理论。① 比如克利俄(Clio,司历史的缪斯——译按)是名声(kleos)的意思,即诗人传给后代的关于丰功伟绩的名声。塔丽娅(Thalia,司喜剧的缪斯——译按)暗指欢乐(thallein),即进行诗歌创造的社会条件。墨尔波墨涅(Melpomene,司悲剧的缪斯——译按)和特普西克莉(Terpsichora,司歌舞的缪斯——译按)都会[41]让人想起唱歌跳舞的场景。其他如波林尼娅(Polymnia,司颂歌的缪斯——译按)和卡里俄佩(Calliope,司史诗和辩论的缪斯——译按)表现了多种多样的、赋予诗歌生命的歌唱言语和强有力的嗓音。对缪斯最古老的祈愿也得到显露。在距赫西俄德很久以前,曾经有三个缪斯,她们是墨勒忒(Meletē)、摩涅莫(Mnēmē)和奥伊黛(Aoidē),她们三个被供奉在赫利孔山的古庙里。② 每个名字都表示诗歌的一种基本功能,墨勒忒指示了任何初为吟游诗人者必不可少的冥想,即注

--------

① 正如斯内尔《精神的发现:欧洲思想形成于希腊人研究》(*Die Entdeckung des Geistes*:*Studien zur Entstehung des europaischen Denkens bei den Grieschen*,Hamburg:Classem,1955)和《赫西俄德的诸神世界:从荷马到柏拉图时期的神的观念》(*Die Welt der Götter bei Hesiod*,*La Notion du divin depuis Homère jusq' à Platon*,Geneva:Vandoeuvres,1952)中所提到的一样。[译按]喀俄斯:又作 Khios,爱琴海岛屿,距土耳其西岸仅 8 千米,与周围的几个岛屿一起构成希腊的一个区。在古代,该岛以荷马的出生地和一个雕刻家流派的诞生地而著名,伊奥尼亚人最早移民来此,但公元前 546 年臣服于波斯。尽管后来成为提洛同盟的成员,但却屡次反抗雅典。后来在罗马、威尼斯、热那亚和奥斯曼帝国相继统治下,经济繁荣。巴尔干战争(1912—1913)结束后该岛归还给希腊。

② 泡赛尼阿斯(Pausanias)《希腊旅行指南》(Ἑλλάδος περιήγησις),9.29.2 - 3。关于这一传统见格罗宁根(Bernard Abraham van Groningen)的研究《赫利孔山上的三位缪斯》(*Les Trois Muses de l'Hélicon*,*L' Antiquité classique*,1948),书中给出原因证明泡赛尼阿斯的传统先于亚里士多德。

意力、专注性和脑力活动。① 摩涅莫代表的是能够背诵和即兴创作的心理功能。奥伊黛就是墨勒忒和摩涅莫的最终成果,即作品、史诗吟诵和诗歌成品。②

然而,其他的命名法也同样被引用。西塞罗(Cicero)记录的只有四位缪斯,即:阿尔凯(Archē)、墨勒忒、奥伊黛和忒尔克西诺厄(Thelxinoē)。③ 其中两个代表的是全新的方面:阿尔凯是开端,是原初;诗人的语言要努力去发掘事物的起源,发掘最原始的事实(韦尔南《希腊的神话与思想》,页 72 - 106)。忒尔克西诺厄是思想的诱惑,即歌唱语言给听众带来的魅力。④ 这些描述缪斯的词语发展出一个名副其实的神学理论,它们证实了在靠灵感的吟游诗人和诗人的圈子里,缪斯和歌唱语言对等的重要性。⑤

---

① 关于墨勒忒的意义和这个思想在宗教哲学界的成果,见韦尔南《希腊的神话与思想》,前揭,75 - 106 页。

② "一般而言,这只是说狂放的演出($ἀείδειν$ 在其中最多只是个技术术语),或必要的独唱,即像阿那克里翁(Anacreon)或萨福(Sappho)那样的英雄体或教化性史诗或抒情诗"(格罗宁根《赫利孔山上的三位缪斯》,前揭,页 290)。值得注意的是(正如拉巴布[Jules Labarbe]指出的那样)古代的这三种祈诉缪斯的形式差不多都涵盖了 Sophia - Jacomina Suys - Reitsma 在 *Het homerische Epos als oracle Schepping van een dichterhetairie*(Amsterdam:H. J. ,1955)所提出的理论,即诗歌功能的三个方面——组织、保存和创造。见拉巴布和塞弗希恩(Albert Severyns)的《荷马的诗歌》(*La Poésie homérique*,*La Table ronde*,1958 年 12 月)。

③ 西塞罗,《论神性》(*De natura deorum*,Pease 编本,卷 2,Cambridge,MA:Harvard University Press,1958),3. 54,页 1100 - 1101。

④ 如见塞提,《记忆及其诗篇:古希腊的智者》,前揭。

⑤ 缪斯肯定从很早的时候就是吟游诗人们崇拜的对象,虽然关于这点的碑文(迪腾伯格《希腊碑文汇编》[Wilhelm Dittenberger, *Sylloge Inscriptionum Graecarum*, Hildeschem:Olms,1960],457. 1117)和考古发现(参鲁鲁《无处不在的缪斯与古代作品中的缪斯》[G. Roux, Le Val des muses et les musées chez les auteurs anciens, *Bulletin de correspondance hellénique* 78,1954])大多是后来的。见的斐恩(Fiehn)在"缪斯"词条(*s. v. Musai*, R. – E. ,1933, c. 696 f. )下的评论。

然而,歌唱语言和记忆是密不可分的。在赫西俄德的传统中,缪斯是摩涅莫绪涅的女儿们。① 在喀俄斯(Chios)岛,她们又称为"记忆"(mneiai),因为她们让诗人"记住"。② 记忆的含义是什么?它又是怎么和歌唱语言相关的?首先,只有当记住公元前十二到九世纪的希腊文明不是基于书写材料而是口头传统时,我们才能理解记忆的宗教地位、受吟游诗人圈子的崇拜及它在诗歌思想中的重要性:③

  在那时,人们不得不记住很多事情。因为,有很多事情[42]要传达给他们,如识别方位的标志、活动的最佳时间、对神明的供奉和英雄们的秘密墓地,从希腊长途跋涉而来的人们很

---

关于"希腊哲学家对缪斯的崇拜",见布瓦扬塞的研究《希腊哲学中的缪斯崇拜》(*Le Culte de muses chez les philosophes grecs*, Paris: Editions de Boccard, 1937)。

 ① 见赫西俄德《神谱》54以下、135、915以下,以及艾特雷姆(Samson Eitrem)引用的文献"摩涅莫绪涅"词条(*s. v. Mnemosyne, R. – E.*, 1932, c. 2265以下)。斯内尔《希腊早期诗歌中的摩涅莫绪涅》(Mnemosyne in der frühgrechischen Dichtung, *Archiv für Begriffsgeschichte* 9, 1964)中概括的非常简洁。

 ② 普鲁塔克《交际问题》(*Quaestiones convivales*)9.14.743D。见维拉莫维茨(Ulrich von Wilamowitz)《希腊的信仰》(*Der Glaube der Hellenen*,卷1, Berlin: Weidmannsche, 1931)251页。关于 μνείαμνήμη,见索福克勒斯辑语 96N², 《伊利亚特》2.492、品达《涅嵋凯歌》1.12: *Μοῖσα μεμνᾶσϑαι φιλεῖ*。但是,我们还应该注意的是,缪斯能"让人忘记",即若诗人不值得获得记忆,缪斯就会夺去(见《伊利亚特》2.599 – 600),正如她们能通过歌声让人遗忘一样(见83页)。

 ③ 摩涅莫绪涅是"艾琉德拉岛(Eleuthera)上的王后"(赫西俄德《神谱》54;又见"马逊版前言"[Preface to the Paul Mazon edition, Paris: Editions les Belles Lettres, 1951])。关于摩涅莫绪涅崇拜,见艾特雷姆的"摩涅莫绪涅"词条(前揭, c.2267 – 2269)。

难找到这些墓地。①

记忆本质上存在于口头文明中,所以具体的记忆技巧必须要得到完善。②《伊利亚特》和《奥德赛》(Odyssey)代表了口头诗歌的顶峰,而要理解口头诗歌这一现象,我们必须假设确实有"记忆术"(mnemotechnique)的存在。③ 通过分析有固定格式的技艺,帕里(Milman Parry)和他的追随者们解开了这些诗人进行创作的许多步骤。④ 吟游诗人在吟诵时就创作了诗歌,"不是用词语而是套用固

---

① 普鲁塔克《论皮提娅预言》(De Pythiane oraculis)407 页及以下。见《俄尔甫斯辑语》(Orphicorum fragmenta,Berlin:Weidmann,1963 辑语297c,克恩[Otto Kern]编,关于记忆在文明史中的保存地位)和维安(Francis Vian)在《忒拜的起源:卡德摩斯与斯巴达人》(Les Origines de Thèbes:Cadmos et les Spartes,Paris:Klinchsieck,1963)106 页引用的文献。迪梅齐《日耳曼的神话与神祇》(Mythes et dieux des Germains,Paris:Editions Leroux,1939)5 – 6 页强调了印欧社会认为神职人员应负责保存"一个理想的神话、仪式及神圣言语和表达的语料库"的记忆的重要性。

② 关于口头传统的问题,见梵西纳(Jan Vansina)《口头传统:历史学方法论研究》(Oral Tradition:A Study in Historical Methodology,Chicago:Aldine,1965)、莫尼奥(Henri Moniot)《非洲历史的声音》(Les Voies de l'histoire de l'Afrique:la tradition orale,Annales:Economies,sociétés,civilisations,1964)。

③ 见托普洛斯(James A. Ntopoulos)《口头文学中的摩涅莫绪涅》(Mnemosyne in Oral Literature,Transactions of the American Philological Association 69,1938)。

④ 关于套话问题,见拉巴布在《柏拉图的荷马》(L'Homère de Platon,Liège:Editions les Belles Lettres,1949)中对一些基本问题的大概看法、弗伦克尔(Hermann Fränkel)《希腊早期的诗与哲学》(Dichtung und Philosophie des frühen Griechentums,Munich:Beck,1962)。关于口头创作文学的问题,见柯克柯克(Geoffrey Stephen Kirk)的论述,他在《荷马之歌》(The Songs of Homer,Cambridge:Cambridge University Press,1962)中特别关注洛德(Albert Bates Lord)的论文《讲故事的歌者》(The Singer of Tales,Cambridge:Cambridge University Press,1960)。

定格式,即那一组组为六步扬抑抑格的固定词语。"①我们发觉诗歌的灵感是以长期的记忆训练做支撑的。荷马的诗歌为我们提供了大量记忆术练习的例证,这些记忆术练习有助于帮助年轻的吟游诗人掌握作诗这一困难的技巧(韦尔南《希腊的神话与思想》73 页及下页)。语篇中经常出现的一个例子就是我们所知的目录。有一份关于希腊最好的战士和最好的战马的目录;一份希腊和特洛伊军队的目录在《伊利亚特》第二卷中占据了一半的篇幅,共 400 行,吟游诗人要背诵的话可真得费许多功夫了。

但这些诗人的记忆像我们的一样是一种心理功能吗?韦尔南的研究告诉我们,事实上,希腊人所崇拜的神化了的记忆最后达到的目的和我们的大不相同。② 它的目的不在于根据现在的观点来重新构建过去。神圣化了的记忆毕竟是以兄弟相称的人群才具有的特权。正因如此,它从根本上便与其他个人的回忆不同。如同占卜知识一样,那些给诗人灵感的知识是一种占卜般的全知全能。界定他们的力量的套话也是一样的;它是"所有[43]曾经存在、将要来临和已经逝去的事物"的知识。③ 对于一位诗人,记忆来自个人想象,这种想象确保他能直接进入他的记忆所激发的事件。他的特权是与另一个世界进行联系,他的记忆授予他"辨认不可见事物"

---

① 拉巴布,《柏拉图的荷马》,前揭,页 16。
② 同上。我不能同意塞提在《记忆及其诗篇:古希腊的智者》(前揭)中所说的"历史的"记忆的观点,以及阿卡梅在《对缪斯的祈诉与荷马和赫西俄德的"真理"》(前揭)中认为诗歌传承了"历史真相"的观点。我也不同意上述两篇文章的中心论点。关于印度有许多记忆的神话方面,见伊利亚德(Mircea Eliade)在《记忆和遗忘的神话学:宗教的历史 2》(*Mythologies of Memory and Forgetting:History of Religions* 2,Chicago:University of Chicago Press,1963)329 页的简短评论。
③ 《伊利亚特》1.70;赫西俄德《神谱》32、38。关于这类先知—诗人,见康福德的古典学著作《希腊哲学思想的起源》,前揭。

的能力。因而,记忆就不再只是歌唱言语的物质基础或套话技艺依赖的心理功能。最重要的是,记忆还是一种将诗歌言说置于巫术—宗教(magicoreligious)言辞地位的宗教力量。① 具有先见天赋的诗人发出的歌唱言语是灵验话语。它的奇特力量建构了一个象征性宗教的世界,这个世界其实就是现实本身。那么在这样的语境中,诗人的作用何在?他天生就有的先见是要达到什么目的?脱胎于记忆的歌唱言语发挥了多大的作用?最后,阿勒忒亚在这些语域内的地位和意义是什么?

一般说来,诗人有两个作用:"歌颂不朽的人和英雄们的丰功伟绩"。② 赫尔墨斯的例子就很好地阐释了前一个作用:

> 他边用高音调弹奏里拉琴,边高声唱着。他歌唱(krainōn)[字面意思是:他通过赞美使其真实]不死的神和黑色沃土的故事,歌唱他们最初如何形成及他们各自是如何获得自己应得的那份。③

这样的语言存在于产生与秩序、天体起源和诸神谱系这一层面的神话故事中。然而,除了关于神的故事,我们还发现了在希腊传统中庆祝勇士个人伟绩的言辞。而此处一个重要的事实就是诗歌的二元性:它既庆祝人类的功绩也叙述神的历史。反过来说,这种歌唱语言的双重语域揭示了迈锡尼社会结构的本质特征。宫殿体

---

① 见上一条第 4 章中关于诗人、预言家和正义之王共有的此类言语的基本特点的论述。

② 忒俄克里托斯(Theocritus),《田园诗》(*Idylls* 16.2, A. S. F. Gow 译, Cambridge:Cambridge University Press, 1950)。这是赫西俄德式诗人的双重语域:赫西俄德《神谱》100 – 101。

③ 《荷马的赫尔墨斯颂》,前揭,425 以下。关于 κραίνειν 的意义,见本文第 4 章。

系很显然是由一个掌握宗教、经济和政治大权的皇室主导。① 除了这个至高无上的王,还存在一个指挥着军队的"人民(laos)的统领"。② [44]在这个中央集权的城邦,勇士们组成了拥有特殊地位的特权阶层。③

诗歌的第二个语域正好和这一特殊的勇士阶层相对应。然而,我们仍然要问:神与帝王这一形象之间有什么关系呢?希腊史前神谱的研究为我们的这个问题提供了一个答案。④ 尽管赫西俄德曾被认为是神谱文学的最早作者,但现在他的作品被证明仅仅处于东部、赫梯(Hittite)和腓尼基(Phoenician)地区漫长的神谱传统的末端。⑤ 例如康福德看到了宙斯大战提坦巨神(the Titans)和提费俄斯(Typhaeus,百头巨怪——译按)与巴比伦神谱特别是马尔杜克和

---

① 根据帕尔莫(Leonard Robert Palmer)1955 年的早期译本《阿开奥斯人和印欧人》(*Achaeans and Indo - Europeans*, Oxford: Oxford University Press, 1955),虽然佩吉(Denys Lionel Page)在《历史与荷马的伊利亚特》(*History and the Homeric Iliad*, Berkeley: University of California Press, 1963)一书中对此书作出了批评。见柯克,《荷马之歌》,前揭,以及吉田(Atsuhiko Yoshida)《希腊功能三分的继承》(Survivances de la tripartition fonctionelle en Grèce, *Revue de l'histoire des religions*, 1964)。

② 在韦尔南编的《古希腊战争问题》(前揭)一书中,勒热纳(Michel Lejeune)在他的文章中强调克诺索斯发现的 Sc 系列碑文特别重要,里面大约有 140 位"骑士"有皇家管理的甲胄、战车和战马。

③ 关于荷马世界中的军事机构,让迈尔(Henri Jeanmaire)的《皮带与奔跑:论古代希腊化时期斯巴达的教育与青年的粗鲁之风》(*Couroi et couretes*: Essai sur l'éducation spartiate et cur les rites d'adolescence dans l'antiquité hellénique, Lille: Bibliothèque Universitaire, 1939)仍是重要的阅读材料。

④ 对这一问题的评价可在施瓦布尔(Hans Schwabl)的"创世说"词条(*s. v. Weltschöpfung*, R. – E., 1962)的附录(*Suppl. Band.*, 9)1433 页找到。

⑤ [译按]赫梯:在小亚细亚地区的古代民族,赫梯语使用楔形文字、象形文字;腓尼基:公元前二千年左右在现今叙利亚沿岸繁荣一时的古国。

提阿玛特(Tiamat)之间的战役有重要的可比之处。① 这些比较证明是很有意义的,因为讲故事的方式在当时依然存在,且与巴比伦的仪式密切相关。每年在皇室庆祝新年到来(the Creation of the New Year)这个节日的第四天,国王会模仿一个仪式性的战斗来表现马尔杜克战胜提阿玛特的伟绩。这个仪式上还要背诵造物的诗篇《埃努玛·埃利什》。韦尔南因此向我们展示了希腊的宇宙起源说和神谱中的世界秩序与统治神话是密不可分的。② 再则,神话在叙述神代代传承的故事时,还为神王这样一位关键人物埋下了伏笔,他身经百战、屡败敌手,在宇宙中建立了永久的秩序。作为采取这种叙述的首要希腊例子,赫西俄德的诗标志着这一体裁的衰落,因为它是书写或笔录的作品,而不再是在仪式性节日上的口头诵读。然而,赫西俄德似乎提供了最后存留下的歌唱言语,它赞扬了类似迈锡尼文明所例证的一种以统治权为中心的社会的一位君王。例如赫西俄德的皇室形象是以宙斯[45]为代表的。③ 从这个层面来说,诗人的功能总的来说是"服务于统治权",④他通过背诵创世神话直

---

① 见康福德,《原初智慧:希腊哲学思想的起源》(*Principium Sapientiae*: *The Origins of Greek Philosophical Thought*, Cambridge:Cambridge University Press, 1952)。[译按]提阿玛特:又叫混沌母神,巴比伦神话中创世之时即存在的怪物。

② 韦尔南,《希腊思想的起源》,前揭,108 页及以下。

③ 这些假设性的论述来自像韦伯斯特(T. B. L. Webster)等力图从诗学层面展示迈锡尼与荷马之间有丝丝关联的作者。但是从整体上来看,我认为芬利关于迈锡尼和荷马时代的经济和政治是断裂的(《原史》[*Historia*, 1957]133 – 159 页)这个结论更可靠。

④ 这个功能随着君主制的地位下降而消失了,赫西俄德已经忘记了这个功能。品达在《皮托凯歌》2. 13 – 14 中写到诗人赞美国王的德行,这只是 ἐσθλὸν αἰνεῖν 这个主题的变体。关于诗人是"君主的大臣"这一说法,见迪梅齐在《臣服与财富》(*Servius et la fortune*, Paris:Gallimard, 1943)中对古典时期的评论。

接参与构建整个世界的秩序。①

在赫西俄德的诗中,我们找到了诗和宗教中阿勒忒亚最古老的表现。根据《神谱》中的神学预言,缪斯的功能是什么？缪斯自豪地声称自己有"说真话"(alēthea gērusasthai)的特权(赫西俄德《神谱》28)。阿勒忒亚的这个含义可以通过它和缪斯、和记忆的关系表现出来,因为缪斯是那些"讲述今为何、将为何、昔为何"的人(同上32、38),她们是记忆的词语。因此《神谱》的特定语境已经表明了阿勒忒亚和记忆的密切联系,甚至还指出人们应该将这两股宗教力量当做同一种表现来理解。然而,只有当我们准确找出主导诗人第二语域的概念时,我们才能明白赫西俄德的阿勒忒亚的完整意义。

诗歌语言的第二语域完全用来歌颂勇士的功绩。虽然在迈锡尼文明中我们没有发现直接的证据说明这种歌唱语言的应用,但是我们也许可以想象它存在于古风时期的希腊社会,例如以战士们完全献身于战争为主导的古斯巴达。在古斯巴达,社会由两股令人敬

---

① 像韦伯斯特(《从迈锡尼到荷马》[*From Mycenae to Homer*, Loncon: Methuen, 1958])这样的学者长期以来认为存在米诺斯诗歌。埃文斯(A. J. Evans)《希腊生活中的米诺斯和迈锡尼元素》(The Minoan and Mycenaean Element to Hellenic Life, *Journal of Hellenic Studies*, 1912) 277 页则毫不迟疑地说有迈锡尼诗歌传统。另外许多学者对史诗诗学(如荷马)所作的设想也能用于神谱诗歌(如赫西俄德)。因此,我们不能完全排除迈锡尼文明村镇宗教诗歌传统特点的可能性,特别是这种来自记忆的神教言语。迈锡尼社会使用书写并不会替代记忆的特殊地位。这个社会中的书写似乎是文士阶级的特权,可能源于克里特,用于行政管理目的。因为这个符号系统不完善,所以它不可能满足公众的需要或建立一个基于书写的文明(见普雷奥,《论克里特-迈锡尼线性文字B从希腊走向埃及》[Claire Préaux, Du Linéaire B créto – mycénien aux ostraca grecs d'Egypte, *Chronique d'Egypte* 34, 1959])。

畏的力量支配着,即赞扬和责备。① 这个社会建立了人人平等的原则,只承认表扬和批评的区别。在社会的各个层面,个人都践行监督他人和被他人监督的权利。② 例如在一些像帕忒尼亚节(Partheneia,按即"少女节")这样的节日中,女孩们有权利嘲笑某些行为不端的男青年;相反,如果男青年们证明他们是有价值的,女孩们将唱赞歌唱到每个人都听到(普鲁塔克,《吕库戈斯》14.5)。在一个按年龄组织的社会中,[46]每天的大部分时间都在"言论厅"度过的年长者凭借其权威的力量将大部分时间用来颂扬善行、责备恶行(同上 25.3, $\dot{\epsilon}\pi\alpha\iota\nu\epsilon\tilde{\iota}\nu$ 和 $\psi\acute{\epsilon}\gamma\epsilon\iota\nu$)。在一个非常重视勇士优点的竞争性社会,没有哪个领域比军事功绩受到更多的赞扬和责备。在这个领域,诗人是至高无上的仲裁者。这时他的功能不再是服务于统治权,而是服务于由享有从军特权的"类似"、"平等"的个人组成的团体。③

在像古斯巴达这样一个尚武的社会,缪斯女神们因此占有一个举足轻重的地位。她们因为两个原因而受到崇敬。第一,她们是长笛、里拉琴和齐特拉琴演奏者的守护女神,因为音乐是斯巴达教育

---

① 普鲁塔克,《吕库戈斯》(*Lycurgus* 8.3 – 4;26.6)。斯巴达背诵的诗歌通常是为了"赞扬那些为斯巴达死去的人,公开宣扬他们的好运,指责懦夫,描述他们悲惨不幸的生活"(普鲁塔克,《吕库戈斯》21.2: $\dot{\epsilon}\pi\alpha\iota\nu o\iota$ 和 $\psi\acute{o}\gamma o\iota$)。赞扬和责备在喀荣达斯(Charondas)和扎琉科斯(Zaleucos)的《法律之序言》(*Preambles to the Laws*,见德拉特《论毕达哥拉斯派的政治》[Armand Delatte, *Essai sur la politique pythagoricienne*, Liège/Paris: Vaillant – Carmanne/E. Champion, 1922])以及柏拉图的《法义》(*Laws*,829C – E;855A;870A 等)中很重要;换言之,赞扬和责备在支持古典和"多蕾丝"影响的作品中很重要。

② 在一个像斯巴达这样的平等主义社会,可见的独裁比许多东方君主制"城镇之舌"的监督更压迫(见库佩《马里的公众意见》[J. – R. Kupper, L'Opinion publique de Mari, *Revue d'assyrologie et d'archeologie orientale* 58,1964])。

③ 关于同等人,见舒尔忒斯(Schulthess)在"平等群体"词条下(*s. v. homoioi*, R. – E.,1913,2252 页)收集的材料。

的一部分,军队行进和进攻时总是伴随着长笛和里拉琴。① 然而,她们的第二个功能却重要得多。国王在每场战争之前都要祭献缪斯以提醒"平等的个人"会获得平等的评判,以此来鼓励他们战胜危险,斩获"值得庆祝"的功绩,②而这些功绩可能会给他们带来"辉煌的记忆"(mnēmē eukleēs)。③

在这样一个如此好战的社会中,(被大家)承认并非直接来自行动,这似乎是自相矛盾的。然而在战争中,贵族的勇士似乎沉迷于两种重要的价值,名声(kleos)和荣耀(kudos),两者都属于荣誉。④ 荣耀是授予胜利者的荣誉,是一种神赐的瞬间恩惠。诸神将这种荣誉授予一些人,而拒绝授予其他人。⑤ 名声则是一种通过众人口中言词而代代相传的荣誉。荣耀来自神;名声接近神。任何时候勇士们都不会认为自己是他行为的动因和源头:他的胜利完全是神对他的厚爱,他的功绩一旦取得,只有通过赞扬的言辞才能成形。因此,一个人的价值不会多于他的语言。⑥ [47]勇士的价值由赞扬的主人即缪

---

① 泡赛尼阿斯,《希腊旅行指南》3.17.5。关于行军乐曲,见普鲁塔克,《吕库戈斯》21.4。

② 普鲁塔克,《吕库戈斯》21.7;(*Apophthegmata laconica*)221A;*De cohibenda ira* 458 E。

③ 普鲁塔克,《拉科尼亚的体制》(*Instituta laconica*)238C。

④ 见格赖因德尔(Max Greindl),《名声、荣耀、誓愿、荣誉、神谕、意见:史诗和抒情诗中语言惯用法的历史意义研究》(*ΚΛΕΟΣ, ΚΥΔΟΣ, ΕΥΧΟΣ, ΤΙΜΗ, ΦΑΤΙΣ, ΔΟΞΑ. . Eine Bedeutungsgeschichtliche Untersuchung des epischen und lyrischen Sprachgebrauchs*,博士论文,Lengerichiwa:Lengericher handelsdruckerei,1938)和路德在《宇宙观与精神生活》(前揭)中的分析。

⑤ 关于荣耀(*κῦδος*),见弗伦克尔,《希腊早期的诗与哲学》,前揭,88页和注解14(即译文中原页码41下的注解3——译按)。

⑥ 有两个例子可以帮助我们理解"名声"在勇士和贵族世界的重要性。第一个是《伊利亚特》20.203以下,埃涅阿斯(Aeneas)告诉阿喀琉斯:"我和你知道对方的出身和父母,因为我们从人们那里听到他们的名声一代代传下来

斯的仆人决定。① 他们赐予他抑或是拒绝赐予他"记忆"。②

赞扬有什么样的地位？在贵族社会,赞扬他人原则上是一种义务:"要公正",海的祖先(the Sea's Ancient),"即使他是你的敌人,当他值得赞扬时还是要赞扬他"。③ 品达和巴克喀利德斯(Bacchylides)的诗歌展示了命令的影响:它们大量存在于对男人臂膀的力量、国王的财富和贵族的勇气的赞扬中。④ 然而,诗人不会不加区别地滥加赞扬。赞扬是高贵的:

> 我们从洪亮的话语中知道了涅斯托尔和吕西亚的萨尔佩冬(Lykian Sarpedon),⑤就如技艺精湛的歌曲艺人聚集在一起歌唱。光芒四射的诗歌使德性长存,但极少数诗歌却使德性更

---

($πρόκλυτ' ἀκούοντες ἔπεα$)"。第二个是《小伊利亚特》(*Little Iliad*,塞弗希恩《阿里斯塔克学派的组诗》[*Le Cycle épique dans l' école d' Aristarque*,Paris:Editions Champion,1928]330 页以下关于辑语 2,艾伦[Thomas Allen]编本)中有一段,奥德修斯和埃阿斯争夺阿喀琉斯的武器时产生了冲突,后来一位特洛伊妇女通过四步赞美诗决定把它判给奥德修斯。

① 辑语 9.1D³ 中提尔泰俄斯(Tyrtaeus)的话值得记住:$οὔτ' ἂν μνησαίμην οὔτ' ἐν λόγῳ ἄνδρα τιθείην κτλ$。没有"记忆",就没有语言。

② 勇士拼搏一生只为荣誉之歌,为一个美好的记忆:"至少不要让我不战而亡,没有荣光,而要先做点大事,那样将来的人就会知道"(伊利亚特 22.304 – 305)。赫克托尔的宣言具有榜样的力量;见品达《皮托凯歌》4.185 以下。一个勇士参战时"担心平民会在辱没他的名声"(阿波罗尼俄斯《阿尔戈斯英雄船》1.141,447)。阿尔戈斯号上的一行人挥之不去的恐惧是会"$νώνυμνοι καὶ ἄφαντοι$"地死去(阿波罗尼俄斯《阿尔戈斯英雄船》4.1306;见 2.892 – 893)。

③ 品达《皮托凯歌》9.95 以下;《涅嵋凯歌》9.6 – 7,前揭。

④ 品达《涅嵋凯歌》1.5 – 6;4.93;5.19;11.17 以下;《皮托凯歌》1.43;2.66 – 67;《伊斯忒摩凯歌》(*Isthmian*)3.7 – 8;5.59;1.43 以下;等。

⑤ [译按]涅斯托尔:荷马《伊利亚特》中足智多谋的长老。

易获得。(品达《皮托凯歌》3.112–115)

诗人通过他言语的力量让普通的凡人"有和君主一样的命运"(品达《涅嵋凯歌》4.83–84),授予他存在和真实。他的赞扬被称为真实(etumos)。① 然而,诗人的言语和印度理想中的轮回(samsa)一样是把双刃剑,善恶兼具。② 正如品达所说:"赞扬触及责备。"③负面是:"恶语"总是"一咬咬一群",有一张墨摩斯的脸。④ 诗歌语言领域的两极就是这两股宗教力量。诗人这位最高裁判就站在赞扬和责备之间:"我将赞扬我喜爱的人,使他免于可怕的责备并给他带来泉涌般的真正荣耀。"(品达《涅嵋凯歌》7.61–63)

然而,在某些传统中,责备是恶毒的言语或积极的批评,它也可以定义为缺少赞扬。在最古老的宗教思想中,被描述为是"阴暗的"墨摩斯是夜神的一个孩子,勒忒即遗忘的兄弟。⑤ 从责备和遗忘的相似之处可以看出它是赞扬的消极方面;它仅仅和勒忒成对,意思是沉默。⑥ 遗忘或是沉默都代表了死亡力量在生命力量——身为缪斯之母的记

---

① 品达《涅嵋凯歌》7.63;《皮托凯歌》1.68。关于言语的这一方面,见本文第4章。
② 见迪梅齐《臣服与财富》,前揭,76–77 页。
③ 品达,包括辑语59(皮埃什[Puech]编本):$μῶμον\ ἔπαινος\ κίρναται$。
④ 品达《皮托凯歌》2.53。资料收集在"墨摩斯"词条下(s. v. Mōmos, Roscher's Lexicon, 2.2, 1894–1897) 3117 页。又见克罗尔(Wilhelm Kroll)的"墨摩斯"词条(s. v. Mōmos, R. –E., 1933) 42 页。[译按]墨摩斯:希腊神话中专爱挑剔的神。
⑤ 根据品达《涅嵋凯歌》7.61,墨摩斯被称作黑暗($Σκοτεινός$,黑暗的诽谤与真实的名声相对)。赫西俄德《神谱》214。
⑥ 责备和遗忘是相关的:品达《奥林匹亚凯歌》(Olympian, 尼塞提译, Baltimore: Johns Hopkins University Press, 1980) 2.105 以下。但有时沉默有非常正面的含义,如在班巴拉文化中(参扎汗《班巴拉语言的辩证》[Dominique Zahan, La Dialectique du verbe chez les Bambara, Paris: Mouton, 1963],页 149–166),它同时也

忆——面前的成长。① [48]在赞扬和责备背后的是一组最根本的对立力量——摩涅莫绪涅和勒忒。② 勇士的生命就是在这两极之间演绎。赞扬的主人决定一个人是否"不应该被隐匿在黑暗的黑纱之下",③或反过来让沉默和遗忘成为他应有的命运;④他的名字是应该在耀眼的灯光下闪烁⑤还是被永世托付给黑暗。⑥

诗歌语言的领域因这两股力量之间的张力而达到平衡。每一股力量都有另一股相对的力量来匹配:一股是夜晚、沉默和遗忘;另

---

意识到这个词的负面含义。需要指出的是,扎汗在结论中关注的是班巴拉文化和"我们所知道的公元前三世纪的,特别是与廊下派哲学有关的希腊文化"之间的相似之处。沉默在印欧世界中,特别是在印度和罗马的创造价值在迪梅齐的《拉丁女神与吠陀神话》(*Déesses latines et mythes védiques*, *Collection Latomus*, vol. 25, 1956)中揭露无疑。列维-施特劳斯的《生吃与熟食》(*The Raw and the Cooked*, Chicago: University of Chicago Press, 1983)将沉默或哑言当作和噪音成对的一类神话思想来研究。

① 根据普鲁塔克《德尔斐预言》(*De Eapud Delphos*)394A,勒忒和西欧佩与摩涅莫绪涅和缪斯对立,就像光明($Φοῖβος$)和黑暗($Σκότιος$)对立一样。摩涅莫绪涅在"小俄尔甫斯碑"中与勒忒对立,辑语297c。Kern。索福克勒斯辑语145N²把粉蝶少女们(Pieridae)的厌恶的遗忘($λάθα στυγερά$)置于背诵的记忆($μνᾶστις μελέων$)的对面。

② 这对在多处出现(见下文)。

③ 巴克喀利德斯 3.13-14 斯内尔⁶。"人类有这么一句话:高尚的行为完成后不会藏在地里,而是在沉默里($μὴ χαμαὶ σιγᾷ καλύψαι$)。[它应该得到的是]一曲赞歌。"(品达《涅嵋凯歌》9.6-7)

④ 品达《伊斯忒摩凯歌》,前揭,2.43-44,4.30以下,5.56-57;《奥林匹亚凯歌》7.92;《涅嵋凯歌》7.12-13(摩涅莫绪涅和黑暗的对立);《涅嵋凯歌》9.6-7。

⑤ 品达《皮托凯歌》6.14以下,9.89-90;《颂歌》(*Paeans*)辑语2.66以下,皮埃什编本。

⑥ 品达《奥林匹亚凯歌》1.83,6.92;《涅嵋凯歌》7.12-14;《伊斯忒摩凯歌》5.56。见阿波罗尼俄斯《阿尔戈斯英雄船》2.892-893。

一股是光明、赞扬和记忆。不曾言说的功绩会死去:"凡人遗忘那些未被融入荣誉之河中的诗篇,他们通过诗人的技巧盛开。"(品达《伊斯忒摩凯歌》7.16以下)只有通过吟游诗人的言语才能避免沉默和死亡。积极的价值和灵验言语的存在都通过诗人这个特殊的人来证明,通过他的声音,通过他将赞美高扬其中的和谐振荡,通过饱含生命力量的活生生的语言。① 诗人通过他的赞扬将"记忆"赋予那些生来不拥有记忆的人。忒俄克里托斯②直率地指出:如果没有西蒙尼德斯(Simonides),很多富人依然"不会留下记忆"(amnastoi)。③ 这并不是意味着他们没有重建他们的世俗过去的能力,而是他们可能永远不会收到品达所说的"记忆"或"纪念"(mnamēion)这份珍贵的礼物。④

---

① 这里让人想起希腊人称作 Ὄσσα(词根是 wek-,"神圣的声音")的力量;这是"来自宙斯的声音"(《奥德赛》[拉提摩尔译,New York:Harper & Row,1965]1.282)。见富尼耶(Henri Fournier)《古希腊动词"说"》(*Les Verbes" dire" en grec ancien*,Paris:C. Klincksieck,1946)页227及以下。关于这个声音及其意义,见马格勒(Charles Mugler)《希腊科学的源头在荷马:实在的人与宇宙》(*Les Origines de la science grecque chez Homère: L' homme et l' univers physique*,Paris:C. Klincksieck,1963)页82及以下。

② [译按]忒俄克里托斯(公元前300?—前260):希腊诗人,他将田园诗引入诗歌之中,从而成为维吉尔的田园诗和许多文艺复兴时期诗歌戏剧的来源。他最著名的田园诗包括《泰尔西斯》和《收获节歌》。

③ 忒俄克里托斯,《田园诗》,6.42以下(勒格朗[Legrand]编本)。关于萨福的记忆(μνημοσύνη,辑语55,娄贝尔[Edgar Lobel]和佩吉编,Oxford:Clarendon Press,1925),见梅勒(Herwig Maehler)《希腊早期自品达以来诗人的观点》(*Die Auffassung des Dichterberufs im frühen Griechentum bis zur Seit Pindars*,Göttingen:Vandenhoeck & Ruprecht,1963)页59–60。[译按]西蒙尼德斯(公元前556?—前468?):来自塞俄斯(Ceos)的希腊诗人,下文将详细论述他的真理观及他与荷马、赫西俄德的观点比较。

④ 品达《皮托凯歌》5.49。这是主观"记忆"的缪斯:品达《伊斯忒摩凯歌》8.63;《奥林匹亚凯歌》6.92;《涅墨凯歌》7.80以下。当然,人类记忆也有职责,就是记录和传播事件。

这也不意味着他们缺乏人类对死亡保持的模糊的世俗的记忆。品达的这种"记忆"是诗人甚至可以授予生者的特权。① 一个人的"记忆"是准确的"缪斯永恒的时刻",是和诗人言语一样的宗教现实,嫁接在记忆中,在赞扬中得到实现。② 在歌唱语言的层面,记忆因此有两个含义。第一,它是一种预见力的天赋,这种预见力使诗人能够创造出有效的语言从而形成歌唱言语。[49]第二,记忆是歌唱言语本身,语言从不会停止形成,并且这也与语言所赞美的人的形成是相一致的。

在这样一个通过两股相对立的力量相对峙达到平衡的思想体系中阿勒忒亚在什么地方?记忆与遗忘、赞扬与责备、光明与夜晚这三组相对的关系巧妙地形成的配置,在这个配置中阿勒忒亚找到它的意义。对于品达来说,阿勒忒亚是一种他称作"宙斯之女"的力量,是和缪斯一起在他"记忆"时被祈求的对象(品达,《奥林匹亚凯歌》10.3-4)。对于巴克喀利德斯而言,阿勒忒亚是"诸神的同邦城民,是唯一一个和不朽者(the Immortals)一样拥有不朽生命的"(巴克喀利德斯[Bacchylides],辑语57,斯内尔编本第六版)。阿勒忒亚甚至可以战胜令人敬畏的墨摩斯:"可以肯定的是,凡人的责备充斥在各种作品中,但是阿勒忒亚却总是胜利"(巴克喀利德斯,13.202-204,斯内尔编本第六版;辑语5.187,斯内尔编本第六版)。考虑到赞扬和阿勒忒亚不可分性,它的功能和记忆是相同的(巴克喀利德斯,辑语5.187,斯内尔编本第六版):"吕底亚(Lydia)的石头谴责着黄金;③在人类中,德性

---

① 见如,品达《皮托凯歌》5.46-49;《伊斯忒摩凯歌》8.62-63。
② 巴克喀利德斯,10.9 辑语斯内尔第六版。其它还有库蒙的《罗马的葬礼形象研究》(*Recherches sur le symbolisme funéraire des Romains*,Paris:Guenther,1942)页253及以下有很长的篇幅分析了缪斯和一些神性的形式之间的关系。
③ [译按]吕底亚:小亚细亚西部的富裕古国,西临爱琴海。公元前七至前六世纪,吕底亚通过金属铸币和常年零售店等经济发展,深刻地影响了伊奥尼亚希腊人。

有(诗人)智慧的见证和阿勒忒亚的全能。"(巴克喀利德斯,《海帕基麻》([*Hyporchema*])辑语 14,斯内尔编本第六版)阿勒忒亚形式上与勒忒相对,正如它与墨摩斯的关系一样。① 从光明这一方面来说,阿勒忒亚带来明亮和光辉;"它将光泽洒向万物"。② 当诗人进行赞扬时,他总是通过阿勒忒亚并以她的名义(巴克喀利德斯,辑语 5.188,斯内尔编本第六版);他的言语,正如他的理智(nous)一样,是真理(品达《奥林匹亚凯歌》1.28,2.101)。诗人有看到阿勒忒亚的能力;③他是"真理的主人"。

| + | - |
|---|---|
| 赞扬 | 责备 |
| 埃佩诺斯(Epainos) | 墨摩斯 |
| 言语 | 沉默 |
| 光芒 | 黑暗 |
| 记忆 | 遗忘 |
| 阿勒忒亚 | 勒忒 |

[50]在所有的可能性中,阿勒忒亚和勒忒之间的关系组成了宇宙中歌唱语言的代表。(缪斯们歌唱的)阿勒忒亚与(给予缪斯们生命)摩涅莫绪涅之间的密切关系导致了在这个组合中第二个术语

---

① 见品达《奥林匹亚凯歌》10.1 以下,《涅嵋凯歌》5.17–18,巴克喀利德斯,5.187 辑语斯内尔第六版。

② 巴克喀利德斯,8.4–5 斯内尔第六版。见欧里庇得斯,《伊菲革涅亚在陶利斯人中》(*Iphigeneia in Tauris*),1026:κλεπτῶν γὰρ ἡ νύς, τῆς δ'ἀληθείας τὸ φῶς。关于阿勒忒亚与光明,见拜尔瓦尔特斯(Werner Beierwaltes)《理智之光:希腊人的光之形而上学研究》(*Lux Intelligibilis*: *Untersuchung zur Lichtmetaphysik der Griechen*, Munich, 1957)页 75 及以下。

③ 品达,《涅嵋凯歌》7.25。见《涅嵋凯歌》5.17,《皮托凯歌》3.103。

出现的可能,即勒忒。赫西俄德的《劳作与时日》(works and days)和《神谱》在主题上不同但是在精神上是相似的,《劳作与时日》部分补足了《神谱》在这一方面的沉默。《劳作与时日》和早期的《神谱》有相同的诗歌观念。缪斯们一直激励着诗人;他的诗是女神引起他去听的非凡的赞美诗。① 赫西俄德像先知预言家一样,拥有揭示"拿着羊皮盾的宙斯的思想"的能力。② 他的语言被称为是真实(etētuma)的,在两个方面具有宗教本质:在向阿斯克拉(Ascra,赫西俄德的家乡,靠近赫利孔山)的农民阐释时,诗人赫西俄德既通过自己诗歌功能的宗教本质阐释,也通过土地上神圣的劳动者阐释。③ 在赫西俄德的思想中,在土地上劳作完全是宗教职业。神已经将这些劳作分配给了人们,那些将一年中的这些劳作进行划分的是"唯一的顾问宙斯"。④ 了解劳作继承的礼节并将这些礼节完整无缺地记住,没有任何忘记迹象的人是"神圣的人"。赫西俄德明确地将进行劳作与禁止劳作的时日的分配命名为阿勒忒亚(赫西俄德《劳作与时日》765 – 68、818、824)。

因此我们在《劳作与时日》中找到一个阿勒忒亚的双重例示。首先,阿勒忒亚的声音是诗人以缪斯的名义发出的,这在他的巫术宗教言语中有阐释,并与诗的记忆相交织。第二,我们发现阿勒忒亚被阿斯克拉的农民所有。在后一个例子中,"真理"被明确地定

---

① 赫西俄德,《劳作与时日》(Works and Days,拉提摩尔译,Ann Arbor:University of Michigan Press,1959)1 以下,661 – 662。

② 见《伊利亚特》;赫西俄德《劳作与时日》,前揭。

③ 赫西俄德《劳作与时日》10。关于 $\dot{\epsilon}\tau\epsilon\dot{o}\varsigma$、$\ddot{\epsilon}\tau\nu\mu o\varsigma$ 和 $\dot{\epsilon}\tau\acute{\eta}\tau\nu\mu o\varsigma$,见路德在《古希腊的"真实"与"谎言"》,前揭,51 – 61 页中的分析。[译按]阿斯克拉:赫西俄德的家乡,靠近赫利孔山。

④ 赫西俄德《劳作与时日》397、769。我的早期著作《赫西俄德作品中的农业危机与宗教观》(前揭)42 页及下面一个更简要的分析。

义为诗人训诫的"不可遗忘"。① 但是两个关于阿勒忒亚的例子并没有根本的不同。它们只是从两个不同的角度考虑阿勒忒亚:一是在它与诗人的关系中,二是在它和倾听的农民的关系中。[51]前者拥有阿勒忒亚纯粹是通过他诗的功能的特权;后者只有通过运用他的记忆才能获得阿勒忒亚。换句话说,只有通过运用倾向遗忘的记忆,阿斯克拉的农民才能获得阿勒忒亚的知识,这种记忆会突然模糊他的思想,使他丧失《劳作与时日》给予他的"启示"。

因此在农民—门徒的关系中,阿勒忒亚与勒忒之间的互补变得尤为明显。然而,除了农民的阿勒忒亚与勒忒有部分"词源"的关系,阿勒忒亚与勒忒之间第二个相似的关系可以在真理的主人那里。第二个例子不仅基于人类遗忘意识中的勒忒,而是基于夜的女儿勒忒。阿勒忒亚与勒忒这两种关系,一个是宗教的,另一个是语言学的,前者更根本。事实上,这个关系构成了赞扬君主形象的歌唱语言这个表现,正如它构建了致力于庆祝勇士功绩的语言领域。

诗人的宗教功能被证实只在神谱文学的最后回声中,他的赞扬和批评功能一直持续到古典时期。品达和巴克喀利德斯为了少数贵族的利益而践行这个功能,完成他们前辈先前担当的角色。然而,到古典时期为止,特权的歌唱语言思想体系作为宗教力量已经变得更加不合时宜了。它的持久仅仅反映了一个特定精英阶层的固执。事实上,诗人的工作现在是赞扬贵族,表扬有钱的地主,这些人发展奢侈经济,花费大量钱财,以他们的联姻而洋洋得意,为他们的马拉战车和运动特长而自豪。② 诗人在为一个因特权受到挑战

---

① 见我的《赫西俄德作品中的农业危机与宗教观》,前揭,44 页及以下提供的材料。

② 热尔内分析贵族行为模式的文章很有裨益。见《古希腊的贵族》(Les Nobles dans la Grèce antique, *Annales d'histoire économique et sociale*, 1938)。

而更加渴望赞扬的贵族服务,他再次更加充满活力地肯定自己的功能具有重要价值,[52]因为诗人正开始显得过时,而且在希腊城邦中,这种巫术—宗教的言辞已经不存在了(见第五章)。传统的民主彻底地否认这种价值体系。在最后的分析中,诗人现在的主要工作不再是一个用他过去伪饰的形象取悦他依靠的精英的寄生虫。

这一角色与诗人在从迈锡尼时代到古代末期的希腊社会中的全能之间的对比是惊人的。在迈锡尼社会,诗人似乎扮演着一个狂热的传教士,或是君主的助手,和君主一起将秩序强加于这个世界。甚至,在古代时期,随着这种礼拜仪式功能的消失,君主功能也消失了,诗人对于勇士和贵族来说仍保留着一个全能的形象。只有他可以授予或是保留记忆。在他的诗中,人们可以认识自己。

但是,无论是作为君主的官员还是作为表扬勇士贵族的人,诗人总是真理的主人。他的"真理"是表述行为的真理,从未被挑战或是证明,而且从根本上与我们传统意义上的真理不同,早期的阿勒忒亚意味着既不是命题和它主题的一致,也不是判断之间的相同。它不是和"谎言"或"错误"对立。唯一有意义的是阿勒忒亚和勒忒的对立。如果诗人真的是被激励了,如果他所说的是基于他先见的天赋,那么他的言语就趋向和"真理"一致。①

---

① 见斯基赫(René Schaerer)在《阿勒忒亚:当今的古代遗产和真理》(Alētheia: Héritage antique et vérité d'aujourd'hui, Actes du Xxe Congrès des Sociétés de Philosophie de Langue Française, 1965)一书中所作的概述,其中的结论我无法接受。

# 第三章　海中老人

［53］赫西俄德描述了夜神之子的消极力量，并列出了蓬托斯（Pontus，最早的海神——译按）的后代，第一个是最古老和最受人崇敬的海神涅柔斯，即"海的祖先"(the Sea's Ancient)、"海中老人"(the Old Man of the Sea)：①

> 但是蓬托斯这伟大的海神是诚实的(apseudēs)涅柔斯的父亲，涅柔斯是蓬托斯的长子，他从不说谎。人们都叫他老绅士，因为他值得信任(nēmertēs)，温文尔雅，而且从不忘记正确的事情(oude themisteōn lēthetai)，但是他的思想总是正直又温和(dikaia kai ēpia)。②

---

① 关于夜神的孩子，见拉姆努克斯，《希腊传统中的夜神与夜神的孩子们》，前揭。在一篇献给希腊研究会(Association des Etudes Grecques，1963 年 4 月)的文章中，韦尔南对涅柔斯的解读与我这里的相近，都在这位海中老人的身后看到了一位善良正义的国王、一位正义的主人的形象。这一形象可追溯到诸如基于水中测试的天平和抽奖考验(Revue des études grecques 76, 1963)。关于涅柔斯见尼尔森(Martin P. Nilsson)《希腊宗教史》(Geschichte der griechische Religion，卷 1，Munich: Beck, 1955 – 1962), 240 – 244 页；赫佐格-豪泽(G. Herzog – Hauser)"涅柔斯"词条(s. v. Nereus, R. – E., 1936), 24 页。

② 赫西俄德，《神谱》233 – 236，前揭。根据默克尔巴赫(Reinhold Merkelbach)《赫西俄德补正》(Konjekturen zu Hesiod, Studi italiani di filologia classica, 1956) 289 – 290 页，对涅柔斯的描述可以从词源上的文字演绎来解释。

真实的（alēthēs）、无欺的（apseudēs）、无错的（nēmertēs）这三个形容词都给予"涅柔斯"独特的重要性。这三个词的关系贯穿于所有类似的传统中，因为我们同样以类似的方法来描述预言用语的最高形式，即阿波罗的预言形式。在《荷马的赫尔墨斯颂》中，当荷马在众神面前说话时，他以一种从个人偏好出发的言论在阿波罗神面前声称他有和他的对手一样的德性（《荷马的赫尔墨斯颂》368－369）。他还声称他将说真理，并且他是无错的和无欺的。① 因此，

---

① 对海中老人来说，Νημερτής 是一个特殊的形容词（《奥德赛》4.349、384、401,17.140）。这是他（指海中老人涅柔斯——译按）一个女儿的名字（《伊利亚特》17.46；参恩培多克勒的 Νημερτής，辑语 122。见第尔斯 [H. Diels]《古廊下派辑语⁷》[*Fragmenta Veterorum Stoicorun*⁷] 卷 1，页 361.6 和赫佐格－豪泽在"尼瑞德"词条 [*s. v. Nereiden, R. － E.*, 1936] 18 页的评论）。和 ἀψευδής（见下文注释 5）、ἀληθής、ἀλήθεια（见下文）一样，νημέρτεια 也是一个特殊的词，用来形容一位预言或不朽的神（见索福克勒斯《特拉基斯少女》173；《荷马的阿波罗颂》[*Homeric Hymn to Apollo*] 252－253；阿波罗尼俄斯《阿尔戈斯英雄船》[*Argonautica*] 4.1565；《奥德赛》9.137）。ἁμάρτημα 的基本含义是没有错误（在《神谱》1.222 这段值得一提的是 νημερτής 和 ἁμάρτη 的关系，见路德的《古希腊的"真实"与"谎言"》，前揭，页 33 及以下；热尔内《希腊法律与道德思想研究》[*Recherches sur le développement de la pensée juridique et morale en Grèce*, Paris：Editions Leroux, 1917]，页 305 及以下）。错误必定包含"遗忘"的过错："但若没有察觉，遗忘马上就像云一样偷走他们脑中的知识——所以它和他们是一起的：他们向上飘走，却把星星之火的种子留下了。"（品达《奥林匹亚凯歌》7.45 以下，前揭）比较忘记祭祀（《伊利亚特》9.537；斯特西科鲁斯 [Stesichorus]，辑语 46/223 页）和像厄庇美修斯一样 ἁμαρτίνοος（赫西俄德《神谱》512）的人。

关于古希腊思想中的 ψευδής，有三点需要指出。第一，根本的对立不是 ψευδής 和 ἀληθής，而是 ψευδής 和 ἀψευδής。第二，ψευδής 并不意味着"说谎"。我们对于说谎的概念并不能完全表达希腊词汇的多义性。它的意思与"骗术"相近，这个词不仅包含了 ψεῦδος，还包含了 δόλος、μῆτις 和 ἀπάτη。第三，在古希腊，ψευδής 传递了两个相关的意义。ψευδής 的意思是欺骗的言语，但是，因为这样的言语（一般还包括所有的 ἀπατη）的特点之一是不现实地呈现现实的"面貌"，

海中老人的"真理"似乎包含两个领域，即预言和公正。为了理解

---

它也指没有"完成"的、失效的、无法实现的言语。关于第一点，《神谱》有清楚的说明：233 行的 $ἀψευδέα$ 与 229 行的 $ψευδέας$ 对立，就像 233 行的 $ἀληθέα$ 也与 236 行的 $λήσεται$ 对应。$ψεῦδος$ 和 $ψευδής$ 的关系以及 $ἀπάτη$ 的形态早在《神谱》中就有清楚的呈现：$Ψευδέας\ τε\ Λόγους$（229 行）是 $᾽Απάτη$ 的姐妹厄里斯（Eris）的孩子（1. 224 – 225，马斯，《通往希腊词汇》[ Paul Maas, Zum griechischen Wortschatz, *Mélenges Emile Boisacq*, 卷 2，Brussels: Université Libre de Bruxelles,1938]129 – 131 页提出要读 229 行的 $Ψευδέα\ τε\ Λόγους\ ⟨τ'⟩$）。其他地方，如《劳作与时日》1. 78 中，$ψεύδεα$ 和 $αἱμύλιοι\ λόγοι$ 这一"迷人的语言"联系在一起，它的表现就是潘多拉，她是宙斯的谎言。其它与骗术相关例子可以在以下文献中找到：忒俄格尼斯（Theognis）390（$ψεύδεα\ τ'ἐξαπάτας\ τ'οὐλομένας\ τ'ἔριδας$）；品达，《奥林匹亚凯歌》1. 28（$ποικίλα\ ψεύδεα$）；《伊利亚特》21. 276（$ψεύδεσσιν\ ἔθελγεν$）；《奥德赛》14. 387（$ψεύδεσσι\ χαρίζεο\ μήτε\ τι\ θέλγε$）；《伊利亚特》2. 80 – 81（$ὄνειρον … ψεῦδος … νοσφιζοίμεθα$）；品达，《皮托凯歌》2. 37（这里宙斯制造的云，他的礼物，就是 $ψεῦδος\ γλυκύ$）；品达《皮托凯歌》3. 29 – 30（$ψευδέων\ δ'οὐχ\ ἅπτεται\ κλέπτει\ τέ\ νιν\ οὐ\ θεός$）；品达《皮托凯歌》9. 43（将 $ψεῦδος$ 和 $παρφάμεν$ 联系在一起）。因此，欺骗在这里是一个重要的现象，就像发生在赫克托尔身上的那样强大。在《伊利亚特》22. 226 以下（前揭），雅典娜"把自己的形象和声音都伪装成岱伊福布斯"来"说服"（参 1. 223 的 $πεπιθήσω$）赫克托尔在岱伊福布斯的帮助下去和阿喀琉斯单挑。但是当决斗开始时，赫克托尔因丢失了长矛而大声向岱伊福布斯求助，"岱伊福布斯不在他身旁"，他意识到"是雅典娜欺骗了我"（1. 299 中的 $ἐξαπάτησεν$）。岱伊福布斯同时在场又不在场。在场的只是他的"形象"，就像帕特洛克罗斯的"形象"一样（《伊利亚特》23. 65 以下）。一系列密切相关的希腊形象都汇集到了骗术这一含义中：那些诱惑、歧义、奉承，还有反映"弯曲"、"扭曲"或"歪斜"含义的形象，如 $μῦθοι\ σκολιοί$（赫西俄德《劳作与时日》193 以下；品达，辑语 dub. 90 [ 珀克（Peuch）编本 ] $σκολιαῖς\ ἀπάταις$；见路德《古希腊的"真实"与"谎言"》，前揭，144 页及以下）。这样一来，弯曲就和所有直的、没有弯曲的事物对立，弯曲指的是克罗诺斯的镰刀，是施诡计的神器（赫西俄德《神谱》161 – 162）。变形的形象还有许多表达：$παρὲξ\ εἰπεῖν\ παρακλιδόν,\ παρατεκταίνεσθαι$（路德《古希腊的"真实"与"谎言"》，前揭，110 – 111 页），它的反义词是 $ἀτρεκέως\ καταλέγειν$ 和 $αγοπεύειν$，即说话"不带诡计"（路德《古希腊的"真实"与"谎言"》，前揭，43 – 50 页；关于 $ἀπάτη$ 和 $παρὲξ\ εἰπεῖν\ παρακλιδόν$ 的关系，参《奥德赛》

这个事实的本质,我们必须首先解释真理和预言及真理和正义的关系,[54]然后才能具体说明海中老人施行正义的模式。为了发现涅柔斯的"真理",我们必须去探究和海中老人密切关联的习俗。

---

4.348,17.139)。错误(阿泰)的领域也是跛足、两眼斜视、"歪曲的女人"的祈祷(见罗贝尔[Fernand Robert],《荷马》[Homère, Paris: Presses Universitaires de France, 1950],页54 及以下)。

ἀψευδής 这个形容词界定的是没有欺骗意图的言语、行为或人。它尤其用以指像海中老人和预言家这样的人和预言言语。预言可能是模糊的,神肯定会欺骗(见下文84-85页)。'Αψευδής 就是涅柔斯一个女儿的名字,与 Νημερτής 有关(《伊利亚特》18.46)。这个词也用来形容 μαντοσύνη (克恩《俄尔甫斯辑语》,前揭,辑语103);参欧里庇得斯《伊菲革涅亚在陶利斯人中》,前揭,1254(ἐν ἀψευδεῖ θρόνῳ μαντείας);埃斯库罗斯《七雄攻忒拜》(The Seven Against Thebes) 26(预言家:ἀψευδεῖ τέχνη);埃斯库罗斯《欧墨尼得斯》615(阿波罗:μάντις ὢν δ'οὐ ψεύσομαι);埃斯库罗斯《奠酒人》559(阿波罗:μάντις ἀψευδής);埃斯库罗斯辑语284A5(梅特编本:τὸ φοίβου θεῖον ἀψευδὲς στόμα...);希罗多德《原史》(George Rawlinson 译, New York: Modern Library, 1942) 1.49、2.152 (μαντήιον ἀψευδές)、2.174 (ἀψευδέα μαντήια);泡赛尼阿斯《希腊旅行指南》,9.23 (μαντεῖον ...ἀψευδές);科琳娜(Corinna)和吉雍(Pierre Guillon)在《托瓦翁的三足鼎》(Les Trépieds de Ptoion,卷 2,Paris: Editions de Boccard, 1943) 147-149 页中引用,以及阿里斯提库斯(Aristichus)的韵律诗(1.5-6: ἀψευδῆ ... φήμην ... τελέαν )。又见品达《奥林匹亚凯歌》4.17、6.66-67;《皮托凯歌》9.42。ψευδήω 一词指的是模糊的言语,看起来是现实,但只是现实的幻影。因此,ψευδής 常用来指"没有完成、没有实现的"言语:《伊利亚特》10.534 (ψεύσομαι, ἤ ἔτυμον ἐπέω)、19.107 (ψευστήσεις οὐδ' αὖτε τέλος μύθῳ ἐπιθήσεις);欧里庇得斯《奥瑞斯特斯》(Orestes) 1666-1667 (οὐ ψευδόμαντις ἦσθ' ἄρ', ἀλλ' ἐτήτυμος);埃斯库罗斯《被缚的普罗米修斯》(Prometheus Bound) 1032 及以下 (ψευδηγορεῖ γὰρ οὐκ ἐπίσταται στόμα τὸ Δῖον, ἀλλὰ πᾶν ἔπος τελεῖ)。比较 ἀψευδέοτατος 被实现而加强:收录于阿基罗科斯(Archilochus)辑语223(Archilogue, Fragments,拉塞尔[François Lassere]编,博纳尔译,Paris: Editions les Belles Lettres, 1958)。

在赫西俄德的《神谱》中,涅柔斯掌管着正义。然而,在整个传统中他体现了预言的力量,这种力量一直被古人所赞扬,并且他的公告一直被小心保管和传承下去。① 他被询问的场景非常有名。② 再则,涅柔斯处于预言神家族的顶端:他的女儿爱朵(Eidō)被称为忒俄诺厄(Theonoē,全知),因为"她知道所有关于预言的事,不管是现在还是未来,这一特权是从她的父亲涅柔斯那里继承来的"(欧里庇得斯《海伦》13 以下)。"同样是海神家族成员之一的格劳科斯(Glaucus)出现在阿尔戈斯号船员面前,他声称自己是海中老人的预言者,是潘特蒂亚(Panteidyia)的丈夫,是全知者(the All-Knowing One),是无欺的解释员。③ 像涅柔斯这样的神如福耳库斯(Phorkys)、格劳科斯和海中老者(the Halios Gerōn)蓬托斯都因他们的预言能力而相互关联,他们甚至就是预言能力。④

阿勒忒亚在预示语言(预言)的王国中占有一个非常重要的地位。事实证明,预言知识和宣告的权威来源于一个特定的真理概念。在《荷马的赫尔墨斯颂》中,被阿波罗派给赫尔墨斯的古代众

---

① 涅柔斯是 εὔβουλος(品达《皮托凯歌》3.93)。在《皮托凯歌》9.94 以下,品达记述了涅柔斯之语。

② 最著名的两份参考文献是赫拉克勒斯(赫佐格-豪泽"涅柔斯"词条,前揭)和帕里斯(同上)。

③ 欧里庇得斯《奥瑞斯特斯》,前揭,362 - 365;参威克尔(Weicker)"格劳科斯"词条(*s. v. Glaukos*, *R. - E.*, 1910) 1408 - 1413 页。

④ 关于这些海神之间的关系,见莱斯基(Albin Lesky)《大海:希腊人通向海洋的路》(*Thalatta: Der Weg der Griechen zum Meer*, Vienna: Rohrer, 1947) 111 页及以下。[译按]福耳库斯:古希腊神话中原始海神。与他的兄弟涅柔斯一样,他往往被表现为一个老人。在众多海神中,他通常被视为是深海之化身,因此是欧律比亚、刻托和陶玛斯的兄弟。但也有人认为他与克洛诺斯和瑞亚是俄刻阿诺斯和忒提斯的最早的后代之一。他的配偶是刻托,他们拥有众多的孩子,大多数为海怪,统称为"福耳库德斯"(Phorcydes),其中包括戈耳工、塞壬、格赖埃、厄喀德娜、拉冬、斯库拉、赫斯珀里得斯等。

神都是蜂女,她们奔向四方,"制造"各种事实:因为拥有预言的本领,她们说着真理。① 伊斯墨涅(Ismenion)的神谕被称为是预言者所说真话的中心(品达《皮托凯歌》11.6)。当特瑞西阿斯(Tiresias,盲人先知——译按)指他的知识时,他说的就是他的真理。② 该娅(Gaia)在夜间所说的是真理(Alēthosunē)。③ 卡桑德拉(Cassandra)说的是真言(alēthomantis,埃斯库罗斯《阿伽门农》[*Agamemnon*,拉提摩尔译,Chicago:University of Chicago Press,1953],1241)。有些梦境也属于真理。④ 最终,奥林匹亚是"真理之女王",因为在那里"预言家,质疑宙斯祭献的烈火,探查他的意愿!白光闪电之神,他必须对为荣誉而战、屏住呼吸直到获取荣誉的竞争者说些什么!"(品达《奥林匹亚凯歌》8.1-3)[55]另外,根据一些传说,阿勒忒亚是伟大的预言神阿波罗的一个看护。⑤ 涅柔斯因他拥有最古老的语言知识而享有特权,他必定是最正当的真理的主人。⑥

---

① 《荷马的赫尔墨斯颂》,前揭,561。关于蜂女,见皮卡尔,《以弗所书、亚马逊女战士和蜂女》(L'Ephésia, les amazones et les abeilles, *Revue des études anciennes* 42,1940, *Mélanges Radet*)。

② 索福克勒斯,《俄狄浦斯王》(*Oedipus the King*)299、356、369。

③ 欧里庇得斯,《伊菲革涅亚在陶利斯人中》,前揭,1256-1267、1276-1279。

④ 参埃斯库罗斯,《七雄攻忒拜》,前揭,710;路奇阿诺斯(Lucian),《真实的历史》(*Vera Historia*)2.33,收录于第尔斯《古廊下派辑语》,卷2,337.10页及以下。

⑤ 普鲁塔克《交际问题》,前揭,3.9.2.657E。又参柏拉图《斐德若》(*Phaedrus*)275E("真"石头还是橡树)。

⑥ 拉姆努克斯,《神话学还是奥林波斯家族》(*Mythologie ou la famille olympienne*,Paris:A. Colin,1962)页141及以下指出与御马神波塞冬的联系及他与海中老人的相似之处,他总是以一位睿智的老人或预言家的形象和特征出现(《伊利亚特》22.48-80、14.135-154)。关于"全知者"格劳科斯和波塞冬的相似之处,见威尔(Edouard Will),《科林斯》(*Korinthiaka*,Paris:Editions de Boccard,1955)188-191页。

然而，海中老人的真理不仅指他的预言能力，还是他为什么"从不忘记什么是正确的"和"他的思想总是温和又正直"的原因（赫西俄德《神谱》235 – 336 页）。换句话说，他的功能是做正义的提供者。涅柔斯就像他的女儿忒俄诺厄，是"活着的避难所，是威严的正义殿堂"（欧里庇得斯《海伦》1002）。在宗教思想中，正义和真理领域不存在区别。正义和真理之间的密切联系有许多材料可证明。厄庇墨尼德斯在明晃晃的日光下走进了狄克特翁山的宙斯（Zeus Diktaios）的山洞中，之后他在那里做了几年的梦，梦到自己在和诸神对话，和阿勒忒亚和狄刻（Dikē，正义）对话。① 这种联系是如此自然，以至于赫西喀俄斯（Hesychius）将真理定义为正义之物（dikaia），即"正义的东西"。② 再则，通过在克罗诺斯（Chronos）和克洛诺斯（Cronos）这两个词上玩文字游戏，普鲁塔克（Plutarch）告诉我们克洛诺斯被称为真理的父亲无疑是因为他天生就是"最公正的一位"（dikaiotatos，参 Mimnermus，辑语 8 Bergk[4]）。真理是世上"最公正"的东西。真理的能力基本和正义相当：③真理就是"在沉默中知道一切将要发生和已经发生之事"，而正义对应的是知道"一切神

---

① 第尔斯《古廊下派辑语[7]》卷 1，32、19 – 21 页。见弗尔（Paul Faure），《克里特洞穴的作用》（*Fonctions des cavernes crétoises*，Paris：Editions de Boccard，1964）页 96 及以下，书中将传统与伊达山和迪克特山联系起来。

② 赫西喀俄斯，A2924（拉特[Kurt Latte]编本）。塞俄斯的西蒙尼德斯辑语 137/642 页将正义之事描述为真话和必然正确的事；又见 *Lex Gudianum*，页 86、44（A. Stefani 编本）和《大词源学》（*Etymologicum Magnum*）页 62、51。[编按] Hesychius，全称为"亚历山大里亚的赫西喀俄斯"，公元五世纪的希腊文法学家，搜集整理成《希腊语难词词典》。

③ 梭伦辑语 3. 15 Diehl[3]。正义是 πρόμαντις（预言者，索福克勒斯《埃勒克特拉》[*Electra*]476）；参欧里庇得斯，辑语 555N[2]；《埃勒克特拉》771。关于正义和真理在梭伦那里的关系，见沃尔夫（Erik Wolf）《希腊法权思想》（*Griechisches Rechtsdenken*，卷 1，Frankfurt：Klostermann，1950）193 页。

意之事,不论是现在的还是将来的"(欧里庇得斯《海伦》13 以下)。在这个思想层面,真理和正义没有任何区别。真理的能力因此包含了预言和正义双重含义。

海中老人的真理的双重领域使得定义由他支配的正义变得可能,即涉及甚至在一定程度上和预言形式混淆的审判步骤。这种判断早在公元前六世纪的麦加拉(Megara)就不算罕见甚至还相当流行了,在那里,忒俄格尼斯宣称[56]"我必须用一个准绳和法规来评判这个案件,通过询问预言者、鸟占、燃烧的祭坛给双方公正的判决,以此才能让自己不背负犯错的耻辱"(《神谱》543 以下)。然而,像涅柔斯、普罗透斯和格劳科斯这样的神,他们居住在深海,他们执行着一种特殊的公正。要询问格劳科斯就要乘小舟出发;当神准备预言前,神便会从海浪中升起。①

这些神是一个涉及仪式考验的海洋正义的庇护者,他们回首谛听最早的地中海文明。多辛(Georges Dossin)著述、皮卡尔(Charles Picard)注释的苏美尔(Sumerian)文献里将这种正义与某些希腊传统做了比较。这些文献让我们能够解释这些仪式考验是如何进行的。② 早在第三个千年,苏美尔地区就清晰地记载有河流考验的形式。年轻的卡尔基米什(Carchemish)对他的父亲齐姆日利姆(Zim-rilim)说的话证明了在幼发拉底河上游(Upper Euphrates)和马里

---

① 格林(Greene)编,《柏拉图〈王制〉注疏》(Scholia Platonica ad Rempublicam)10. 611 D;欧里庇得斯《奥瑞斯特斯》362 - 365。见威尔,《科林斯》,前揭,188 - 191 页。

② 皮卡尔,《苏美尔 - 赫梯与前希腊时代的考验》(Ordalies suméro - hittites et préhelléniques, Revue hittite et asianique [ Hommage à E. Cavaignac ] 18, 1960),分册 66 - 67,129 - 142 页论述了多辛在《马里的两封关于考验的信件》(Deux lettres de Mari relatives à l'Ordalie, Comptes rendus des seances. Academie des Inscriptions et Belles Lettres,1958 年 12 月 19 日、1959)387 - 392 页中论述的主题。

(Mari)地区都有这种考验,其所依据的步骤与汉谟拉比法典(code of Hammurabi)第二段中的叙述相同。①

马里字母详细地描述了洗礼的环境和模式。首先,这种仪式似乎是用来决定两个相互间有矛盾的国君如何认领存在争端的领土。然而在某种传统中,这种争执的解决有时是通过字谜和谜语,在美索不达米亚平原则是用水测验。② 每一方都有两男两女组成的小组作为代表。这些男人和女人被依次投入河中央来证明对争端领土的声明。从制度层面上来说,马里的国王有显著作用,作为两个争端封侯的君主,他创立了考验的条件,并任命一个高级官员代替他的位置来主持这个正确的行为。正义因此由王室成员来决定,即使决定源于河神的意志。

苏美尔世界的制度文献对希腊文明来说很重要。[57]有些希腊神话传统似乎表明定居于科洛丰(Colophon)的阿开奥斯－迈锡

---

① 见多辛,《由马里的信件而知的一个河神考验的例子》(Un Cas d'ordalie par le dieu-fleuve d'après des lettres de Mari, *Symbolae ad iura orientis antiqui pertinente Paulo Koschaker dedicatae*, Leiden: E. J. Brill, 1939) 112-118页。又见蒙泰(P. Montet)的《关于苏美尔－赫梯与前希腊时代的考验的假设》(A Propos des ordalies suméro-hittites et préhelléniques, *Revue Archéologique*, Paris: Ernest Leroux, 1961) 1-4页的评论。

② 这种类型的考验,其意义在各个地方并不相同。在马里,无辜的人会逃脱河神之口,而在印度(根据赫诺的《会议报告》[Louis Renou, *Comptes rendus des seances. Academie des Inscriptions et Belles Lettres*, 1958、1959]393页),在非洲和印中地区,有罪的人不会下沉(关于印中地区,见 Georges Coedès, *Comptes rendus des seances. Academie des Inscriptions et Belles Lettres*, 1958、1959, 393页;关于非洲,见 Denise Paulme, "La 'Pierre du menteur' en Afrique occidentale", L' Années sociologique, 3rd series, 1951、1953, 344-351页)。又见拉鲁(Françoise Le Roux),《德鲁伊特人》(*Les Druides*, Paris: Presses Universitaires de France, 1961) 89页关于类似的凯尔特人的考验。《博丹协会文集18》(*Recueils de la Société Jean Bodin* 18) [3]提供的"证据"包括古代社会的多种证明材料。

尼人早在公元前十四世纪就有某些亚细亚的仪式和信仰。① 这些仪式和信仰可能是通过赫梯人带到爱琴海群岛的。② 但是皮卡尔指出,这些仪式考验传入希腊后在实施时有细微但是很重要的变化:不再是河流作为考验的手段,取而代之的是环绕岛屿周围的海洋。例如,犯有奸淫处女罪的米诺斯(Minos)与为女孩辩护的忒修斯(Theseus)发生了争端,这一事件将通过一次"神迹决斗"(miracle duel)解决。③ 忒修斯潜入海底将他刚刚投入海底的戒指找回。忒修斯因此穿透了神的世界,通过安然无恙地带着戒指浮出水面来证明他的神迹。对于希腊人来说,海洋是一个彼岸的世界,正如河流对于苏美尔人一样。要从这些水域回来必须得到神的准许。

在这些海洋考验中,一部史诗甚至更加强调它通过洗礼的考验。④ 在《原史》(*Histories*)第四卷中,希罗多德叙述了弗洛尼梅(Phronimē)的传说,这个智慧的少女被她的继母诽谤,她的父亲把她交给了商人忒弥松(Themison)这个决定正义的人。一次在海边,他给这个女孩绑上绳子将她投入海中,然后将她从海里拉起,她还

---

① [译按]科洛丰:伊奥尼亚古希腊城市,公元前八世纪到前五世纪时是兴盛的商业城市,以骑兵、奢华和产松香著称,为提洛同盟一员。在伯罗奔半岛战争期间,科洛丰先为波斯人、后又为雅典人控制;公元前302年被马其顿征服。今日仅存一些古老的旧城墙遗址。

② 见皮卡尔,《苏美尔-赫梯与前希腊时代的考验》133页,前揭。格洛茨(Gustave Glotz)《古希腊社会和法律研究》(*Etudes sociales et juridiques sur l'antiquité grecque*, Paris: Hachette, 1906)92页已有记载:"米诺斯国王和正义的施行者忒弥松用《汉谟拉比法典》的形式来证明。"

③ 皮卡尔,同上133-134页,根据巴克喀利德斯17 斯内尔[6]。关于这类神话形象,见热尔内《神话在希腊的重要含义》(*La Notion mythique de la valeur en Grèce*, *Journal de psychologie normale et pathologique*, 1948)。

④ 见格洛茨,《古希腊社会和法律研究》,前揭,69-97页。关于海的正义,也见格洛茨《希腊早期的考验》(*L'Ordalie dans la Grèce primitive*, Paris: Faculté des lettres de Paris, 1904)62页及以下。

活着。海洋已经给出了他的裁定(希罗多德《原史》4.154)。梭伦(Solon)及他们的同辈人一直认为未被打扰的大海代表"对所有人正义"(梭伦辑语 11 Diehl²)。同样的历史和宗教环境下产生并强化了平安过海就代表无罪的信仰。这种信仰根深蒂固到在公元前五世纪希腊会毫不犹豫地断定一个杀人犯无罪。① [58]海中老人很可能拥有最重大和最庄严的正义,因为他在希腊世界承担着如同在安那托利亚(Anatolia)和美索不达米亚平原河神一样的角色。②

然而,通过考验来评判正义一点也不奇怪。还存在着与海中老人有关的其他考验,在这些考验中,通过刻度来实施考验值得一提。这种考验因为两个原因而极其有趣,第一,王室成员经常主持这样的仪式;第二,这个仪式在阿勒忒亚的羊皮盾下举行。在《论荷马的诗歌创作》(Sur le travail poétique d'Homère)一书中,皮卡尔向我们描述了对著名的阿喀琉斯之盾的审判场景的一个奇怪误解,这个误解误导了注释者,尤其是研究希腊法律历史学家们。③ 众所周知,

---

① 安提丰(Antiphon)《论希律王的残杀》(Sur le meurtre d'Hérode)81 - 84。见格洛茨《古希腊社会和法律研究》,64 页及以下。

② 在《论赫西俄德的海中老人》(Sur le Vieux de la Mer chez Hésiode, Theogony 233 - 237)中,韦尔南提供了关于"一块土"的新资料及它是如何应用在以水为基础的、靠运气的"审判"程序中的。特别是他说的这些故事:一个特里同(Triton)给尤菲慕斯(Euphemus)一块土扔回海里(品达《皮托凯歌》4.33 以下;阿波罗尼俄斯《阿尔戈斯英雄船》4.1547 以下)、关于土块传统(普鲁塔克《希腊问题》[Quaestiones graecae]13,22)的证明、伯里狄卡斯(Peridiccas)的故事(希罗多德《原史》,罗林森[George Rawlinson]译,New York: Modern Library, 1942, 8. 137 - 138)、美塞尼亚(Messenia)抽签(泡赛尼阿斯《希腊旅行指南》, 4.3.4 - 7; Apollod. , 2.8.4 - 5)和用水考验的博彩模式(普劳图斯《大赌场》[Plautus, Casina]4. 177; 5. 285)。

③ 皮卡尔,《论荷马的诗歌创作》(Sur le travail poétique d'Homère, Pagkarpeia: Mélanges Henri Grégoire, 卷 1, Brussels: Secretariat de l'Institute, 1949)493 页及以下。

古人们(the Ancients)围坐成一个圈,一一说出他们对于如何弥补一次谋杀的想法:"在案件中说出最公正的想法的法官可以获得两塔仑特的黄金。"①但这里真正指的不是金属这个度量,而是一架天平,因为塔仑特最初是指一架天平或天平的两个托盘;后来它才变成了度量单位之意。② 毫无疑问,描述这一工作的诗人从来没有看过因而误以为塔仑特,即"天平"是表示金属度量衡的那个词。关于正义的天平的证据就这样从古代文学中消失了。正如《荷马的赫尔墨斯颂》中证明的,在宙斯主持公正时天平肯定是在场的(《荷马的赫尔墨斯颂》324)。监管人宙斯在决定战斗结果或勇士命运时就手持这架天平。③

天平在司法宗教的应用要追溯到最早的古希腊时期的迈锡尼文明。正如我们从碑文中可知,在那个时候,一切事物都要经过测量,监督者和天平就分别代表了君主的眼睛和他的正义。④ 甚至在六世纪中叶,昔兰尼(Cyrene)的阿尔凯希拉二世(Arcesilas II)之碗就描述了一位会计国王。阿尔凯希拉二世正襟危坐于宝座之上,身披盛装,看着[59]征收的税赋,在他面前竖着一对天平,天平周围站

---

① 《伊利亚特》18.497 – 508。关于这一文本的精彩评论可见热尔内,《古希腊的法与法前思想》,前揭,71 – 76 页。

② 皮卡尔,《论荷马的诗歌创作》,页 494,里面提到了佩尔松(Axel W. Persson)的《希腊信件评论 70》(*Bulletin de correspondance hellénique* 70, 1946)444 页及以下。关于表意文字天平和迈锡尼的塔仑特问题,见德鲁瓦(Louis Deroy),《迈锡尼碑铭初探》(*Initiation à l'épigraphie mycénienne*, Rome: Editions de l'Ateno,1962)60 – 62 页。

③ 《伊利亚特》19.223 及以下;8.69;22.209。

④ 关于测量问题,见查得威克(John Chadwick),《史前贵族》(*Une bureaucratie préhistorique, Diogène* 26, 1959)。关于迈锡尼社会概览,见勒热纳,《迈锡尼语文学节录》(*Mémoires de philologie mycénienne*,卷 1,Paris:Centre National de la Recherche Scientifique,1958)187 – 201 页。

着一些熙熙攘攘的官员。在两个官员的帮助下,国王一一检查利比亚人(Libyans)上交的串叶松香草贡品。① 天平因此兼有经济和司法功能。其实,这可能是因为克里特-迈锡尼宫殿的监管者用天平来衡量贡品,因此它承担起了天赋正义的皇室工具的角色,这就如同在某些东方文明中一样。②

这里再次用神话思想来阐释社会和制度因素,因为它保存了克里特岛国王米诺斯的记忆,米诺斯用天平来评判正义,后来因为在冥府哈得斯(Hades)主持公道而被纪念。③ 但是一般认为他是在"阿勒忒亚的平原"上登上王位的,这里并不是宗教哲学教派的平原,而是像涅柔斯这位真理大师一样掌管正义的君王自然而充满正

---

① 关于这种节状植物,见沙穆(F. Chamoux),《早期植物统治下的昔兰尼》(*Cyrène sous la monarchie des Battiades*, Paris: Centre National de la Recherche Scientifique, 1958) 246 – 263 页。关于阿尔凯希拉之碗,同上,258 – 261 页。

② 一般可见米雄(E. Michon),《天平》(*Libra, Daremberg – Saglio – Pottier*,卷 3, Paris: Hachette, 1904) 1222 页及以下;皮卡尔,《前希腊时代的宗教:克里特与迈锡尼》(*Les Religions préhelléniques* [*Crète et Mycènes*], Paris: Presses Universitaires de France, 1948) 290 页。在迈锡尼、科诺索斯、阿尔戈斯等处的墓地发现了许多极易碎的金色小天平。它们的意义不确定,但似乎能把它们和宗教上宙斯或他的先知手上象征正义的天平联系起来。见《伊利亚特》16.658,其中提到了宙斯的"神圣"天平(参《伊利亚特》22.219 以下;《神谱》157 以下;埃斯库罗斯《乞援人》402 以下,821 – 822)。宙斯掌管正义的天平: τάλαντα Δίκης (《帕拉蒂尼文选》,前揭,6.267;巴克喀利德斯,17.25),当天平的一端抬起时就表明已经做出了不可撤销的决定。有一个赛普洛-迈锡尼(Cypro – Mycenaean)的陶器上把宙斯画成一个手拿天平的先知,见尼尔森《希腊宗教史》,前揭,卷 1 页 367 注释 1;皮卡尔《前希腊时代的宗教:克里特与迈锡尼》页 290;韦伯斯特《从迈锡尼到荷马》,前揭。

③ 希罗达(Heroda),《模仿论》(*Mimes*) 2.90。关于 τρυτανη 和 ταλαντος 的关系,见 Eust.,页 196 和页 36 及以下。

义的宝座。① 这里有个例子需要特别指出,这位米诺斯国王亲自施行了水的考验。② 在这个神话君王这里,用水和用天平来评判正义的方式相结合,这两种方式都是在真理的名义之下。③

通过这些和海中老人相关联的正义形式,最高权力的作用开始显现。有证据进一步指出海中老人就是最高权威的一个模型,尤其

---

① [柏拉图]《阿克西俄科斯》(Axiochos),371B。根据《宇宙的核心》(Coré Cosmou,费斯图吉美[Festugième]编)和(Hermes Trismég 4 辑语 23.38),神圣的国王、裁判和立法者坐在真理的宝座上。关于哈得斯的审判收集在鲁尔(L. Ruhl)《论亡者的审判》(De Mortuorum judicio, RGVV 2.2,1903)页 33－105。关于米诺斯传统,见威利兹(R. F. Willetts),《克里特崇拜与节日》(Cretan Cults and Festivals, London:Routledge & Kegan Paul,1962)。见本文第六章。

② 《欧里庇得斯〈希波吕托斯〉注疏》(Scholia in Euripides Hipp.)1200;阿波罗多洛斯(Apollodorus)3.15.8.3(参弗雷泽爵士在他的版本卷 2[1921]117 页注释 3 提供的参考资料)。

③ 其他文献也说明天平和真理有关。《伊利亚特》12.433 以下,诗人在描绘特洛伊人和阿开奥斯人的自战争中不相上下时,他运用了下面这个比较:这场战斗"像小心翼翼的(ἀληθής)寡妇手里拿着的天平一样持平了,她握着平衡杆,在两端称了一样重的羊毛,想为她的孩子们赢点生计"。正如别处那样,这一比较把这个女人手持天平和宙斯持平天平作比较,宙斯经常在处理两方的争端时这样做。但是 这个词被马逊(Paul Mazon)翻译成了法语的 soigneuse("小心翼翼",拉提摩尔译成英语也是如此);又见洛里默(Hilda Lorimer)《荷马与纪念碑》(Homer and the Monuments, London:Macmillan,1950)页 490 注释 2。似乎在一些学者看来有些奇怪。路德《古希腊的"真实"与"谎言"》24 页及以下建议把 ἀληθής 改为 ἀλητις,表示一个不知所措的劳动妇女属于某种"流动的无产者"。但是希策尔的《忒弥斯、狄刻与近似词汇》[Rudolf Hirzel, Themis, Dike und Verwandtes, Leipzig:Hirzel,1907])页 111 注释 1 已经正确地强调了 ἀληθής 这个形容词和 ἰσάζουσα 这个分词之间的关系,指出这位妇女正在扮演法官(参审判性文本中的均等,见亚里士多德,《尼各马可伦理学》[Nicomachean Ethics, 罗斯(W. D. Ross)译, The Basic Books of Aristotle, New York:Random House,1941]3.7.1132A7,A10)。如果这位妇女是真理,那么就可能是因为她正拿着天平这一象征正义的工具。这只是补充说明天平和真理间根本的互补关系。

在"政治"方面。在他的五十个女儿中,大部分取了与海和海上贸易有关的名字,十来个取了"政治德行"的名字(如 Leagorē - 利厄格妮[联合],Evagorē - 厄娃戈蕾[策略],Laomedeia - 劳米德娅[人民],Polynoē - 珀利诺埃[多元],Autonoē - 奥顿诺埃[独立],Lysianassa - 利西娅纳莎[雄辩],Themistē - 忒米斯托[秩序],Pronoē - 普罗诺埃[先见])。① 《神谱》中甚至有更多关于涅柔斯的信息。他有两个绰号,一个是老人(the Old One),是卓越的长者(presbutatos)。② 和该死的老朽(Old Age)格拉斯(Gēras)相反,涅柔斯代表的是年老的有益面。在一个以不同年龄群体划分的社会,他代表的[60]是年长者自然而然获得的权威。再则,赫西俄德给涅柔斯的另一个绰号"温和"、"友善"(ēpios)强化和扩展了第一个绰号(赫西俄德《神谱》235)。这个绰号一般用于家中的父亲,即相对于年幼的孩童而言的友善者,因为在古老的希腊社会,小孩被消极地定义为青少年和成年人的对立面。③ 在希腊,动词 ēpuein 意味着声音的影响,即领

---

① 关于名字间的关系,见斯内尔,《论赫西俄德的神的世界:从荷马到柏拉图时期神的含义》,前揭,100 - 105 页。关于政治德行,见马逊版的《神谱》(*Theogony*,Paris:Collection des Universités de France[repr. 1951]页 40 - 41 注释 3);赫西俄德《神谱》257 - 261。

② 赫西俄德,《神谱》234。关于老人的"政治"地位,见让迈尔,《皮带与奔跑:论古代希腊化时期斯巴达的教育与青年的粗鲁之风》,前揭,14 页及以下;还有最重要的鲁塞尔(Pierre Roussel),《希腊世界资历原则的研究》(Etude sur le principe d'ancienneté dans le monde hellénique, *Mémoires de l'Académie des Inscriptions et Belles - Lettres* 43. 2,1951)。

③ 见拉克鲁瓦(M. Lacroix),《温和友善》("Ηπιος-Νήπιος, *Mélanges offerts à A. M. Desrousseaux par ses amis et ses élèves*,en honneur de la cinquantieme année,Paris:Hachette,1937)266 页及以下。"父亲"在《伊利亚特》24. 770 中定性为温和的;《奥德赛》2. 47、2. 234、5. 8 - 12、15. 152。这个词也用来形容宙斯对雅典娜的态度:《伊利亚特》22. 184。关于友善,见布赫霍尔茨(Eduard Buchholz),《论荷马的现实》(*Die homerischen Realien*,卷 3. 2,Leipzig:W. Engelmann,1885)页 152 - 161。

导者发出的权威,① 因为这个绰号习惯上常给皇室(见《奥德赛》2.47、2.234、5.8–12、12.139)。与不能够参与集会商议的愚民(nēputios)相反,国王是最权威的声音(见拉克鲁瓦《温和友善》页270)。他能够做出对他的"群体"有最大利益的明智决定,他的群体像孩子屈服于父亲样屈服于他的权威之下。在神话思想中,海中老人因此代表了最高权威的一个方面:② 披着仁慈和父权伪装的君主。③

因为涅柔斯是"真理"的主人,他的真理包含了正义的力量和神谕的知识,我们可以通过进一步审核这些王室功能的补充因素来阐明真理的意义。海中老人的特征帮助我们来定义最高权威的作用,神话和传说传统为我们提供了这一定义的实质信息,反过来通过神话整体画面的语境阐释了涅柔斯的某些方面。④ 有线索表明,早期在希腊的最高权威的作用可以和伟大的近东文明相媲美。在通过田园般词汇构想的社会里,君主就是"人民的牧羊人"。他通过作为财富的拥有者和分配者的角色来使他的权利得到加强。他

---

① 关于信使的形容词是 ἠπύτα κῆρυξ(《伊利亚特》7.384)。Ἠπυτίδης 也是信使的名字(《伊利亚特》17.324–325)。

② 韦尔南在《论老人》(Sur le vieux)中说明涅柔斯的正义是"温和而有说服力的,……给受害者复仇……而不使用暴力,不再次引起冤冤相报的恶性循环"。这种正义观与埃里斯、尼美西斯(Nēmēsis)和霍尔科斯(Horkos)名下的正义相对,这些是"没有抵偿的正义,以复仇为基础,要求按照报复的法则让所有犯错之人付出代价"(Revues des étudiants grecques 76,1963,页17)。

③ 关于涅柔斯的王者形象,见沃尔夫,《希腊法权思想》,前揭,卷1,页123;沃尔科特(Peter Walcot),《赫西俄德与法律》(Hesiod and the Law, Symbolae Osloenses, Oslo: Inaedibus some et sociorum, 1963),页15–16。

④ 这些丰富的神话传说(据我所知)还没有系统的研究,但是热尔内意识到了它们的重要性,特别是在《神话在希腊的重要含义》(前揭)451–460页和《古希腊的法与法前思想》(前揭)中。又见韦尔南,《希腊的神话与思想》3–33页。

拥有许多神奇物件:像长着金羊毛的羊、金藤条、珍贵的项链,所有这些能带来声望和辟除邪魔的物品都证明他的功能和众神有联系,[61]保证了他享有多种财富的权利。① 国王用他的德性来促进土地的肥沃、牲畜的繁荣,并慷慨地分配他的产品。他的作用在于赠与他的人民充足的物品。② 有些神话传统有过之而无不及:国王是魔术师,是四季和气象的主人。③ 从迈锡尼文明那里,我们发现,那一类在传说中有不朽记忆的君王在神话层面占据了迈锡尼的最高权威的位置。在王室架构中的帝(anax)处于所有权利的中心,支配着经济、政治和宗教生活。在这一时期,最高权威的作用和整个世界的组织是密不可分的,王室成员的每一方面都是显示他宇宙力量的一个维度。

在这个神话层面上,正义和包罗万象的最高权威没有区别,它与最高权威的其他活动也密不可分。当君主忘记了正义或在仪式上犯错误,那么他的群落就会遭受灾难、饥荒,人和动物都无法繁衍,整个世界将处于混乱,回到无序的状态。④ 同样,这种无差别的

---

① 关于国王的财富及财富的收集和流通两个方面,见韦尔南《希腊的神话与思想》127 – 120 页的《赫思提亚 – 赫尔墨斯:古希腊对空间和运动的宗教表达》(Hestia – Hermes: The Religious Expression of Space and Movement in Ancient Greece, *M. T.*)。

② 见普鲁塔克《希腊问题 12》页 295 以下、《德尔斐的察利拉》(*Delphic Charila*)和热尔内的《古代的娱乐》(Frairies antiques, *Revue des études grecques*, 1928)页 356 – 357。

③ 见韦尔南《希腊思想的起源》,前揭,页 52 – 54。伊库乌斯(Eaquus)就是这样的国王;他与埃伊纳岛"下雨的宙斯"有关(伊索克拉底《厄娃戈拉斯》[Isocrates, *Evagoras*]14;泡赛尼阿斯《希腊旅行指南》,3. 29. 6 – 9)。

④ 这种范式也出现在赫西俄德的《神谱》中,虽然这里的仪式错误变成了道德错误。在《奥德赛》19. 109 – 125,正义的国王与结满果实的树、肥沃的家禽、多产的人等有关。关于《俄狄浦斯王》(1. 25 – 30)中瘟疫的含义,见德尔古(Marie Delcourt),《古典时期神秘的不育和生育的凶兆》(*Stérilités*

正义因此和某些预言形式紧密相连。国王握住了权杖,这一他权威的保障和行使工具(见热尔内《神话在希腊的重要含义》页 451)。通过这根权杖力量,他宣布神法(themistes),即神谕的命令和判决。① 忒弥斯之语一词表示正义话语和阿波罗的神谕;忒弥斯女神的力量延伸到预言领域和正义及政治生活。② 正义和预言的互补通过神话中米诺斯的形象得到更加积极的确认(见威利兹,《克里特崇拜与节日》)。米诺斯使能做出众人期望判决的国王的形象永垂不朽。但是,米诺斯同时也和众神之父在伊达山(Mount Ida)的洞穴中建立了个人关系:[62]真理的主人米诺斯是践行未说出的预

---

mystérieuses et naissances maléfique dans l'antiquité classique, Liège – Paris: Bibliothèque de la Faculé de Philosophie et Lettres de l'Université de Liège, 1938) 页 16 及以下。关于皇室正义的仪式,见柏拉图,《克里提阿》(Critias) 119D – 120C:这是一场著名的审判,涉及以牛血作仪式性的宣誓,而且这头牛是不用铁器捕获的公牛;由于宣了誓,十位国王每一个都化身为波塞冬,因此可以进行完美的审判。见樊尚(A. Vincent),《论亚特兰蒂斯国王在圣餐时的献祭》(Essai sur le sacrifice de communion des rois d'Atlantide, Mémorial Lagrange, Paris: J. Gabalda, 1940);迪索(R. Dussaud),《宗教史回顾》(Revue de l'histoire des religions, Paris: Presses Universitaires de France, 1941, 页 89 – 90);热尔内,《古希腊的法与法前思想》59 页及以下。

① 同上,页 451 – 452,《古希腊的法与法前思想》99 页及以下;冒犯,埃伦贝格(Victor Ehrenberg),《论希腊早期的法律思想》(Die Rechtsidee im frühen Griechentum, Leipzig: S. Hirzel, 1921),页 22 及以下;对比,沃斯(H. Vos)《忒弥斯》(ΘΕΜΙΣ, Assen, 1956) 页 29 注释 3。关于神法的预言,见品达,《皮托凯歌》4.54、《颂歌》9.41、辑语 70(皮埃什编本);沃尔夫,《希腊法权思想》,前揭,卷 1,页 73 及以下。

② 关于忒弥斯的预言,见沃斯,《忒弥斯》,前揭,页 56 及以下。我也要提到艾凡戴尔(H. Van Effenterre)和特罗克梅(H. Trocmé)对忒弥斯的思考(是在这本书第一版之后出版的)《古代城邦初期的权力、正义和自由》(Autorité, justice et liberté aux origines de la cité antique, Revue de philosophie, Paris: P. Tequi, 1964),页 405 – 434。

言的王。①

在整个神话传统中,正义的实践和某些占卜形式是不可分割的,尤其是潜在的咨询。当最高权威作为一个绝对的功能随着宫殿系统的衰落而消失时,继承帝的王(basileus)保留了一些特权。② 特别是,他仍是正义的主人。泡赛尼阿斯在描述特洛岑(Troezene)时告诉我们该地区的国王皮特修斯(Pittheus)之墓就位于缪斯庙宇的附近。③ 墓上面的国王以分配正义为代表,他坐在王位上,两侧站着他的两个侍卫。④ 但是这个正义之王同样也是天赋之君。以"有用言语"(chresmologue)著称的他被认为是关于神谕的权威。⑤ 他

---

① 罗德(Erwin Rohde),《灵魂》(*Psyche*, Freeport, NY: Books for Libraries, 1972)。作者特别提到将在"宙斯的洞穴"中度过的时光和在特洛丰尼俄斯的岩洞中度过的时光类比。

② 见斯塔尔(Chester G. Starr),《早期希腊国王的没落》(The Decline of the Early Greek Kings, *Historia* 10, 1961),页 129–138。奥利瓦(Pavel Oliva)似乎要对这个问题进行论战而提出了另一个视角,参《高贵之王》(ΠΑΤΡΙΚΗ ΒΑΣΙΛΕΙΑ, *Geras*: Studies Presented to George Thomson on the Occasion of His Sixtieth Birthday, Prague: Charles University, 1963),页 171–181。

③ [译按]泡赛尼阿斯:活跃于143年到176年的希腊旅行家和地理学家。所著《希腊旅行指南》是古遗迹的珍贵指南。他描述了奥林匹亚和德尔斐的宗教艺术和建筑,雅典的绘画和碑铭,卫城的雅典娜雕像,以及(城外)名人和雅典阵亡战士的纪念碑。引述 J. G. 弗雷泽的说法:"如果没有泡赛尼阿斯,这些希腊废墟多半会成为没有线索的迷宫,没有解答的谜团。"皮特修斯:特洛岑的国王。特洛岑:将希皮拉(Hyperea)和安西亚(Anthea)合并后,以其已故兄长特洛岑之名命名的新城。皮特修斯之女伊忒拉(Aethra)曾在同一个晚上在此城中分别与伊吉乌斯(Aegeus)和波塞冬过夜,并生下了伊吉乌斯之子、希腊英雄忒修斯。

④ 泡赛尼阿斯,《希腊旅行指南》,2. 31. 3–4。见 R. Hanslik,"皮特修斯"词条(*s. v. Pittheus*, R. – E., 1950),页 1873。

⑤ 《欧里庇得斯〈希波吕托斯〉注疏》,前揭,11;参欧里庇得斯,《美狄亚》(*Medea*)685–686。普鲁塔克,《忒修斯》(*Theseus*)3. 5。

还建立了忒弥斯之子(Themidae)的祭坛。①

  这种政治力量与占卜形式或程序的联系非常普遍。在忒拜(Thebes)和斯巴达,皇室小心翼翼地守护着预言,正是因为预言在处理事务时发挥了举足轻重的作用。② 即使在公元前六世纪的雅典,曾住在厄瑞克透斯(Erechtheus)神殿小教堂的女神雅典娜,似乎也一直担当劝诫者的角色。③ 事实上,在斯巴达的克莱奥美尼斯(Cleomenes)远征去援助伊撒哥拉斯(Isagoras)时,他曾前往卫城去询问雅典娜那潜在的预言。④ 此后不久,当他发现自己借宿在雅典的堡垒中时,他获得了大量由皮西斯特拉托斯家族(Pisistridae,约公元前600年至前527年的雅典暴君——译按)储存在那里的预言。⑤ 甚至在后来君主的形象完全由执政官所取代后,占卜程序还是经常得到利用。阿格斯的古代铭文清楚地指出了预言询问的特

---

① 泡赛尼阿斯《希腊旅行指南》,2.31.5。见沃斯《忒弥斯》,页75-76。

② 关于忒拜,见泡赛尼阿斯,《希腊旅行指南》,9.23.3。关于"拉伊乌斯的预言"(Oracles of Laius,希罗多德《原史》5.43)。见德尔古《俄狄浦斯或征服的传说》(Oedipe ou la légend du conquérant, Paris: Editions Droz, 1944),页97及以下。关于斯巴达,见希罗多德《原史》6.57。

③ 厄瑞克透斯是雅典娜抚养长大的,后来又把他放在雅典娜的神庙里(《伊利亚特》2.547-549)。根据泡赛尼阿斯9.16.5(见维安,《忒拜的来源:卡德马斯和斯巴达人》,前揭,页136及以下)所言,卡德马斯(Cadmus)和德墨忒尔(Demeter)也住在一起。见皮卡尔,《克里奥梅尼的征兆及关于雅典卫城的占卜》(Le 'Présage' de Cléomène et la divination sur l'acropole d'Athènes, Revues des études grecques 43, 1930,页262-278,尤其是273页)。见克拉阿伊(Roland Crahay),《希罗多德的预言文学》(La Littérature oraculaire chez Hérodote, Paris: Editions les Belles Lettres, 1956),页168-169。

④ 希罗多德,《原史》5.72;参皮卡尔,《克里奥梅尼的征兆及关于雅典卫城的占卜》,页165及以下。

⑤ 希罗多德,《原史》5.90;参皮卡尔,《克里奥梅尼的征兆及关于雅典卫城的占卜》,前揭,页269。

权,这是授予地方法官以明确说明他官员品质的"意外恩赐"。① 另一处来自塔拉麦(Thalamai)避难所的铭文告诉我们最早的斯巴达地方法官在他们熟睡时从帕西菲(Pasiphae,希腊神话中米诺斯之妻——译按)那里获得灵感。② [63]对于整个传统来讲,各种各样的政治力量和某些司法活动实质上都基于预言知识。从神话上和历史学上来讲,潜伏的占卜程序都是"最古老的占卜方式",这种方式似乎尤其受到高度重视(普鲁塔克《七贤之宴》159A)。它是怎么操作的? 这一宗教形式又有什么样的精神表现呢?

在所有通过睡觉来实施预言的占卜形式中,没有一个比在拉巴达(Labadaea)的特洛丰尼俄斯(Trophonius)更加出名和广为人知的了。③ 抚养者特洛丰尼俄斯(Trophonius the Nurturer)在一个古老的避难所发表他的预言。据说这个避难所先前是一个圆形(tholos)、蜂窝状的坟墓,古希腊波俄提亚人(Boeotion)的国王就埋葬于此。④ 预言询问的形式是下降到冥府哈得斯。经过数日的撤退和严格的进食控制,人们希望能够咨询进入里面的预言去祭拜特洛丰尼俄斯和其他神灵。在祭祀完以后,羊的内脏用来指示特洛丰尼俄斯是否被安排说出他的誓言,前来请求帮助的人被带到附近的河边,在那里有被称为"两个赫尔墨斯"的两个小孩帮他清洗身子并涂上油。很快,他便被带到圣人面前。在进入之前,他将在两个相邻的泉水

---

① 见布尔盖(Emile Bourguet),《论阿尔戈斯的一篇碑文》(Sur une inscription d'Argos, *Revue des études grecques* 43,1930)。

② 根据《希腊铭文》(*IG*) 5.1.1317,引用于上述书籍;参谢尔林(K. Scherling)"帕西菲"词条(s. v. Pasiphae, *R. - E.*, 1949),页2070。

③ 泡赛尼阿斯,《希腊旅行指南》,9.39.5 及以下。见韦尔南《希腊的神话与思想》75 - 106 页;格思里(W. K. C. Guthrie),《希腊人与他们的神》(*The Greeks and Their Gods*, London: Methuen, 1950);拉特"预言"词条(s. v. Orakel, *R. - E.*, 1939),833 - 835 页。

④ 库克(A. B. Cook)《宙斯》(*Zeus*)卷2,附录K,页1073 及以下。

旁停留，一个叫勒忒，一个叫摩涅莫绪涅，在经过这两股宗教力量之后，他将拥有振奋诗人体系的思想。① 第一座泉中的水冲洗掉人在凡世的记忆，第二座泉中的水让人们记住他在另一个世界的所见所闻。在喝完两座泉中的水之后，他就脚着地滑入预言洞穴的"入口"。据说，一旦他的脚和膝盖进入洞中，他的整个身体将被强行拉进洞里。泡赛尼阿斯告诉我们，他被如湍急的河水冲流而过般被吞没了。[64]经过一段时间的昏迷，照看洞穴的人将病人叫醒，并将他们放在离"入口"不远的记忆的宝座上。② 慢慢地他从昏迷中苏醒过来并恢复笑的本能。③

---

① 尼尔森的《论遗忘和记忆的根源》(Die Quellen der Lethe und der Mnemosyne, *Eranos* 41, 1943) 1 页及以下（参《希腊宗教史》，前揭）令人惊奇地认为这对力量来源于希腊。对此提出的批评，参伯克特 (Walter Burkert)，《古代毕达哥拉斯派的爱与科学》( *Love and Science in Ancient Pythagoreanism*, Cambridge, MA: Harvard University Press, 1972)；克亨伊 (Karl Kérényi)，《论海伦的诞生》( *Die Geburt der Helena*, Zuric: Rhein – Verlag, 1945)，页 94 及以下。在我看来，尼尔森的论文似乎因其在基于记忆—遗忘的宗教哲学中所起的作用而受到攻击（参上述 119 – 127 页）。

② "记忆的宝座"与"遗忘的宝座"相对，它们是忒修斯和皮日索斯在哈得斯所坐的位置。在那里，人变成石头一样，像死人一样（参德尔古，《赫菲斯托斯》[*Hephaistos*, Paris: Editions les Belles Lettres, 1957]，页 98）。遗忘宝座的意义被它本身所处的位置强化了，这个位置象征了那些有罪的人的死亡和消失（参热尔内，《古希腊刑罚与宗教的几个证据》[ Quelques rapports entre la pénalité et la religion dans la Grèce ancienne, *L' Antiquité classique* 5, 1936]）。

③ 泡赛尼阿斯，《希腊旅行指南》, 9. 39. 13。见《阿里斯托芬〈云〉注疏》(*Scholia in Aristophanes Clouds*) 508，及《雅典娜神庙》重述的帕美尼斯哥斯 (Parmeniscos) 的历险 14. 614A（第尔斯《古廊下派辑语[7]》，前揭，卷 1, 112. 34 及以下）。关于这次历险和类似的历险，见弗里茨 (Kurt von Fritz) "帕美尼斯哥斯"词条 (*s. v. Parmeniskos*, *R. – E.*, 1949), 1569 页；伯克特，《智慧与学识：毕达哥拉斯、斐洛劳斯与柏拉图研究》( *Weisheit und Wissenschaft: Studien zu Pythagoras, Philolaos und Platon*, Nuremberg: H. Carl, 1962)，页 132 注释 229。

人们常常指出这种形式的神谕问询类似于启蒙活动。对事物的禁忌和对时间的限制为进入与人类世界不同的世界做准备;① 最后的大笑标志着紧张时刻的结束,及结束了在彼岸的旅行回到了正常的日常生活。这毫无疑问是一次在超自然和隐形世界的旅行。喝了忘川那打开哈得斯之门的死亡之水,人像死人一般询问神谕;他假装死亡滑向大地母亲(Mother Earth)的怀抱。借着水的力量,他进入了"遗忘之原"。② 然而,在离开凡世之前,他也小心翼翼地喝了来自第二口泉的水。从泉水中他获得了能力,这种能力能够帮助他与彼岸相联系,并满载通往过去和将来的知识而归。③ 因此,一个询问特洛丰尼俄斯的人降落到哈得斯的仪式与一个预言者和有灵感的诗人进入无形世界的宗教经历是相一致的。这两种情况下,记忆和遗忘都是必不可少的。随着潜在询问的出现,开始都是被赋予记忆,正如诗人和占卜者的预见力天赋。通过记忆之水,一

---

① 见克拉提诺斯(Cratinos),辑语221(科克[Kock]编本)和斐洛斯特拉图斯(Philostrates)《阿波罗尼俄斯传》(*Vitae Apollonii* 2.37);多伊布纳(Ludwig Deubner),《论潜伏:四位首领》(*De Incubatione*: *Capita quattuor*, Leipzig: B. G. Tuebner,1900),页16。

② 《神谱》705、1216;阿里斯托芬,《蛙》(*Frogs*)186;路奇阿诺斯 *De luctu* 5;Oppian,*Cynegetica*,2.417;Babrius《寓言75》(*Fab. 75*)Crus;普鲁塔克,《论神罚的迟滞》(*De Sera numinis vindicta*),2141-2144;罗德,《灵魂》,前揭。关于提奥庞布(Theopompus)的乌托邦中遗忘的许多神话和哲学含义,见热尔内,《未来之城与死亡国度》(*La Cité future et le pays des morts*,*Revue des études grecques* 46,1933)页297及以下。

③ 见韦尔南,《希腊的神话与思想》页106及以下。韦尔南强调征询特洛丰尼俄斯的人和厄塔利德斯(Ethalides)这样的人类似,他总是像特瑞西阿斯和安菲阿鲁斯这些预言家一样记住自己的所见,甚至当跨过阿卡融(Acheron,冥河)时也是如此(《奥德赛》)10.493-495;索福克勒斯《埃勒克特拉》841)。在遗忘的世界(见《伊利亚特》22.387),只有他们从不忘记,总是有"记住"的力量。

个去询问特洛丰尼俄斯的人享受和占卜者同等的地位,就如同特瑞西阿斯和安菲阿鲁斯(Amphiarus)一样,成为亡灵中的生者。①

在这种语境下,公正和预见的真理要求有完整意义。[65]真理是一种记忆。这两种力量的对等有三个含义:意义对等(阿勒忒亚和摩涅莫绪涅是同一事物)、地位对等(在宗教思想上,阿勒忒亚像摩涅莫绪涅一样和潜伏预言有联系)、关系对等(两者都是对勒忒的补充)。他们最明显的对等是关于意义。像摩涅莫绪涅一样,阿勒忒亚是先见的天赋:一个像记忆一样包含过去、现在和将来的全知者。② 夜间的梦境叫做阿莱托辛涅(Alēthosynē,真理),包括"过去、现在和凡人夜间睡觉时的一切"(欧里庇得斯《伊菲革涅亚在陶洛斯》1261 以下),海中老人的真理是"关于一切预言的事物,不管现在还是将来"的知识(欧里庇得斯《海伦》13 以下)。作为一种预言的力量,阿勒忒亚常常在某些潜在预言活动中代替摩涅莫绪涅,正如厄庇墨尼德斯的故事一样(第尔斯《古廊下派辑语[7]》卷 1,页 32.19-21)。这个占星家在他静休的时候在狄刻的陪同下和阿勒忒亚谈话,他们谈话的地方就在狄克特翁山的宙斯的洞穴,也就是米诺斯询问宙斯、毕达哥拉斯回程时拜访过的洞穴。另外在菲洛斯特拉托斯(Philostratus)描述安菲阿鲁斯发表他的预言并"说出真相"的那个洞穴时,他提到了一位身穿白袍、站在预言面前的女子。她的名字叫阿勒忒亚。③ 最后,在摩涅莫绪涅和勒忒的互补性在阿勒忒亚与勒忒之间找到了。例如,路奇阿诺斯(Lucian,旧译琉善,希腊修辞学家和讽刺诗人——译按)告诉我们他怎样在梦幻岛(the

---

① [译按]安菲阿鲁斯:希腊神话中阿耳戈斯国王,参加卡吕冬狩猎、阿耳戈斯号远航和七雄攻忒拜的战争;七雄远征败北,他被大地吞没,借助众神之力得到永生。

② 《伊利亚特》1.70;赫西俄德,《神谱》32、38。

③ 斐洛斯特拉图斯,《幻象》(*Imagines*) 1.17.3,页 332,30K。

Island of Dreams)看到在靠近潜伏预言场所的两座神殿：阿勒忒亚的神殿和阿帕忒的神殿。阿勒忒亚献身于积极的力量，而阿帕忒则是消极的力量，后者是夜的孩子，与勒忒有着明显的联系。①

甚至更重要的是，在赫西俄德关于海中老人的篇章中完全围绕阿勒忒亚和勒忒的互补性。这种互补有两层含义：一个是词源学的和有意识的，另一个是神话的[66]和无意识的。海中老人是真实的(alēthēs)，因为他不会忘记(oude lēthetai)，赫西喀俄斯再次证实了这种联系，他意识到真实的(alētheia)事物"是一些不被遗忘的东西"。② 再则，诚实的(alēthēs)涅柔斯是与勒忒对称的反面。③ 同样的互补性存在于真实的老人和遗忘之间，存在于他的绰号无欺和与勒忒有关的"谎言"(logoi pseudeis)之间，甚至存在于他"仁慈"(ēpios)的老人形象和被咒骂的老朽(gēras oulomenon)的形象之间。

---

① 路奇阿诺斯，《真实的历史》2.33，前揭。

② 赫西俄德，《神谱》235 – 236。赫西喀俄斯 A2921（拉特编本）。值得一提的是，这些段落（见海奇《论非哲学的真理》，前揭，页 24 – 33 的列表）不能证明阿勒忒亚的"根本意义"真的是"去蔽"（Unverborgenheit）。它们只是说明阿勒忒亚在希腊语中的一个特定意思。如旺德里(Joseph Vendryes)《语言学协会通讯》(*Bulletin de la Societé Linguistique*, 1953)指出的那样，每个词都可能有两个词源。第一个词源是传统的，是原子论的、历时的；第二个则相反，是综合的、共时的"静态词源"。第一个词源的目的是获得原初含义（Ur – Bedeutung），第二个词源的目的没有这种假设，而是试图找出一个词在某一个时间点上的准确含义。根据旺德里提出的理论，这涉及界定每个词在脑中所处的位置和建立它的含义与用法。通过定位和观察这个词出现的每一个语境，我们有望获得接近这个词的概念。海奇的文章论述的就是这种词源学，伯德尔的分析（见上述引文）也是如此。见蓝金(H. D. Rankin)，《柏拉图的阿 – 勒忒亚》(A – LETHEIA in Plato, *Glotta* 61, 1963)页 51 – 54（参沿袭柏拉图传统的普鲁塔克词源学《论灵魂》(*De anima*)7, Bernardakis 编本，卷 7，页 29、19）。

③ 赫西俄德，《神谱》227：勒忒；233：阿勒忒亚；235 – 236：没有……遗忘。

在海中老人(正义之王的神话称号、拥有预言能力真理大师)和米诺斯(像涅柔斯一样的王权、正义、预言知识和真理特权的综合体)之后站立着一种特殊的人:即拥有先见天赋的王室成员。当国王主持考验和宣读正义的文辞时,他就像一个诗人或预言家一样,享有记忆的特权,因此可以和不可见的世界交流。在政治和宗教、预言和正义相互交织的这个思想层面上,阿勒忒亚——如同在诗歌中一样——通过它与遗忘的基本互补性被定义了。阿勒忒亚代表的不是预言天赋德性发出的歌唱语言,而是预言和正义的过程。然而,这些过程的效力同样依赖于知识,这和立志诗人相类似。

海中老人的真理与其说是"历史"形式的"真理"不如说是诗人的。正义之王不关心作为过去的过去的重建。这里正义的"证据"是由考验组成的。换句话说,我们没有指出真正的证据的定义。①归类于正义意味着进入了最令人敬畏的宗教势力的领域。"真理"通过正确地应用[67]一个根据礼仪适当地进行的步骤而建立。当君主借助考验以神的名义主持审判时,他"说了实话"或者是传递了"真理"。如同诗人和预言家,君主也是真理的主人。这样想来,真理因此常常和某种社会功能联系在一起。一些人和他们的品质或他们在古希腊社会的特殊功能的事实是不可分离的。

我们可以区分古代思想的三个领域:诗歌、预言和正义。这些相对应与三个预言发挥重要功能的社会功能,这些功能早于预言自治的概念和哲学家和智者所阐述的预言理论。这三个领域毫无疑问是相互联系的,因为诗人和预言家拥有同样的预言天赋,君主也

---

① 关于古代体制的材料,见热尔内,《古代法律形式的情况》(Le Temps dans les formes archaïques du droit, *Journal de psychologie normale et pathologique*, 1956)页 385 及以下;最后还有索泰尔(Gerard Sautel),《古希腊法律的证据》(Les Preuves dans le droit grec archaïques, *Recueils de la Société Jean Bodin* 16.1, 1965)。

拥有相同的能力并用同样的技巧。① 然而,这三者——诗人、预言家和正义之王——毫无疑问都是言语大师,这种言语是通过同一个真理的概念来定义的。无需丧失对很多活动的见解和考虑这种语言的语境的体系,我们可以试着来决定他的最基本的功能:语言在宗教思想中的地位和通过真理结构形成的形式。②

---

① 这一章我仅仅是从预言家和统治功能的关系这个角度来考察他的功能,并未述及其他方面。但至少要知道预言家和国王的关系可以有许多形式。从广义上来说,预言家可能是国王的侍从(见埃斯库罗斯《阿伽门农》408 – 410 的"宫廷预言家"),甚至就是能够预言的国王;另外预言家还可能是国王的反对者,公开和统治者产生冲突。国王预言家是一个耳熟能详的人物,包括涅柔斯、皮特修斯和特那鲁斯(Tenerus,参《吕科弗若西斯评注》[Scholia Lycophroris]1211)。预言家国王同样常见,如麦朗普斯(Melampous,希罗多德,《原史》9.34)和波利朵斯(Polyidos,西塞罗,《论预言》[De divination, William Armistead Falconer 译,Londong: W. Heinemann, 1946]1.40 及以下;《〈伊利亚特〉注疏》[Scholia Iliadum]5.48)。特瑞西阿斯(索福克勒斯《俄狄浦斯王》)是反对皇室的先知的典型,但是这种冲突来自国王或军事领袖与"神职人员"之间的敌对这一更普遍的问题(见维斯特,《赫克托尔与波利达马斯:希腊的神职人员与国家政府》[Ernst Wüst, Hector and Polydamas: Von Klerus und Staat in Griechenland, Rheinisches Museum für philologie 98, 1955];维安,《武拜的来源:卡德马斯和斯巴达人》,前揭,页 238 及以下)。

② 关于逻各斯在古希腊的形式,见伯德尔,《论希腊早期来自逻各斯和真理的语言传统》,前揭。

# 第四章　言语的模糊

［69］正如我们所见,"真理"难以在宗教表现的体系之外来理解。没有勒忒的补充,没有缪斯、记忆和正义,那就不存在真理。在这一真理概念缺失的系统内,阿勒忒亚就无法与赞美、礼拜式吟诵或至高无上的功能相脱离;它只是这三者的一个方面或一个维度。在正义的范围内,也许真理基本上通过仪礼和姿势来表达,但是在其他范围内,它大多是作为一种特殊的言语,在特定的情况下由肩负特定职能的人物说出。现在我们要尝试定义这种类型的言语。

但是我们首先要明确一点。我用"诗(歌)言语"这一表达仅仅是为了便于在宗教思想层面上区分它最持久的性质。在希腊历史的这个时期,我们必须认识到缪斯或缪斯们是作为宗教力量而存在的,她们本身与诸如慈爱、指责、睡眠等其他力量不可分割。在最早显现真理的神话思想中,言语显然不是现实的显著方面,［70］它没有一些突出的特点作为标记,也没有特定的性质作为界定。言语并不真正在于言语本身,而是作为具有相似象征意义的行为模式的一部分。① 比如说,当阿喀琉斯立下宏愿时,他的言语与某一特定动

---

① 精彩的例子来自热尔内,《古希腊的法与法前思想》,前揭。莱纳特(Maurice Leenhardt)《论卡姆:美拉尼西亚世界的人与神话》(*Do Kamo:La personne et le mythe dans le monde mélanésien*,Paris:Gallimard,1947)164－177页对美拉尼西亚"言语"进行了人类学的分析。又见他在《黎俱吠陀中言语的力量》(the powers of speech in Rgveda,赫诺编,*Etudes védiques et paninéennes*,卷1,Paris:Editions de Broccard,1955)中的论述。还有扎汗《班巴拉语言的辩证》,前揭。

作和行为模式是不可分割的。它与把誓言类化成口头宣告的权杖的力量是不可分离的。① 语词的语言与行为的语言一直相互交织：阿尔泰娅（Althaia）对她儿子的诅咒就包含了语词和姿势两种形式。她蹲伏在地，"不断用手捶地"来祈诉复仇三女神厄里倪厄斯（Erinys）。她的姿势表达了她的言语，已经和复仇三女神的黑暗形象和力量融为一体了。②

在哀求时，声音突然沉寂下来，让身体通过一种有多重含义的跪拜来言说。身体可能表示下界亡灵、等待洗礼或入会者的悲伤或情绪。③ 当这一声音发出之时，它的力量来自身体语言。所有这些类型的社会行为都是灵验的象征符号。它们本身的固有力量使得它们能直接产生影响（热尔内《古希腊的法与法前时代》页104－105）：手势、权杖、饰有羊毛花彩的橄榄枝都承载着宗教力量。言语也是如此，言语就像伸出、接受或抓取物品的手，像确定国王权力的权杖或是诅咒的手势，它是通过自身的效力运作的宗教力量。预言家、诗人或正义之王的言说行为无异于垂死之人向他的仇敌发出复仇或诅咒的宣告。④ 复仇或诅咒都是富有宗教魔力的言语。

---

① 《伊利亚特》1.234及以下。见热尔内，《古希腊的法与法前思想》，前揭，页69注释1。"严格说来，盟誓就是人起誓时发生的关系。"又见邦维尼斯特，《古希腊起誓的表达》（L'Expression du serment dans la Grèce ancienne, Revue de l'histoire des religions 134, 1948）；博拉克，《斯提克斯与起誓》（Styx et Serments, Revue des études grecques 71, 1958），页1－35。

② 《伊利亚特》9.565－72，前揭；见热尔内，《古希腊的法与法前思想》，前揭，页92－94。

③ 热尔内，《古希腊的法与法前思想》，前揭，页84－88。更早的研究有《古希腊刑罚与宗教的几个证据》，前揭，页332－337，热尔内说明了坐的姿势是如何象征消失和死亡的。

④ 同上，页81及以下。富尼耶《古希腊动词"说"》（前揭）页1－12收集了关于宗教言语的材料，这些宗教含义由词源学上＊wek（神圣的声音）、＊wer－（神圣或合法的套话）和＊bha－（神圣的宣言或预言）这些词根来传达。关

这类言语最主要也最重要的方面就是效力,用希腊语表达就是动词 krainein[起作用],该词适用于这类言语的所有模式。① [71]在神的世界,像 theokrantos[神所促成的]这样的形容词的运用是有限制的:他们可以"实现"或"满足"他们自己的欲望,就像他们可以"实现"凡人表达的愿望一样。② 神有权力去"设计和完成"(noēsai te krēnai te):③阿波罗"通过言语实现",④宙斯"实现"一切。⑤ 这个范围无法更改——并且即时生效,因为"当神决定做某事时就会立即

---

于东方宗教(如埃及、苏美尔-阿卡迪亚和香木拉地岬的腓尼基人)中神教言语类型,见林格仁(Helmer Ringgren)《语言与智慧:古代近东地区神圣性质和功能的实体化》(*Word and Wisdom: Studies in the Hypostatization of Divine Qualities and Functions in the Ancient Near East*,第1节,Lund: H. Ohlssons boktr.,1947);恩斯特·卡森(Ernst Cassin)《社会学年鉴》(*L'Années sociologique*,3rd series[1948—1949],1951),页 328-331。

① 关于该词,见弗伦克尔(Eduard Fraenkel),《埃斯库罗斯〈阿伽门农〉1-1055 评注》(*Aeschylus, Agamemnon*,卷 2,*Commentary on 1-1055*,Oxford: Clarendon Press,1950),页 193;路德《古希腊的"真实"与"谎言"》,前揭,页 53 注释 3,以及《宇宙观与精神生活》,前揭,页 33-34。

② 埃斯库罗斯,《阿伽门农》,前揭,1488;参埃斯库罗斯《七雄攻忒拜》426;《伊利亚特》1.41、1.504。关于这点,不可能把有效和实现、完成、结束(见 L. S. J.,《希英大辞典》相关词条)分开使用(见路德,《古希腊的"真实"与"谎言"》,前揭,页 51-61;拉特,《赫西俄德的神圣诗人》[Hesiod's Dichterweihe, *Antike und Abendland* 2,Hamburg: M. Von Schroeder,1946];希维耶[André Rivier],《论克塞诺芬尼斯辑语的 34 和 35》[Sur les fragments 34 et 35 de Xénophane, *Revue de philologie* 30,1956],页 45)。关于实现的含义,见霍尔沃达(D. Holwerda)《目标》(ΤΕΛΟΣ,*Mnemosyne*,1963)页 337-363。

③ 《奥德赛》5.170,前揭。

④ 欧里庇得斯,《乞援女》,前揭,139。

⑤ 埃斯库罗斯,《阿伽门农》369、《欧墨尼得斯》759;欧里庇得斯,《埃勒克特拉》,前揭,1248。《伊利亚特》1.526 中说宙斯的意见"无法撤回,无欺且有效"。

从最快的途径去做"。① 这种言语一旦说出,便成了权力、力量、行动。

神的世界也许是从不徒做决定、从不无端言说的超群之地,但是在诗歌世界,言语同样灵验。② 当赫尔墨斯扮演一位天生富有技巧和知识的诗人时,他能用里拉琴演奏出和谐之声,他不仅没有说出"徒劳无用的"词语,反而"成就"了不死之神和黑色沃土(即"让他们栩栩如生")。③ 他通过诗的语言建立了不可见世界的力量,展露了一个详细的神明学说,在这个学说中,每一位神都按照级别和正当应得"荣誉"而被赋予合适的地位。诗的赞美建立了同样的现实秩序。④ 在这里,言语甚至有了生命,是一个会发展、会成长的自然现实;同样,被赞美的人也不断长高,因为他不过是所赞美的那样。《摩诃婆罗多》(*Mahābhārata*)中的一个神话完美地表达了这个看法:⑤

---

① 品达,《皮托凯歌》9.67 及以下,前揭。又见埃斯库罗斯《乞援人》93 及以下。关于"完成"一切的神,卡洛杰罗在《希腊哲学研究》[Guido Calogero, *Studi di filosofia greca in onore di Rodolfo Mondolfo*, Bari, 1950]中的修正)。

② 见索福克勒斯《俄狄浦斯在科洛诺斯》(*Oedipus at Colonus*)1451:"我从不知道神的决定中有无效的。"

③ 《荷马的赫尔墨斯颂》,前揭,427。同样的动词也用于华丽而富裕的魔杖的灵验(531:ἐπικραίνουσα)。艾伦、哈利迪(William Halliday)和赛克斯(Edward Sikes)在他们的评论(《荷马颂诗》[*The Homeric Hymns*, 2$^{nd}$ ed., Oxford: Oxford University Press, 1963],页 333)中几乎没有将灵验看作成熟的想法。

④ 见品达,《皮托凯歌》4.174-176(ἐκράνϑη)。对诗人的赞美就是"真实"(《涅墨凯歌》7.63)。

⑤ 《摩诃婆罗多》(*Mahābhārata*)5.9.8 及以下。关于这点,我赞同迪梅齐在《臣服与财富》(前揭)65 页的观点。[译按]摩诃婆罗多:印度两大梵语史诗之一,具有很高的文学价值和宗教寓意。内容以俱卢和般度两个堂兄弟家族争雄为中心,诗中衍生许多传说和说教故事,主题包括一名武士应当具备的行为准则和脱离轮回转世的解脱方法等。它与第二部史诗《罗摩衍那》一起成为了解印度教演变情况的重要资料。《摩诃婆罗多》里还包括《薄伽梵歌》,为印度教最重要的单本宗教典籍。其作者相传是毗耶娑(活动时期约公元前五世纪),但他很可能只是已有素材的编辑者。该诗约在公元四百年即成现在的形式。

当众神之王因陀罗(Indra)为救三界众生而杀死蛇怪弗栗多(Vrtra)时,他一开始似乎被消灭了,从英勇无比到后来被一阵猛击打倒在地。他消失了,缩成原子般大小,很长一段时间都生活在一枝莲藕中空的茎中,那枝莲藕在一座小岛上,小岛在海上,海在世界的尽头。①

[72]众神派阿耆尼(Agni)去找他,②阿耆尼在地上、空中找了很久,最后发现了水中的莲藕:

那里藏着缩小了的因陀罗。当侦查员阿耆尼把这个情况告诉祭主仙人(Brhaspati)时,他反而跑到莲藕旁朝因陀罗唱起了歌……赞美他过去的功绩:"起来吧,因陀罗!看那神圣的贤哲们已围绕在你的身旁。伟大的因陀罗,伟大的主,……万物能继续存在都是因为有你,因陀罗!是你造就了神的伟大!来保护众神和三界,伟大的因陀罗;重新获得你的力量!"……就这样沐浴在赞美之中,因陀罗开始慢慢地长大。③

---

① [译按]因陀罗:印度古代吠陀(Veda)教众神之首,也是战士的守护神。由于有雷电为武器,靠饮用长生不老药苏摩汁增强力量,他得以征服许多邪魔敌手,杀死延续季风雨的龙。在以后的印度教中,因陀罗被降为雨神和诸天的统治者。他是《摩诃婆罗多》中的英雄阿周那的父亲。因陀罗还出现在佛教和耆那教的神话中。[译按]弗栗多:《摩诃婆罗多》中的一条巨蛇。

② [译按]阿耆尼:印度教信奉的火神,仅次于吠陀教神话中的因陀罗。阿耆尼既是太阳之火、闪电之火,又是祭神灶火,系众神与人之居间者,因而是人与神意之间的信使。据印度教经典载,阿耆尼通身血红,有二面、七臂、三腿,代表火、电、日之三位一体,他的两张脸一张慈爱可亲,一张狰狞可憎。《黎俱吠陀》有时把他与湿婆的前身楼陀罗当作同一位神。

③ [译按]祭主仙人:金星,提婆神族的导师。

在希腊的思想中也是如此,赞歌能让人类长高长大。缪斯"鼓起歌声的气息","在荣誉中孕育欢乐"。① 言语、赞美、荣誉:这些都是一枝嫩芽,是升往光芒的气流:"像新鲜露水滋养树木一样,德性飞上了天空,在善良和正义之中升起,朝闪烁着光芒的以太飞去"(品达,《涅嵋凯歌》8.40及以下)。所以,品达和巴克喀利德斯描写了名声的生长或生根,而不仅仅是一个文学形象。② 言语确实被认为是自然的现实,是自然(physis)的一部分。一个人的语言(logos)会长大,就像会萎缩、会枯萎一样。厄里倪厄斯号称她们像墨摩斯一样有消减人类名声的力量:"人在天空之下的骄傲幻想破灭了,化为了尘土,在我们穿上黑色长袍、抬起复仇之脚去报复他们之前就消失了。"③复仇女神的恶毒角色与白衣的慈爱正好相反,慈爱是给予诗人的语言以闪耀的智慧的丰产力量。④ 言语既和复仇女神相

---

① 品达,《皮托凯歌》4.3;品达,《伊斯忒摩凯歌》,前揭,6.11 – 12。"自然生长"的含义在《奥德赛》22.347 – 348 中就已经出现了。

② 巴克喀利德斯,13.58 及以下;巴克喀利德斯,辑语 56 斯内尔[6];品达,《皮托凯歌》8.92;品达,《伊斯忒摩凯歌》,前揭,6.13 及以下;品达,《皮托凯歌》1.66 及以下;品达,《涅嵋凯歌》2.14 – 15;品达,《皮托凯歌》4.279 及以下;品达,《伊斯忒摩凯歌》7.29;品达,《皮托凯歌》4.69;品达,《涅嵋凯歌》7.32 及以下。关于最后这份材料及言语和灵魂的逻各斯在赫拉克利特(Heraclitus)那里的关系,见拉姆努克斯《赫拉克利特或在选择和语言之间的人》(*Héraclitus ou l' Homme entre les choses et les mots*, Paris:Editions les Belles Lettres,1959),页116 及以下。

③ 埃斯库罗斯,《欧墨尼得斯》368 – 370,前揭;见拉姆努克斯,《赫拉克利特或在选择和语言之间的人》,前揭,116 页及以下。

④ 见泡赛尼阿斯,《希腊旅行指南》,8.34 及以下;韦尔南,《赫西俄德的竞技神话:结构分析论文》(Hesiod's Myth of the Races:An Essay in Structural Analysis, *M. T.*)页28 注释 36。又见哈里森(J. Harrison),《德尔斐》(Delphika, *Journal of Hellenic Studies* 29,1899),页 209 及以下;维斯特维斯特"厄里倪厄斯"词条(*s. v. Erinys*, *R. – E. Suppl. – B*, VIII,1956),页87。

关,也和慈爱相关,它一直遵从自然生长发育和人类丰产或贫瘠的法则。① [72]

[73]预言家和有预言力量的言语就像诗歌的言说一样限制了一个特定层面的现实:当阿波罗预言时,他"实现"(krainei)了。② 预言的言语并不反映一个已经发生的事件;它是实现这一预言的一部分。③ 我们说"皮提娅(Pythian)的实现"(puthokranta,见埃斯库罗斯《阿伽门农》,前揭,1255)是当言语没有实现(akraanta)的梦境与确实"获得了真理"或"实现了现实"(etuma krainousin)的梦相反

---

① 关于慈悲与缪斯的关系,见迪舍曼(Jaccqueline Duchemin),《品达的诗人与先知》(Pindare poète et prophète,Paris:Editions les Belles Lettres,1955)页54 及以下。在班巴拉社会,巫师是 pasaw 即"快乐"语言的大师。他是文学的创作者,这种文学"在班巴拉的思想中来自存在于万物之中的生长力,这是某些语言从谣言和赞美中获得的力量。这种力量叫 nyama,可以比作所有存在都要遵循的旋律";见扎汗,《班巴拉语言的辩证》,前揭,页 133。

② 欧里庇得斯,《乞援女》,前揭,139;《伊翁》464。见埃斯库罗斯,《被缚的普罗米修斯》211。舒尔(Pierre‐Maxime Schuhl)《论希腊思想的形成》(Essai sur la formation de la pensée grecque,Paris:Presses Universitaires de France,1949 [1934])45 页写道:"预兆似乎……既是原因也是示意",而"预言——这里近似诅咒——的力量部分在于生发特定行为。"关于预言的资料收集在尼尔森,《希腊宗教史》,前揭,页 164 及以下。但必须要注意的是,源于"Bouché‐Leclercq"的分类对真正理解预言的机制并无多大帮助。关于这些问题,更具有启发性的文章是 Jacques Vernant 的《预言:仪式和教义的背景与心理意义》(La Divination:Contexte et sens psychologique des rites et doctrines,Journal de psychologie normale et pathologique,1948)页 299‐325。

③ 和五世纪末所描绘的形象相比,预言家现在已经发生了极大的改变。他已经变成了仅仅是类似于政治家的有识之士。他理解未来的方式和忒米斯托克勒斯差不多(见欧里庇得斯辑语 973$N^2$ 的定义;安提丰《论希律王的残杀》,收录于《古廊下派辑语[7]》,卷 2,页 337.18‐20。关于第一个持这一观点的文本,见希维耶,《赫拉克利特和修昔底德关于古代职业的类比》[Un Emploi archaïque de l' analogie chez Heraclite et Thucydide,Lausanne:F. Rouge,1952],页 48)。

时(《奥德赛》19.565—567)。

教阿波罗预言的是长着三只翅膀的蜂女,她们被描述成现实的创造者:"她们一会儿飞到这儿,一会儿飞到那儿,以蜂蜜为食,带走了一切事物(kai te krainousin hekasta)。"[1]这样建立的现实似乎和真理建立的模式没有什么不同,真理也是三位姐妹"在食用了金色的蜂蜜后"同意建立的(同上,560—561)。

作为真理的主人,正义之王也有同样灵验的力量:他言说的正义,即神法(themistes)本身就是某些形式的预言(同上,61页)。合唱《乞援人》(*The Suppliant Maidens*)混淆了时代,赞扬了阿尔戈斯国王的力量("你的火炉就是城邦的中心!"),坦率地对他说"是你实现了一切"(pan epikraineis)。[2] 他的力量以他握着首领的权杖为标志,那也是巫师的魔杖,显然就是阿波罗给赫尔墨斯的那根:"它……会[完成]每项任务,只要是善意的,无论是言语还是行为,它们都是我通过宙斯的话语知道的。"[3]"辉煌壮丽的丰盛和财富"是对皇室权力、它的多产性和它宣告正义的灵验的表达。直到古典时期中叶,这样的判断还显露出有效的踪迹。比如正义继续被描写成有目标(telos echousa)。[4]

有"实现"力量的言语与"不会实现的言语"即没有效力的言语 epe' akraanta 相对。但是从这点来说,"不实现"的言语不属于世俗范

---

[1] 《荷马的赫尔墨斯颂》,前揭,559。

[2] 埃斯库罗斯,《乞援人》,前揭,375行;又见608行、943行灵验的使用。关于皇室火炉的特殊含义及其与"公共火炉"的关系,见热尔内,《论古希腊的政治象征:公共大厅》(Sur le symbolisme politique en Grèce ancienne: Le foyer commun, *Cahiers internatinaux de sociologie* 11,1951),页26及以下。

[3] 《荷马的赫尔墨斯颂》,前揭,529—533。见奥尔格格佐(J. Orgogozo),《阿开奥斯人的赫尔墨斯》(L'Hermès des Achéens, *Revue histoire des religions* 136,1949),页145;热尔内,《神话在希腊的重要含义》,前揭,页451—453。

[4] 热尔内,《古希腊的法律与社会》(*Droit et société dans la Grèce ancienne*, Paris: Recueil Sirey,1955),页69及以下。

围。[74]它们是巫术—宗教领域内的一个特殊类别,里面的所有一切都是"无效的"或"无价值的"。① 品达不以为意地把那些只学会诗歌(Song)中的爱的人与言说真相的人对比。前者噪音不断,像"无谓地喋喋不休"的乌鸦(品达,《奥林匹亚凯歌》2.86—87)。有时梦境是欺骗性的,不会实现,②是不灵验的预言过程(埃斯库罗斯,《阿伽门农》,前揭,249),是"坠地,无果"的誓愿;③某些像哈利忒尔塞斯(Halitherses)一样的预言家确实会说一些"不会发生的事"。④

---

① 例如,卡尔卡斯的技艺不是无效的;见埃斯库罗斯,《阿伽门农》249。在埃斯库罗斯的《奠酒人》中,真理与 $\mu\alpha\tau\acute{\eta}\nu$ 相反。见品达,《奥林匹亚凯歌》1.86;《伊利亚特》2.137–138;《荷马的赫尔墨斯颂》,前揭,549。关于"无效、无作用",见斯内尔,《希腊早期的词汇》(*Lexikon des frühgriechischen Epos*, Göttingen: Vandenhoeck & Ruprecht, 1955),"无效"词条(s. v. $\overset{\text{‧}}{\alpha}\lambda\iota o\varsigma$, II, 页 487–488)。

② 《奥德赛》19.565;见埃斯库罗斯的《奠酒人》534。很好的一个例子是佩涅洛佩在梦中见到"一只钩嘴大鹰"(《奥德赛》19.525–538)告诉她:"没有梦,只有白天一样的福祉。你会看到的"(547)。灵验有不同的程度,如巴耶(Jean Bayet)所说的那样。(见巴耶,《古希腊-拉丁语形象预兆的决定因素》[Présages figuratifs déterminants dans l'antiquité gréco-latine, *Mélanges Franz Cumont*, 卷 1, Brussels: Secretariat de l'Institute, 1936]和《对预兆决定因素的信任:文学和编年史视角》[La Croyance romaine aux présages déterminants: Aspects littéraires et chronologie, *Mélanges Bidez*, Brussels: Secretariat de l'Institute, 1934])他后来研究了罗马的机制后才改变了预言征兆的意义,将不利的征兆变成有利的征兆(见巴耶,《凶"兆"的转化与意大利崇拜》[L'Etrange 'omen' de Sentinum et le celtisme en Italie, *Hommages à Albert Grenier*, 卷 1, Brussels: Latomus, 1962])。

③ 见阿波罗尼俄斯,《阿尔戈斯英雄船》4.387。而宙斯的意志是"如此肯定以致不会出错,在宙斯的示意下完成"(埃斯库罗斯《乞援人》90 及以下)。

④ 《奥德赛》2.202。哈利忒尔塞斯是"卡桑德拉类"的预言家;他没有说服,因而不现实(见下述 57 页)。梅奥迪(G. Méautis)《哈利忒尔塞斯与奥林匹亚东部麓原的预言家》(Halimède et le devin du fronton Est d'Olympie, *Revue archeologique*, 1954)将"哈利默德"的名字解释成"有无效和无用的想法的"预言家,谴责他知道未来却无力改变。与其说他是"无用的"预言家,不如说他是"不幸的"预言家。

但是这些可能只是意外。

巫术—宗教言辞尤其灵验,但是它的特殊宗教力量也和其他力量妥协。首先,这样的言语难以和行为区分;这样的话没有什么能把言语和行为分开。其次,巫术宗教言语并非即时而逝。最后,它一直是由社会宗教(socioreligious)功能而来的特权。

灵验的言语与它的实现密不可分。这样的言语立即生效,马上实现,变成了行为。① 这一点从表示有效性的希腊动词起效(krainein)被成事(prattein)和实践(praxis)所替代一看便知:所谓"成事的宙斯"(zeus ekprattei),②所谓"预言的实践"(埃斯库罗斯《波斯人》[*Persians*]739:预言的实践就是神谕的实现[740]),所谓实施最高正义的复仇女神是实践者(praxitheai)或"行动中的"正义女神。③ 成事一词的使用仅限于效果不是外在于或异于行为的自然行为,它仅仅是希望为本身的完成。④ 另外,这样的行为似乎发生在时间之外。这样看来,行为或言语并没有即时的一面。巫术—宗教言辞绝对是在当时言说的,不能在之前或之后,而是像记忆一样的当时,包括"所有已是、仍是、将是之事"。这种言语避开了即时性,因为它与高于人们的

---

① 见韦尔南,《社会学年鉴》(*L' Années sociologique*,1953),页 348 关于宗教思想中行为的分类。

② 埃斯库罗斯,《阿伽门农》581-582。见《乞援人》598-599:"他的行动和语言一样快。他加快了建议变成法令的速度。"

③ 埃斯库罗斯,《七雄攻忒拜》840:出于实践。关于践行正义和正义的行为,见科尔夫(Marie C. Van der Kolf)"践行正义"词条(*s. v. Praxidikē*, R. – E., 1954),页 1751-1761。

④ 韦尔南,《古希腊的工作与实质》(Work and Nature in Ancient Greece, M. T.)讨论了行与实践,又见贝克尔(Otfrid Becker),《早期希腊思想中道路景象及其近似想象》(Das Bild des Weges und verwandte Vorstellungen in frühgrechischen Denken, *Hermes*, *Eizelschriften*, *Heft*, 卷 4, Berlin: Weidmann, 1937)页 52 及以下。

力量是一致的,[75]这种力量完全独立,只属于绝对权力。①

诗人的言语从不向听众征求同意或向某一社会群体求得许可,就像正义之王那样:它有效地利用了预言的所有威严。它并非试图在真正的时间内建立一连串的话语,那样的时间会招致人类的允许或反对力量。巫术—宗教言语已经超越了人类的时间,它还超越了人类。它不是个人意志或思想的显现,也不是任何特定施动者或个人的一种表达。它是一种社会功能的标志和特权。

那些独具真理的言语在有效性上也有同样的特点。然而,真理的言说和动词起效在复仇女神的例子中特别突出。复仇女神是受人敬仰的女神,拥有不容置疑的记忆力量。② 她们从不忘记,因为她们不知何故而先于时间,和海中老人一样年长。但是复仇女神不仅仅是记忆者(mnēmones);③她们也被称作会"完成"的"诚实的神"。④

---

① 见热尔内,《古希腊的法与法前思想》94 页和《古代法律形式的情况》(前揭)385－386 页。

② 见索福克勒斯,《俄狄浦斯王》870:"法只有在天上的澄澈空气里才能获得,只有奥林波斯才是法律的父亲;有死之人无法孕育法律,遗忘无法将法律引入睡梦;因为神在法中伟大,永不衰老。"

③ 埃斯库罗斯,《被缚的普罗米修斯》516,《欧墨尼得斯》383;索福克勒斯,《埃阿斯》(Ajax) 1390。根据埃斯库罗斯,《阿伽门农》155,$M\tilde{\eta}\nu\iota\varsigma$ 也是 $\mu\nu\acute{\alpha}\mu\omega\nu$(关于 $\mu\eta\nu\iota\varsigma$,见热尔内,《希腊法律思想与道德思想研究》,前揭,页147)。正如热尔内在《希腊法律思想与道德思想研究》324－325 页所说的,我们应该记住复仇和复仇的记忆的关系。普鲁塔克在《希腊问题》297A 中也确认了这点。拉特的《神法》(Heiliges Recht, Tubingen: J. C. B. Mohr, 1920)为它与 $\mu\tilde{\eta}\nu\iota\varsigma$ 的关系这一假设作了辩护(见威斯[Weiss],"摩涅莫尼斯"词条[s. v. Mnemones, R. － E., 1932],2261 页)。这个假设为弗伦克尔所赞同,见《埃斯库罗斯〈阿伽门农〉1－1055 评注》94 页。

④ 埃斯库罗斯,《七雄攻忒拜》720 及以下、886、946。另外还有埃斯库罗斯《阿伽门农》743－749 的三个段落和《七雄攻忒拜》655、766 及以下、790 及以下等也都证明了灵验这一含义在表现复仇三女神和诅咒中的重要性。

她们有时也叫实践正义者(Praxidikai),即"正义的执行者"。复仇女神与带来诅咒的言语是同一个,就是俄狄浦斯(Oedipus)刺瞎双眼时使用的那种言语,就是能摧屋毁房的言语。① 她们的"真理"是灵验的诅咒,能让贫瘠肆虐,让一切生命消失殆尽。②

真理就这样在巫术—宗教言辞的发展中被建立起来了,它以记忆为基础,以遗忘为补充。但是阿勒忒亚的形象表现在记忆和遗忘的根本对立之中,她还涉及了其他作出贡献的力量,包括狄刻(Dikē,正义)、皮斯蒂(Pistis,信念)和佩托(Peithō,说服)。正义像真理一样,也是一种巫术—宗教言语,因为狄刻也有"实现"的力量。③ 当正义之王"宣称正义"时,他的言语就是决定。[76]在正义的领域内,阿勒忒亚当然是和狄刻连在一起的,但狄刻在诗歌世界的重要性并不亚于阿勒忒亚(见上述 31 页)。赞美是伴着"正义"给出的,如在阿德拉斯图斯(Adrastus)赞扬预言者安菲阿鲁斯时就是这样。④ "赞扬贵族[的记忆]"与最大的公正是一致的。海中老人

---

① [译按]俄狄浦斯:希腊神话中杀父娶母的忒拜国王。传说忒拜国王拉伊俄斯得到神谕警告说,他的儿子将把他杀死。因此当他的妻子伊俄卡斯忒生下一个儿子时,他就把婴儿遗弃在山中。但是婴儿被一个牧人救起,并成为科林斯国王的养子。俄狄浦斯长大后去忒拜时,与拉伊俄斯相遇,发生口角,在打斗中拉伊俄斯被杀死。他继续赶路时,正值斯芬克斯降灾忒拜。俄狄浦斯说破她的谜底。为了报答他,忒拜人立他为新王并娶孀居的王后,即他的母亲。他们生下 4 个孩子,包括安提戈涅。当后来真相大白时,伊俄卡斯忒自杀身亡,俄狄浦斯则刺瞎自己的眼睛并把自己流放国外。俄狄浦斯是许多悲剧作品中的主角,其中最著名的是索福克勒斯的《俄狄浦斯王》和《俄狄浦斯在科洛诺斯》。

② 无法不比较记忆的厄里倪厄斯和真理的厄里倪厄斯,这是强调阿勒忒亚中表示反面意义的"阿"(a-)的另一个原因。

③ 巴克喀利德斯,13.44。见埃斯库罗斯《奠酒人》462。

④ 品达,《涅嵋凯歌》3.29;品达,《奥林匹亚凯歌》6.12-13。

的箴言是"即使他是你的敌人,当他值得赞扬时还是要赞扬他。"①事实上从某种程度上说,赞美是正义的形式之一。当诗人吟唱对某人的赞歌时,他是在走正义之路(巴克喀利德斯,8.202)。诗人是"喜爱诗歌、喜爱正义之人"(品达,《涅嵋凯歌》8.40 以下);他们的真理在正义中得到强化(品达,《皮托凯歌》8.70 - 71)。在灵验言语高奏凯歌的宗教思想中,真理和正义是不可分割的。② 这种言语总是与宇宙秩序相一致;它既创造了这一秩序,也是体现这一秩序的必要工具。

若说狄刻强调和强化了巫术—宗教思想中的"实现"方面,那皮斯蒂则揭示了这种言语与其他言语的关系,关于这个维度的定义还有佩托来补充。一般说来,皮斯蒂的意思是对神或神的言语的信念,对缪斯的信任,或对预言的信仰。③ 皮斯蒂这个概念也常与承诺或誓愿有关,在这种关联中,它和罗马的忠诚(Fides)是并行不悖的,因此与印欧的信条(credo)概念相对应。④ 当忒修斯和皮日索斯(Pirithoüs)发誓结为朋友时,他们把双方的承诺刻在盛有牺祭之血

---

① 品达,《涅嵋凯歌》3.29;品达,《皮托凯歌》9.95 - 96;品达,《奥林匹亚凯歌》2.105 - 106;当嫉妒威胁到赞美时,它与"正义相反"。"真理—正义"与"遗忘—不义"相反;见品达,辑语附录 90(皮埃什编本)中欺骗与正义相反。

② 热尔内,《古希腊的法与法前思想》页 68 指出"在大多数古代文本中,正义一词总是隐含审判所尊崇和认可的正常人性命令的思想"。

③ 巴克喀利德斯,13.221;品达,《皮托凯歌》4.223;希罗多德,《原史》1.66、1.73、2.141、5.92;索福克勒斯,《特拉基斯少女》77。

④ 关于信念的概念与承诺有关,见品达《奥林匹亚凯歌》11.5 - 6. 关于罗马的同义词忠诚,见弗伦克尔,《"忠诚"一词的历史》(Zur Geschichte des Wortes 'Fides', *Rheinisches Museum für philologie*, Bonn: E. Weber, 1916) 187 页及以下;梅耶,《拉丁语的信仰与忠诚》(Lat. Credo et Fides, *Mémoires Société de Linguistique de Paris* 22, 1922) 页 215 及以下;迪梅齐,《密特拉 - 伐楼拿》(*Mitra - Varuna*, New York: Zone Books, 1988);《拉丁语的"信条"、亚美尼亚的 ARIT:词语和传说》(Latin CREDO, Armenian ARIT$^c$: Mots et légendes, *Revue Philologie* 64, 1938);热尔内,《古希腊的法与法前思想》,前揭,页 117 注释 1。

的广口圆瓶上,然后把瓶子埋了。① 但是他们的信念不只是组成誓约关系基础的双方承诺和互信;它还是对巫术—宗教言语灵验性的相信。② 在神的世界,皮斯蒂是一位"强大的女神",代表了人类行为的心理模式。③ 它似乎代表了一种亲密的个人间的承诺,一种赋予言语以高于誓言的力量的信念行为。此外,皮蒂斯还是必要的、有约束力的协议,[77]阿勒忒亚的力量和所有灵验言语都要求这种赞同。因此,皮蒂斯和佩托关系密切,佩托无疑代表了言语高于它者的力量,代表了它对听者的神奇诱惑效果。

基于和皮蒂斯一样的原因,佩托也是阿勒忒亚的一个必要方面。卡桑德拉的例子展示了它在巫术—宗教言语起作用时的重要性。卡桑德拉是一位"真言者"(alēthomantis,埃斯库罗斯,《阿伽门农》,前揭,1241);她不是一位"去欺骗"的预言者(同上1195)。然而,因为她背弃了誓言,背叛了皮蒂斯,所以阿波罗剥夺了她的说服力。④

---

① 索福克勒斯《俄狄浦斯在科洛诺斯》,前揭,1593 – 1595;泡赛尼阿斯,《希腊旅行指南》1.30.4。见希策尔,《希策尔史学文集》(*Der ein Beitrag zu seiner Geschichte von Rudolf Hirzel*,Leipzig:S. Hirzel,1902),页 125 注释 5。

② 关于荷马的英雄中联系皇室的信念,见让迈尔,《皮带与奔跑:论古代希腊化时期斯巴达的教育与青年的粗鲁之风》,前揭,页 101 – 103。

③ 从荷马的文本中就可以证实信念在希腊是一个非常古老的概念。它是忒俄克里托斯《田园诗》1135 及以下中的尊贵力量,与智慧和慈悲有关。它观照正义的人类中对盟誓……的信念。有时认为它后来只是变成了希腊的一位神,这没有道理。见布瓦扬塞,《忠诚与起誓》(*Fides et le serment*,*Hommages à Albert Grenier*)卷 1 页 329 – 341 以及皮卡尔在《从希腊的信念到'罗马的忠诚'》(*De la Pistis hellénique à la 'fides romana'*,*Revue archéologique*,1962)226 – 228 页的论述。

④ 同上 1208;塞尔维俄斯(Servius),《关于维吉尔的评述》(*In Virgilium Commentarius*)2.247。见达夫勒(Juliette Davreux),《卡桑德拉的传奇和预言》(*La Légende et la prophétesse Cassandre*,Paris:Editions Droz,1942)页 3 及以下、页 22 及以下、页 49 及以下、页 67 及以下。

她的言语对他人不起作用。这是个严重的缺陷,因此即使她的言语有效,卡桑德拉似乎也只能产生"无效的"(akranta)甚至是"不可信的"言语。① 她失去了佩托也就失去了皮蒂斯。卡桑德拉无法说出有力的言语,也就是说她的阿勒忒亚被判"不真实"。她当作预言的阿勒忒亚的根基被损坏了。

那么,什么是"说服"? 在神话思想中,佩托是一位全能的神,对人对神而言皆如此。只有死亡能抵挡她。② 佩托散播"甜言蜜语的符咒"。③ 她有诗人快乐的力量,让言语出奇得甜美,长在演说家的双唇上。④ 在希腊万神庙中,佩托代表优于一切的言语力量。在

---

① 根据普鲁塔克《国务要义》(*Praecepta gerendae rei publicae*) 28. 5,页 821B( = *Tragic fragmentae adespotes* 414 $N^2$)中所引的佚名悲剧诗人所言,卡桑德拉是徒劳无功的,但是根据[俄尔甫斯]《石头》(*Lithika*,阿贝尔[Abel]编本) 765,虽然她的预言是真实的,但是她的话语是无效的(根据梅里克[Merrick]的修正,不是不存在的)。

② 埃斯库罗斯辑语 279A(梅特编本)。关于说服,见沃伊特(Voigt) "佩托"词条(*s. v. Peitho, R. – E.*,1937),页 194 – 217;昂特斯坦纳(Mario Untersteiner),《智术师》(*The Sophists*,Oxford:Blackwell,1954),页 107 – 108。与沃伊特注意到的形象有关的文献还有格赖芬哈根(Adolf Greifenhagen)《希腊的爱欲》(*Griechische Eroten*,Berlin:De Gruyter,1957)页 77 及以下的论述。碑文材料有索科洛夫斯基(Franciszek Sokolowski),《古希腊城邦的神法:补充》(*Lois sacrées des cité grecques*:*Supplément*,Paris:Editions de Boccard,1962)134 页,塔索斯(Thasos)的一个与佩托有关的判决。

③ 埃斯库罗斯,《被缚的普罗米修斯》172。关于甜言蜜语,见罗舍尔(Wilhelm Heinrich Roscher),《琼浆与仙肴》(*Nektor und Ambrosia*,Leipzig:Teubner,1883),页 69 – 72。

④ 优波利斯(Eupolis)收录于《阿里斯托芬〈地母节妇女〉注疏》(*Scholia in Aristophanes*,*Archarniensem*)530;昆体良(Quintilian),《演讲术原理》(*Institutione Orat.*)10. 1. 82;潘诺城的浓努斯(Nonnus of Panopolis),《狄奥尼索斯之歌》(*Dionysiaka*)41. 250 及以下(鲁道夫[Rudolf]编本);西塞罗《论演说家》(*Orat.*)15。

神话中，她代表声音的魔力、言语的诱惑和词语的神奇。定义她的词有动词 thelgein（使着迷）、terpein（使愉悦）和名词 thelktērion（迷惑术）、philtron（春药）和 pharmakon（毒药）。① 她要是戴着忒尔克西诺厄的面具，那她就是一位缪斯；要是化成泰尔克西皮娅（Thelxiēpeia）时，她就是一个塞壬（Sirens）。② 但是和塞壬一样，她的本质也是矛盾的，既有益又有害。③ 站在和明智的君王走在一起的善良的佩托身旁的是另一个"施展暴力"的佩托，她是祸害神阿泰这"狡猾的毁灭者那强壮的女儿"，"给你安抚又温柔"，"把男人[78]引入她的陷阱"。④ 恶毒的佩托和"狡诈的话语"（haimulioi lo-

---

① 《奥德赛》1.337；普鲁塔克，《爱欲》，前揭，759 B；品达，《涅嵋凯歌》4.2 及以下；见塞提，《记忆及其诗篇：古希腊的智者》，前揭，页 161 及以下；拉纳塔，《前柏拉图诗学：证据与片段》，前揭，页 16。

② 根据阿拉图斯（Aratus），缪斯般的忒尔克西诺厄，才兹（Johannes Tzetzes）在《论赫西俄德的〈劳作与时日〉》（*In Hesiodi Opera et dies*, Gaisford 编本）23 页（= *Anecdota oxoniensia* 4，页 424–425，Cramer 编本）中引用。见西塞罗，《论神性》，前揭。塞壬般的忒尔克西诺厄，收录于《罗得岛的阿波罗尼俄斯注疏》（*Scholia in Apollonium Rhodium*）4.892；尤斯塔提俄斯（Eustathius）页 1709.45。关于缪斯和塞壬的相似之处，见阿波罗尼俄斯《阿尔戈斯英雄船》4.892–896。

③ 见《奥德赛》12.39–46、184–193。关于塞壬，见马罗特，《古希腊文学导论》，前揭，页 106–211。

④ 见赫西俄德，《神谱》（前揭）80 及以下对善良的统治者的描绘："他满口甜言蜜语"、"口吐莲花"、"用温柔的论据"获取人心。科努图斯（Cornutus）《希腊神话学 14》（*Theologia graeca* 14）正确地宣称赫西俄德的卡里俄佩是有美妙嗓音的修辞，"因此才能领导城邦、指挥民众，用劝说替代武力领导城邦朝向他选择的方向前进"。雅典娜在奥瑞斯特斯的审判中倾向于善良的说服："但是如果你把劝说当作崇拜她的地方，被我的声音迷住，那你就可能和我们待在一起"（埃斯库罗斯，《欧墨尼得斯》885），又见泡赛尼阿斯，《希腊旅行指南》，1.22.3；普鲁塔克，《交际问题》9.14.7–10，页 746F。埃斯库罗斯，《阿伽门农》385、386；埃斯库罗斯《波斯人》97 及以下；阿泰是欺骗的诡计（93）。

goi)是不可分割的,它们是欺骗的工具,是阿帕忒的圈套。① 从一个方面来看,与阿勒忒亚紧密相连的佩托也和勒忒这一负面力量相关。②

通过神话中这一力量和其他同样模糊的宗教力量之间的关系,我们可以很好地理解佩托的双重含义。在神话思想中,"从不被拒绝的"(埃斯库罗斯《乞援人》1040 - 1041)佩托像珀索斯(Pothos)、希墨洛斯(Himeros)一样和阿芙洛狄忒(Aphrodite)这位"思想难以捉摸的"(ailomētis)女神有关。③ 阿芙洛狄忒有随意欺骗凡人和众

---

① 关于"狡诈的话语",见忒奥格尼斯704。在谎言和狡诈的话语的表达中,要强调多义性,伯德尔的(《论希腊早期来自逻各斯和真理的语言传统》,前揭,页90)将其置于真理必要方面的对立面,但是理性思维——只有理性思维——会把它看作不适的言语与双重的言语相对(见上述130页)。

关于欺骗,见赫西俄德《神谱》889 - 890:宙斯用狡诈的话语欺骗墨提斯。西绪弗斯(Sisyphus)是狡诈的话语的大师(《神谱》704),奥德修斯也是(索福克勒斯《埃阿斯》389)。卡吕普索(Calypso)通过狡诈的话语让奥德修斯忘记他的家乡伊塔卡(《奥德赛》1. 565)。但是狡诈的话语(以及谎言)都置于赫尔墨斯这位著名的诡计多端、狡猾无比的神的管辖之下(赫西俄德《劳作与时日》78),他把诡计传给了潘多拉,潘多拉是宙斯的欺骗(又见《劳作与时日》373 - 374)。关于狡诈和迷人之间的关系,见普鲁塔克《努马传》(*Numa*),8. 19(以一位国王为对象),斐洛德慕斯(Philodemus)的《修辞学卷》(*Volumina rhetorica*,苏道斯[Sigfried Sudhaus]编本,Amsterdam;A. M. Hakkert,1964)卷2,页77(暗指奥德修斯)。[译注]斐洛德慕斯:希腊诗人、伊壁鸠派哲学家。

② 见赫西俄德《神谱》224、227;欺骗和遗忘都是夜神的孩子。关于遗忘,见克罗尔"勒忒"词条(*s. v. Lethe*,*R. - E.*,1925),页2141 - 2144。

③ 同上,1037。阿芙洛狄忒从出生起就与爱欲和欲望为伴:尤其是她掌管少女带着快乐、爱和魅力施展的私语、微笑和欺骗(赫西俄德《神谱》201 - 206)。阿芙洛狄忒的功能就是说服和欺骗(《荷马的阿芙洛狄忒颂》[*Homeric Hymn to Aphrodite*]33);所有的神都畏惧她的话语和诡计(《荷马的阿芙洛狄忒颂》)。潘诺诚的浓努斯《狄俄尼索斯之歌》(*Dionysiaka*,凯德尔[Keydell]编本)33. 111 及以下认为魅力、说服和怜悯是她的同伴并提到了她的秘密……任务(34. 268)。普鲁塔克《爱欲》,前揭,页758C 将她与缪斯、慈悲和爱联系在一起。

神的力量。因此她在赫拉著名的"宙斯之欺"中扮演了主要的角色（同上，14.160及以下）。当赫拉想激起宙斯的爱欲并让他沉沉入睡时，她靠的不仅仅是自己的吸引力（Charis），这个吸引力表现在她淋了仙露的身体、散发出的芬芳气质、精心梳成"美人卷"的头发上锃亮的发油、身上穿着雅典娜的长袍，以及她戴的珠宝、面纱和闪耀的双脚上。为了确保无人能抵挡她那充满活力的身体，赫拉要求阿芙洛狄忒赋予她"爱欲"和"性欲"（同上，14.198）这两样阿芙洛狄忒用来征服凡人和众神的东西。她向阿芙洛狄忒祈求无往不胜的魅力，因为阿芙洛狄忒（为了掩饰她这个伎俩的真正目的）说这些会让赫拉"以说服胜出"，从而胜过特提斯（Tethys，海洋奥克阿诺斯之妻）和奥克阿诺斯（Ocean），"因为自心生怨恨到现在，他们[已经]相互分离、离开爱床很久了。"①

为了完成这一说服的任务，阿芙洛狄忒"笑着"从胸前解开了绣着花式图案的丝带，那里有各式各样的魅力："爱情（philotēs）……和性激情（himeros）就在那里，还有甚至能把最深沉的人心偷走的亲密私语"（oaristus，同上，14.211和14.216。潘诺城的浓努斯，《狄俄尼索斯之歌》31.26及以下研究"赫拉的诡计"这个主题，但是非常确定这些词汇的意义在神话上有联系和相似之处。又见潘诺城的浓努斯《狄俄尼索斯之歌》8.113中同样丰富的含义）。这个场景在陪着[79]阿芙洛狄忒耳语、微笑的善良的佩托和"狡诈的"阿帕忒的示意下展露出"愉悦、爱的甜蜜和甜言蜜语"（赫西俄德，《神谱》205、206）。但是，把说着诱惑的言语微笑的阿芙洛狄忒和佩托及阿帕忒善意的伪装联系在一起的积极一面可以与同一个神话思想框架中每个词对应的消极意义的结合相比。与阿芙

---

① 同上，14.208：ἐπέεσσι παραιπεπιϑοῦσα φίλον κῆρ。在这种神话思想中，修辞和色诱是不加区分的。同一个佩托在两个层面上起作用。

洛狄忒的阿帕忒相对应的是另一个欺骗(Deceit)，她是夜神之女，一个与勒忒和谎言(logoi pseudeis)形同姐妹的负面力量(同上，224、227、229)。这些谎话是"亲密私语"的反面，由夜间的赫尔墨斯这一"狡猾"(dolia)的佩托主人扶持，是阿芙洛狄忒的佩托的负面。① 这些谎话是赫尔墨斯送给潘多拉(Pandora)的，这位致命的女人(femme fatale)是"温柔快乐"的女人的影子。②

| + | 阿芙洛狄忒 | 光明 | 爱语 | 有益的女人 | 温柔的佩托 | 阿帕忒－诱惑 |
|---|---|---|---|---|---|---|
| - | 赫尔墨斯 | 黑夜 | 谎话 | 有害的女人 | 暴力的佩托 | 阿帕忒－欺骗 |

---

① 同上，77-78：说谎的狡诈的预言和史诗风俗。见《神谱》229，《劳作与时日》789，伊索(Aesop)，《寓言》(Fab.)111、112。

② 埃斯库罗斯，《奠酒人》726-728：说服的礼物和黑夜中的赫尔墨斯。见拉姆努克斯，《希腊传统中的夜神与夜神的孩子们》，前揭，页162。在1.815-816中，赫尔墨斯宣称不可见的词语"将双眼蒙上黑夜的影子"。诡计多端的奥德修斯也这样用(索福克勒斯，《菲罗克特特斯》[Philoct.]1111-1112)。赫尔墨斯和黑夜的关系在《荷马的赫尔墨斯颂》中有明确的说明：黑夜是赫尔墨斯管辖的领域，是他的作品和他的智慧驰骋之地。还有文献说明赫尔墨斯其实就是"黑色的神"，这一点根据《希腊的祭酒谚语2》(Paroemiasraphi graeci 2)184页把"白色的赫尔墨斯"用于表达那些无法隐藏恶习的人就可以看出来。赫尔墨斯常与阿芙洛狄忒崇拜有关(普鲁塔克《婚姻守则》[Conjugalia praecepta]，138C)：在昔勒尼(Cyllene，泡赛尼阿斯，《希腊旅行指南》，4.26.5)、阿尔戈斯(泡赛尼阿斯《希腊旅行指南》，2.19.6)、麦加城(Megapolis，那里有一个最狡猾的阿芙洛狄忒，是"巧计的编织者"，泡赛尼阿斯8.31.6解释了这位女神在言语和行动中都使用的狡黠)和雅典(根据哈波克瑞提恩[Harpocration]的"耳语"ψιθυριστης词条，那里有一个耳语的阿芙洛狄忒和一个耳语的爱若斯)。根据阿里斯托芬《和平》(Peace)456，赫尔墨斯和阿芙洛狄忒、说服、慈悲和时序女神有关(参写特雷姆"赫尔墨斯"词条[s. v. Hermes, R. -E.，1912]，页760-761)。潘诺城的浓努斯在《狄俄尼索斯之歌》8.221中把佩托表现为赫尔墨斯的妻子。我们必须搁置阿芙洛狄忒消极的方面和赫尔墨斯积极的方面。

从言语要么是佩托,要么是阿帕忒来看,它在神话思想中就是双重力量,既有正面也有负面,与其他模糊的神话力量类似。换句话说,他们都是对等的:模糊的语言是一个女人,是普罗透斯神,是色彩斑斓的织体。依然对这些神话联系很敏感的诗学思想记住了这种对等。品达把他的诗比作"吕底亚的衣服,交织着长笛的乐曲"(品达,《涅嵋凯歌》8.15 以下)。后来,哈利卡那苏斯的狄奥尼索斯(Dionysius of Halicarnassus)说诗是一件由诗人亲手编织的珍贵衣服,[80]诗人把几种语言织成了一种:高贵的和简单的,卓越的和自然的,紧凑的和延展的,温和的和尖刻的。① 但是这件将对立物和谐地交织进去的彩衣本身就像多层起伏的普罗透斯一样,一会儿是水,一会儿是火,一会儿是树,一会儿是狮子——这是位拥有各种形状的神。② 与他相似,诗歌言语这一诱惑力量通过"歌、韵、律"表达自己,像女人通过"她的媚眼"(charis opseōs)、她甜美动人的嗓音(phōnēs pithanotēs)和她吸引人的曼妙身体(morphēs epagōgon eidos)诱惑他人。③ 神话思想的各个层面的关系甚至反映在词汇中:阿芙洛狄忒的绣花丝带和"亲密私语"(oaristus)与帕菲西斯(Parphasis,幻象)和"诱人的词语"有密切的关系。④

---

① 哈利卡那苏斯的狄奥尼索斯,《论德莫斯特涅斯的风格 8》(*On the Style of Demosthenes* 8), 页 974 – 975(Reiske 编本); 见埃热(Maxmillian Egger),《哈利卡纳苏斯的狄奥尼索斯:奥古斯丁时期的文学和修辞学批评论文》(*Denys d' Halicarnasse: Essai sur la critique littéraire et la rhétorique chez les grecs du siècle d' Auguste*. Paris: A. Picard et fils, 1902), 页 239 – 240。[译按]哈利卡那苏斯的狄奥尼索斯:活跃于公元前 20 年的希腊学者,作品有《琐言碎语》(*Opusculorum*)等。

② 普罗透斯是位充满巧计的神,和墨提斯、涅柔斯、尼米西斯、忒提斯等神一样。

③ 普鲁塔克《爱欲》769C 明确指出这些魅力的模糊之处:因此自然不仅为放荡的女人提供了大量的途径来引诱她的情人产生情欲,还为好女人赢得丈夫的友谊和爱怜提供了方法。

④ 《伊利亚特》14.216。在最狡猾的女神的恐惠下,以巧计著称的奥德修斯也知道如何用温和的言语说服(《奥德赛》16.286 – 287[19.5.6])。关于亲密私语和阿芙洛狄忒,见上述 78 页和 99 – 100 页。

帕菲西斯是另一种力量,它赋予正义之王的言语以诱惑力,通过"用温和的论据(paraiphamenoi)说服他们"而让它能"轻松地将行为拉回到……正确的方向上"。① 品达在《涅嵋凯歌》(Nemean)8.32 以下提到了帕菲西斯:她是"花言巧语的搭档"(haimulioi muthoi)、"阴谋的策划者"和"作恶者"。② 虽然她对正义之王有好处,但在品达的描述中,她是种有害的力量。他指责帕菲西斯是"杰出的人不可抵挡的耻辱",将"无名者的虚荣带进了视野"。帕菲西斯还是荷马的"魅力"(haduepēs),却被品达斥为欺骗、幻想的力量,他说艺术用谎话引诱我们从而欺骗我们。③ 为了界定佩托和吸引力这种力量,品达说它"超出"阿勒忒亚了。④ 这种"超出"是种欺骗,即阿帕忒。此时,在"精心编织的欺骗"的影响下,甚至"不能相信的"或"超出信仰的"都被相信了,[81]其对立面变得令人迷惑而盘根错节。⑤ 在这种时

---

① 赫西俄德《神谱》90:用温和的言语说服。帕菲西斯在军队中也起作用;《伊利亚特》11.793 提到来自伙伴(ἑταῖρος)的"好的"温和说服。尤斯塔提俄斯 979 页 34 行把它称为同样的说服。

② 品达,《涅嵋凯歌》8.32 及以下。埃阿斯在值得获得最高的赞美时被遗忘征服(24)了。见《奥林匹亚凯歌》7.65 中亲密私语的使用;《皮托凯歌》9.42-43。亲密私语包含了言语的扭曲、弯曲的形象,如弯曲的说法这一表达(见上述 159 页注释 4)。

③ 品达,《涅嵋凯歌》7.20-21。老涅斯托尔也被称作 ἡδυεπής(《伊利亚特》1.248)。关于诗歌是发光、多彩、易变的,见梅勒《希腊早期自品达以来诗人的观点》,前揭,页 70、99 及以下。

④ 在班巴拉社会,言语大师是巫师,发出快乐的语言(pasaw),引起"所有事物的潜藏力量",但是那些话语(无论 burudyuw 还是 balemaniw)是辞藻华丽、用词夸张的。巫师被看作"说谎者",他的"存在与创造热情、勇气、英武这些建立在自负的幻象之上的品质密不可分"。这种巫师似乎与另一种在原初社会担任只说真话这一重要角色的巫师不同。

⑤ 品达,《奥林匹亚凯歌》1.28-34。诗人有巧计(品达,《奥林匹亚凯歌》1.9;《涅嵋凯歌》3.9)。关于语言的复调本质,见《伊利亚特》2.248;普鲁塔克,《爱欲》759B 把诗人的幻想比作白日梦:它们有相同的力量。

一颗铁做的心,"和胸腔里没有怜悯的木头感情",后者是白色的,"安静"而"对人友善的"。① 与消极的遗忘——死亡相对的是积极的遗忘——睡眠。阿波罗说让"绝望的忧虑"(mousa amēchaneōn meledōnōn)平静下来的歌唱言语包含三种快乐:"欢笑、友爱和甜睡"。② 善良的遗忘是降临在宙斯的鹰身上的酣睡,是"温柔地合上他眼睑"的"睡云"(品达《皮托凯歌》1.6 以下)。它是让阿瑞斯(Ares)忘记残酷的金戈铁马的温柔睡眠,是伴着歌声和美酒的酣睡。③ 这个勒忒不是夜神的孩子,而是慈爱的母亲,带来了"美妙的

---

① 赫西俄德,《神谱》758 – 766;泡赛尼阿斯,《希腊旅行指南》,5.18.1 关于塞普希琉斯(Cypselus)指着箱子说这对双胞胎的双脚是缠在一起的。希波诺斯是一位双面的、模糊的神(阿列克西斯《希波诺斯》[Alexis, *Hypnos*] 2.385K. 收录于《雅典娜神庙》[Athenaeus]449D)。他在赫拉的欺骗中扮演了一个非常重要的角色(《伊利亚特》14.231 及以下);他爱上了慈爱之神中的帕希忒(Pasithē,269 和 276);见科尔夫"帕希忒"词条(*s. v. Pasithea*, R. – E., 1949)2089 – 2090 页。他也与遗忘和缪斯有关(泡赛尼阿斯《希腊旅行指南》,2.31.3)。

② 《荷马的赫尔墨斯颂》,前揭,447 – 449。三种快乐是欢笑、友爱和甜睡。

③ 同上,10 及以下。遗忘、睡眠和沉默是不可分的(见《奥德赛》13.92;《伊利亚特》3.420 等)。关于酒和遗忘,见阿尔克俄斯(Alceus),辑语 346,娄贝尔和佩吉编,前揭。阿尔克俄斯后来反而(见 366,娄贝尔和佩吉编,前揭)说是:Οἶνος, ὦφίλε παῖ, καὶ ἀλάϑεα [酒啊,对小伙子和真理都有利]。就像说服和欺骗一样,酒也是模棱两可的有好有坏(忒奥格尼斯,873 – 876)。狄奥尼索斯的一个方面就是有使人忘记悲伤的能力(欧里庇得斯《酒神的伴侣》[*Bacchae*]380 及以下、423)。关于狄奥尼索斯和勒忒的关系,见韦尼埃(Yvonne Vernière),《普鲁塔克的"勒忒"》(Le 'Lēthē' de Plutarque, *Revue des études anciennes* 66,1964,页 22 – 23);威尔施勒(Wilfried Uerschels),《阿里斯泰迪斯的狄俄尼索斯颂》(Der Dionysoshymnos des Ailios Aristeides,博士论文,Bonn,1962),页 46 及以下。

景象",带来了宴饮的快乐和"在奢华盛宴上流淌的灿烂(ganos)液体":①这是陪伴着爱神爱若斯(Eros)和女人的甜蜜快乐的勒忒。②

---

① 关于慈爱,见《〈伊利亚特〉注疏》,前揭,14.276;尤斯塔提俄斯,982.47。同样的模糊性再次出现在慈爱的表现中,她们有时是白色,有时是黑色。就像其他所有神一样,只能通过相似之处和对立面才能确定她们的意义,比如她们和赫尔墨斯及阿芙洛狄忒的关系。又见奥利弗(James Henry Oliver),《民主、诸神与自由世界》(*Demokratia, the Gods and the Free World*, Baltimore: Johns Hopkins University Press, 1960),页 91 及以下。文献由费尔南德斯(Raul Rosado Fernandes),《论古典诗歌中的希腊词汇》(*O Tema das Graças na poesia Classica*, Paris: Editions les Belles Lettres, 1962)提供。

赫尔墨斯的里拉琴是他的安慰;他唱歌时就会发出一抹夺目的光彩(索福克勒斯,《追踪者》[*Ichneutae*, 编者按:这部萨提尔剧仅剩残篇]317-323)。

关于发亮,见欧里庇得斯《酒神的伴侣》261、383。让迈尔《狄奥尼索斯》(*Dionysos*, Paris: Payot, 1951),页 27 及以下注明了发亮的含义与"闪闪发光的思想、孕育生命的滋润、美滋滋的食物和快乐"之间的关系(又见让迈尔,《皮带与奔跑:论古代希腊化时期斯巴达的教育与青年的粗鲁之风》,前揭,页 436-437)。比较希腊雕塑家给一具有生命的物体注入光亮和力量时采用的打亮方法(见皮卡尔,《古希腊人类学手册:雕塑一》[*Manuel d'archéologie grecque: Sculpture*, I, *période archaïque*, Paris: Picard], 1935,页 210 注释 2)。

② 见普鲁塔克,《爱欲》750A;《萨福诗集》(*Sapphousmele*),辑语 16.11(娄贝尔编,前揭)。在同样一段短话(《爱欲》764B 及以下)中,普鲁塔克叙述了"埃及"神话中上天之爱是与另一种形式的太阳神之爱相反的。太阳神之爱麻痹记忆,用快乐迷住精神,而真正的爱是记忆的源泉。这种神话哲学的变体自然被嫁接到了神话思想的某些观点中。关于"爱的"睡眠,见,如《奥德赛》11.245。普罗提诺斯(Plotinus)在另一种思想层面上玩味忘记的双重含义:忘记既是毫不留意的、可感知的记忆,又是让人不易理解的睡眠(3.6.5;4.4.2-8),而真正的遗忘允许人从可感知进入可理解(4.3.32;4.4.1)。关于最后这点,我同意斯基赫《英雄、圣人与重大事件》(*Le Héros, le sage et l'événement*, Paris: Aubier, 1965)193-194 页的看法。关于普罗提诺斯的记忆问题,见沃伦(Edward Warren),《普罗提诺斯的记忆》(Memory in Plotinus, *Classical Quarterly*, 1965)。

| | | 夜 |
|---|---|---|
| − | 塔那托斯（黑色） | 勒忒（墨摩斯 – 阿泰） |
| + | 希波诺斯（白色） | 勒忒（爱若斯 – 阿芙洛狄忒） |
| | | 慈爱 |

因此，并不是阿勒忒亚（+）站在一边，而勒忒（−）站在另一边。相反，两极之间有一个中间区域，那里阿勒忒亚接近勒忒，勒忒也接近阿勒忒亚。"负面"并没有与存在分离。它在真理的边缘，构成了它不可分离的影子。① 因此这两股形成显著对照的力量并不是相互矛盾的，而是相互趋近的。正面的向负面的靠近，这是以某种方式"拒绝"它，但缺失了负面，正面却又无以为继。

[83]因此，我们必须把上述所说的具体化，以说明正义之王和诗人都不完全是、也不仅仅是真理的主人。相反，他们的真理总是以遗忘为边，以欺骗为界。海中老人似乎是真理的化身。但是，涅柔斯和普罗透斯及其他海神一样，也是一位充满神秘的神。当赫拉克勒斯（Heracles）试图盘问涅柔斯时，涅柔斯变成水、火和万千形状躲掉了；他是起伏不定的，无法抓住。② 他并不是个特例。皮特修斯是正义之王，在神话中的表现是他施行审判功能、拥有巨大的预言能力，但是他和缪斯也是紧密相连的，据说他在缪斯的神庙里教授"言语的艺术"（logōn technēn）。③ 他是"修辞术"的发明者，这是一门关于说服和使

---

① 韦尔南，《赫思提亚 – 赫尔墨斯：古希腊对空间和运动的宗教表达》，前揭，页 126 – 176 用了很长的篇幅来分析这种互补性并指出两极对立"在这种思想中如此根深蒂固以至于在火炉旁的神也如此，就像赫思提亚已经是赫尔墨斯的必要组成部分一样"（强调处为作者所加）。

② 斐瑞居德斯（Pherecydes），收录于雅各比（Jacoby）《希腊史辑语》（Fragmente der Griesen Historike）3F16A。

③ 泡赛尼阿斯，《希腊旅行指南》，2. 31. 3 – 4；见赫摩根尼斯（Hermog.），收录于《希腊修辞学》（Rhetores graeci），卷 4，页 43，Walz 编本。

用"与现实相似的谎言"的艺术。此外,典型的裁判——国王与缪斯有关,是说服的行家,是赫西俄德《神谱》"序曲"中的主要人物之一。当赫西俄德赞扬与宙斯的统治权密切相关的人类的统治时,他描绘了一位理想的国王,这位国王通过言说公平的语句来施行正义。这位国王从缪斯那里得到了特殊的言语这件礼物:"从他的口中,言语变得谄媚",他的语言是"甜蜜的提纯物"。当他知道如何恰当地说出真理时,他也知道如何像诗人那样吸引人和说服他人。而且他还像诗人一样知道如何轻松而正确地解决问题,即"用温和的言语"获得人心。①他也是善于欺骗的真理大师。

---

① 赫西俄德,《神谱》80 及以下。赫西俄德的国王带来了"改变"(《神谱》89)。当诗人歌唱人和神的功绩时,它的一个效果肯定就是忘记,但另一个效果是弃置($παρατρέπειν$,《神谱》103)。变化的这一形象也出现在高尔吉亚斯的修辞中(第尔斯《古廊下派辑语》卷 2,页 291.2 和 292.11 – 12);以及在普罗塔戈拉(Protagoras)的"宣言"中(见柏拉图《忒埃特托斯》166D – 167D,旧译"泰阿泰德")。正如柏拉图(《王制》412E – 413D)所显示的,这些"转换行为"在修辞学中很重要。这一段中有量词用三个分词引入了屈从欺骗这个根本概念。在 412E6 – 7 中,我们看到了 $γοητευόμενοι$、$θαζόμενοι$、$ἐπιλανθανόμενοι$;在 413B1 有 $κλαπέντες$、$γοητευθέντες$、$διασθέντες$ 这三个同义词。$Κλέπτεσθαι$ 和说服、欺骗属于同一个语义场(见《伊利亚特》14.217;赫西俄德,《神谱》613;《伊利亚特》1.32;品达,《涅嵋凯歌》7.23、8.31 – 34;赫西俄德,《劳作与时日》789;亚里士多德,《修辞学》[Rhetoric] 3.7.5)。偷窃的形象指的是盗贼赫尔墨斯(Hermes the Thief)这个神话主题,他是谎言的主人,黑夜之神(the Nocturnal One),让人遗忘。至于暴力的形象则与说服紧密相关(见上述 77 页)。这三个词在柏拉图(《王制》413B – C)那里被简化成一个名称:$μεταδοξάζειν$。被抢夺、被迷住或被冒犯的根本意义是改变某人的思想或颠覆意见。另外迪梅齐的《印欧意识形态三分》(L'Idéologie tripartite des Indo – Européens, Collection Latomus, 卷 31, Brussels: Société d'Etudes Latins de Bruxelles, 1958), 页 21 ( = Latomus 14 [1955])在柏拉图的这个段落中发现了来自印欧的"违反三分"。关于皮西斯特拉托斯(Pisistratus)看到的塞壬形象,见鲍勒(Cecil Maurice Bowra),《希腊抒情诗歌:从阿尔克曼到西蒙尼德斯》(Greek Lyric Poetry: From Alcman to

这种模糊也是只和阿勒忒亚有关的那种梦的特点。在安菲阿鲁斯的预言中,"真理"由梦神欧内罗斯(Oneiros)陪伴,但却在黑色的衣服外穿着一件白色的衣服。① 正如普鲁塔克观察到的一样,一些梦既包含"欺骗而多彩的"(to apatēlon kai poikilon)东西,[84]也包含单一真实(to haploun kai alēthes)的东西。② 出于这个原因,在梦幻岛上,阿帕忒遇到了阿勒忒亚。③ "甜蜜而带欺骗性的"梦里,要是没有些许阿帕忒的影子,那就不可能有预言的阿勒忒亚。④ 早在《奥德赛》中,真实的梦和欺骗的梦就已经密不可分了。后者来自一扇象牙门,带来"不会实现的言语"(epe'akraanta),而前者则来自牛角门,会"实现现实"或"获得真理"(etuma krainousi)。⑤《荷马的赫尔墨斯颂》中的蜂女在吸食了金色蜂蜜后就会同意诉说真理的预言力

---

Simonides,2$^{nd}$ ed. ,Oxford:Clarendon Press,1961),页322。涅斯托尔是皮洛斯的国王,典型的睿智国王,而且是"有温和言语的"国王(《伊利亚特》1. 248):"从[他的]口中说出的话比蜜还甜"(《伊利亚特》1. 249)。见施密特(J. Schmidt)"涅斯托尔"词条(s. v. Nestor,R. – E. ,1936),页120。

① 斐洛斯特拉图斯,《幻象》,前揭,1. 17. 3,页332. 30K。
② 普鲁塔克,《论神罚的迟滞22》(De sera numinis vindicta 22),页566D(关于夜神和月神都具有的预言,这个预言没有固定的位置,而是以梦境和幽灵在人群中漫游)。关于欺骗而多彩的梦,见潘诺城的浓努斯《狄俄尼索斯之歌》,鲁道夫编本,29. 326。关于折磨克尔克斯(Xerxes,旧译"薛西斯")的噩梦,见希罗多德《神谱》7. 12 及以下。出现在亚细亚地区面向希腊的红色人像瓶上的可能就是这个梦,它在伪装成欺骗的样子被众神围着(鲍迈斯特《纪念碑1》[Baumeister,Denkmä ler 1],1885,页408 – 412)。
③ 路奇阿诺斯,《真实的历史》2. 33,前揭。
④ 该行是普鲁塔克《爱欲》764E 中所引用的匿名诗人的作品。
⑤ 《奥德赛》19. 562 – 567。号角($\kappa\acute{\varepsilon}\rho\alpha\varsigma$)的形象显然是对 $\kappa\rho\alpha\acute{\iota}\nu\varepsilon\iota\nu$ 一词玩的文字游戏;与此类似,$\acute{\varepsilon}\lambda\acute{\varepsilon}\gamma\alpha\varsigma$ 的形象指的是赫西基乌斯的词汇($\grave{\varepsilon}\lambda\varepsilon\varphi\tilde{\eta}\rho\alpha\iota\ \grave{\alpha}\pi\alpha\tau\tilde{\eta}\sigma\alpha\iota$)中表示"骗术"的一个动词。这个动词常与害人的妖术、海中老人的诡计(《奥德赛》4. 410)或女妖喀耳刻(Circe,《奥德赛》10. 289;又见 17. 248)有关。

量,但如果没有蜂蜜,她们就会闪烁其词,引人走入歧途:①即阿帕忒遮盖了阿勒忒亚。

在仪式中,这种模糊通过特洛丰尼俄斯在拉巴达的征询程序表现得尤其突出,在那里阿勒忒亚的角色反而被摩涅莫绪涅取代了。在进入洞穴之前,征询预言的人会饮用勒忒和摩涅莫绪涅这两股泉水中的水。当喝勒忒泉中的水时,他变得像个死人一般,但是摩涅莫绪涅泉中的水就像勒忒泉的解毒剂一样,会让他重新获得记住一切的特权,因此他具备在一个常人无法看见、无法听到的世界中看见、听到的能力。因此,与特洛丰尼俄斯的初次会面就需要一个模糊的双重状态,像特瑞西阿斯和安菲阿鲁斯这两个神一样"活"在亡灵的世界中,并在遗忘的世界保持"记忆"。②

神明的世界本质就是模糊的,甚至连最正面的神都染上了几分模糊。阿波罗是无限光明者(Phoibos),但如普鲁塔克所写的那样,他有时也是黑暗者(Skotios)。对一些人来说,缪斯和记忆是他的双翼,而对另一些人来说,遗忘(勒忒)和沉默(西欧佩)站在他身旁。③

---

① 《荷马的赫尔墨斯颂》,前揭,558。关于 $\Sigma εμναί$ 的问题,见拉特"预言"词条(前揭),页 832;维拉莫维茨,《希腊的信仰》(*Der Glaube der Hellenen*, Basel:B. Schwabe,1956)卷1,页 379 及以下;艾伦、哈利迪和赛克斯《荷马颂诗》,前揭,页 346 及以下;费耶尔(M. Feyel),《考古学通讯》(*Revue archaeologique*,1946),页9 及以下;阿芒德里(Pierre Amandry),《德尔斐的阿波罗占卜》(*La Mantique apollinienne à Delphes*,Paris:Editions de Boccard,1950),页60 – 64;让迈尔,《狄奥尼索斯》,前揭,页 190 – 191。

② 在不可见的世界,人类的思想在遗忘中湮没(见《伊利亚特》22. 387 – 390),有些人,如特瑞西阿斯(《奥德赛》10. 493 – 495)和安菲阿鲁斯(索福克勒斯《埃勒克特拉》841),因受到偏爱而能记住所有事情。厄塔利德斯的例子则是又一个例外(阿波罗尼俄斯《阿尔戈斯英雄船》1. 640 及以下)。

③ 普鲁塔克,《德尔斐预言》,前揭,394A。阿波罗是直的,但这并不妨碍他倾斜。

神虽然知道真理,但也可以欺骗:① 他们的面貌对人类来说是陷阱,他们的语言总是[85]奥秘难懂,他们所隐藏的和他们所揭示的一样多。预言"像一位新娘,通过一层面纱揭示自己"。② 神的模糊与人类的两重性匹配。虽然一些人在神最具欺骗性的伪装下还是能认出他们的面貌,并能理解他们言语中的奥义,但是其他所有人都会被神的伪装误导,掉进设计好来愚弄他们的陷阱中去(索福克勒斯,辑语704N²)。

在《神谱》的"序曲"中,缪斯直言她们的模糊:③"虽然我们知道如何像说真话(etumoisin homoia)那样说假话(pseudea),但是我们也知道当我们愿意时怎么说出真理(alēthea)。"④缪斯能够说真话,但也可以说几乎能乱真的假话。缪斯所说的话,其措辞是引人注意的:第一,它表明神话层面上具有双重意义的欺骗与理想层面

---

① 希腊诸神的模糊性终于由拉姆努克斯在《神话学还是奥林波斯家族》(前揭)中进行了分析。关于欺骗的神这一神学问题,见戴格拉贝(Karl Deichgräber),《关于神的骗术的思考》(*Der Listensinnende Trug des Gottes*,Göttingen:Vandenhoeck & Ruprecht,1952),页108 – 141。

② 埃斯库罗斯,《阿伽门农》,前揭。在《阿伽门农》的开篇(1.36 – 39),巡夜人神秘地说:"我说给那些能懂的人听,要是他们无法理解,那我就什么都不记得了($\lambda\acute{\eta}\vartheta o\mu\alpha\iota$)。"关于预言的模糊,见克拉阿伊,《希罗多德的预言文学》,前揭,页48 – 50、153 – 154、198、244 – 255;斯坦福(William Bedell Stanford),《希腊文学中的模糊:理论与实践研究》(*Ambiguity in Greek Literature:Studies in Theory and Practice*,Oxford:Blackwell,1939),页120及以下。

③ 这些是摩涅莫绪涅为了让人类忘记($\lambda\eta\sigma\mu o\sigma\acute{\upsilon}\nu\eta$)而生下的缪斯。

④ 赫西俄德,《神谱》27 – 28。这个文本常被评论家看作赫西俄德与荷马诗歌的冲突,它在阿卡梅的《对缪斯的祈诉与荷马和赫西俄德的'真理'》(前揭)中非常重要,该著作在这个文本中发现了诗歌灵感"危机"的高潮,希腊人早在《伊利亚特》的时代就意识到了这个危机。但是,他没有论述言语的模糊问题。其他文献可见拉纳塔《前柏拉图诗学:证据与片段》,前揭,页24 – 25。

上的假话和谎言之间有一个中间地带;第二,它传达了欺骗的模糊和模糊的欺骗。欺骗的现象暗含了在缺失中存在及与其互补的在存在中缺失这一根本观点。① 帕特洛克罗斯的灵魂(psychē)在每一方面都"像他",但是当阿喀琉斯试图抓住它时,他什么都没抓到,只抓到了空气。帕特洛克罗斯就在那里,阿喀琉斯能看到他,但同时他又不在那里,而且阿喀琉斯也知道这点。② "像真话那样的假话"(pseudea...etumoisin homoia)这个套话是用来表达模糊令人迷惑的特点的。早在《奥德赛》中,这个套话就定义了"修辞"的力量,不管是奥德修斯的修辞还是涅斯托尔的修辞,这两位都是使用巧计(mētis)的大师。③ 双关语也用这个套话来阐明悲剧和绘画的本质。在悲剧和绘画这两门技术(technai)中,最内行的艺术家是"知道怎么把作品的大部分做得看似真实(homoia...tois alēthinois poieōn)而去欺骗(exapatan)的人"。④

在所有这些表述中,阿勒忒亚和勒忒[86]之间的联系都是通过"相像"这一几乎理性的概念传达的。虽然从某一层面来说,古希腊思想假定被比较的这两个词之间是真正对等或者至少是"共享"

---

① 见韦尔南,《不可见事物的表征与双重事物的心理类别:科罗索斯》(The Representation of the Invisible and the Psychological Category of the Double: The Colossos, *M. P.*),页 305 及以下。

② 《伊利亚特》23.65-107。见昆特(Quint)在《修辞学派》(*Instituto Oratoria*)6.2.29 中对 φαντασίαι 的定义。

③ 《奥德赛》19.203。忒俄格尼斯,713。哈利卡纳苏斯的狄奥尼索斯也在《琐言碎语》(前揭)30.13 中使用了这一套话(Hermann 和 Ludwig Radermacher eds., Stuttgart: Teubner, 1965)来形容吕西阿斯(Lysias)的技巧。

④ 《双重论证》(*Dissoi Logoi*)3.10,收录于第尔斯《古廊下派辑语[7]》卷 2,页 410.29-411.2。关于悲剧与欺骗,见罗森梅尔《高尔吉亚斯、埃斯库罗斯与"阿帕忒"》,前揭。在柏拉图看来,模糊的回答就是"悲剧的"回答(《美诺》[*Meno*],76E);"悲剧"属于"欺骗"这个类别(《克拉提洛》,408C)。

的,但是这越来越趋向于模仿论(mimēsis)这个基本理论。① 在像真话那样的假话(pseudea... etumoisin homoia)这个表达中显然传达了令人迷惑的事物具有模糊的特征,同样,假话(pseudea)通过相像建立在真话之中。然而这一根本的模糊在神话思想中并没有分析,因为它由与理性分析相同的对象组成,或者说它同时就成为了以模仿即模仿论为依据的理性分析的对象。② 在这一套话中,假话看似像真话,阿帕忒的宗教力量就像"双重"概念或拟人化的表现假象(eidōlon)一样偏离了位置,而假象在古典时期还被看作是一幅单纯的图像(韦尔南《不可见事物的表征与双重事物的心理类别:科罗索斯》)。这种思考过程是把它从神话的根基中解放出来,从而预示了《克拉提洛》(Cratylus,旧译"克拉底鲁")的那句套话。语言是"某种双重的东西"(diplous);它同时是真理和谎言(柏拉图《克拉提洛》408C)。

| 模糊 | 国王 | 梦 | 缪斯 | 语言 |
|---|---|---|---|---|
| 阿勒忒亚和阿帕忒 | 诚实的涅柔斯和有巧计的神 | 阿勒忒亚和梦{白色 黑色} | 阿勒忒亚和(像真话那样的)谎话 | 真话和假话 |

---

① 关于这种"共享",见希维耶,《赫拉克利特和修昔底德中古代职业的类比》,前揭,尤其是51页及以下。关于模仿论,见科勒(Hermann Koller),《论阿提卡的模仿论》(Die Mimesis in der Antike, Berne: A. Francke, 1954)。关于相似和同样的区别,见希维耶,《论克塞诺芬尼斯辑语的34和35》,前揭,页51注释7,他(51-52页)强调克塞诺芬尼斯的表达(辑语35)和赫西俄德的表达(《神谱》27-28)之间的差距。

② 许多神话思想与模糊的典型例证见《黎俱吠陀中言语的模糊》(L'Ambiguité du vocabulaire du Ṛg-veda, Journal asiatique 130, 1939)。

从这个根本的模糊中,我们可以得出两个结论。第一,真理大师也是欺骗大师。真理的获得暗含了有欺骗的能力。第二,阿勒忒亚和勒忒这两个形成鲜明对比的力量不是完全矛盾的:[87]在神话思想中,对立就是互补。① 因此,这个特定的结构证实了神话逻辑

---

① 韦尔南《赫思提亚-赫尔墨斯:古希腊对空间和运动的宗教表达》展示了在希腊的众神之中,两个神之间的互补是如何"由每一个神预设内在的对立或张力以商议根本的模糊使得每一个都是一位神"。但是关于宗教思想中普遍存在的互补性,见迪梅齐的论著,特别是《密特拉-伐楼拿》(前揭)和《印欧的神》(*Les Dieux des Indo-Européens*, Paris: Presses Universitaires de France, 1952)。根据列维-施特劳斯《结构与形式:对普罗普一部著作的思考》(Structure and Form: Reflections on a Work by Vladmir Propp, *Structural Anthropology*, 卷2, Chicago: University of Chicago Press, 1983)135 页的观点,对模糊的分析需要从各个方向进行拓展:

> 但是要理解一个词的意义总是要在各个语境下去改变它。对口头文学而言,这些语境一开始是由所有的口语变体所提供的,即由易变的所有意义的兼容和不兼容构成的系统。老鹰和猫头鹰的功能是一样的,但是老鹰在白天出没而猫头鹰在夜晚活动,这就已经将老鹰定义为日禽,将猫头鹰定义为夜禽,这意味着与之相关的对立是白天与夜晚。
>
> 如果我们所考虑的口头文学是民族志类型的,那么其他的语境则是产生于习俗、宗教信仰、迷信现实知识。然后我们要注意老鹰和猫头鹰放在一起就是渡鸦的对立面,即猎鹰对猎物,而从白天和夜晚的层面上来说,老鹰是和猫头鹰对立的;而从天空——陆地和天空——水中这对新的层面上来说,鸭子又是老鹰、猫头鹰和渡鸦三者共同的对立面。因此,"这个故事的普适"就会慢慢地形成,可以在成对的对立中分析,有各种不同的联系,其中每一个——远不是组成单一的一个——都有许多不同的元素,就像雅各布森(Roman Jacobson)说的现象素一样。

鲁默盖尔-埃伯哈特(Jacqueline Roumeguère-Eberhardt),《思想与非洲社会:论东南部班图人对立互补的辩证观》(*Pensée et société africaines: Essai sur une dialectique de complémentarité antagoniste chez les Bantu du Sud-Est*, The Hague: Mouton, 1963)。

的特点。

因此,真理是这个主要围绕记忆和遗忘的对立构建的结构的中心。这一根本对立与像赞扬和责备这种具体的对立及像白天与黑夜这种更普遍的对立相互匹配。但是在真理—遗忘对立运作的巫术—宗教言语中,真理与正义以及互补的信念和说服这两种力量相互作用,说服带来模糊并以此来连接正面和负面之间的沟壑。在神话思想中,模糊并不是问题,因为所有这种思想都遵循对立逻辑,把模糊作为一个必要的运行机制。比如在赫西俄德看来,我们发现翻译这一模糊的概念的原因是,模糊已经开始质疑那种处于宗教和哲学中间的、非神话而又还不是理性的思想了。从定义上看,言语是现实的一个方面,是一种灵验的力量。但是言语的力量并不仅仅指向现实;它不可避免地会影响其他人。没有说服就没有真理。言语的第二种力量是危险的,因为它也许会产生一种对现实的幻觉。不久前一种不安的感觉偷偷潜入:言语的诱惑力让它能冒充现实。语言能让思想深深记住一些与现实极其相像而实际上只是图像的事物。这种不安可以从赫西俄德和品达的某些词句中觉察出来,但是这种不安只是让我们难以提出新的思想形式,就像言语和现实之间的关系问题还没有解决一样。

当我们试图确切地表达出以模糊为特征的言语的概念问题时,我们发现这种模糊为工具性语言的概念提供了来源,[88]而理性思想会从两个方向发展这个概念。一方面,它会探究语言的力量大于现实的问题,这是早期哲学思想中的一个重大议题。另一方面,它形成了语言的力量大于人类这个问题,这个问题对修辞学和智术师的言语来说极其重要。因此,真理处于所有古希腊关于言语的思想的中心。这两大趋势都把自己限定在与真理的关系之中,或是拒绝它,或是以它为重。

这样的问题不能仅仅通过理念的互动而自发形成。理念的历史从没"有过独立的可理解原则"。① 这种问题的出现、哲学对言语和现实关系问题的提出、诡辩术和修辞学要建立一个以语言作为说服工具的理论,这些首先都需要希腊人取代这样一个思想体系,这个体系中言语在各种具有象征价值的网络中交织,言语本身被看作一种自然力量或自发对其听众产生作用的动态现实。换言之,像这些问题只能在一个新的概念框架中以新的思想方法为启发而在一个新的社会政治环境中提出。

---

① 关于哲学思想史的必要条件,见阿尔都塞(Louis Althusser),《论年轻的马克思》(On the Young Marx, *For Marx*, London:Verso,1979)。

# 第五章　世俗化进程

[89]无论巫术—宗教言辞之前的主导地位有多么的坚固,一些社会群体似乎都已开始回避使用这类言辞。① 自远古以来,这些群体所用言辞是另外一个类别:对话性言辞。这两种言辞类型在诸多方面判若水火。巫术—宗教言辞富有成效,不受时间限制,并与符号行为及含义不可分割。此外,巫术—宗教言辞只适用于一种专属人群。与此相对照,对话性言辞则是世俗的、补充性的行为,它必须在一个特定的时间里进行,并拥有一种专属的自治性,而这种自治性已延伸到了一个完整的社会群体之中了。这个群体由具有专业战斗能力的人组成。在迈锡尼时代到重装步兵改革之间,他们明显享有一种特殊的地位。②

---

① 很显然,我并没有包括言语的世俗用法,虽然我意识到了世俗用法的重要性。但是,在与习俗对应的言语类型中,宗教的灵验言语和世俗的对话言语似乎组成了其中最重要的两类。从世俗言语层面来看,那就要考虑"真理"的所有历史,如路德和伯德尔及其他的著作那样。

② 见让迈尔的《皮带与奔跑:论古代希腊化时期斯巴达的教育与青年的粗鲁之风》,前揭;韦尔南,《希腊思想的起源》,前揭,页 9 及以下和《赫西俄德的竞技神话:结构分析论文》(前揭,页 3 – 32);维安,《巨人之战:希腊化时期之前的神话》(*La Guerre des géants*:*Le Mythe avant l'époque hellénistique*,Paris:Klincksieck,1952)和《忒拜的来源:卡德马斯和斯巴达人》(前揭)。又见迪梅齐,《论印欧地区战争的各项功能》(*Aspects de la fonction guerrière chez les Indo-Européens*,Paris:Presses Universitaires de France,1956)。关于步兵改革的问题,见尼尔森,《论步兵策略与国家实质》(Die Hoplitentaktik und das Staatswesen,*Klio*,Berlin:Akademie – Verlag,1928);洛里默,《阿基罗科斯和提尔泰俄斯诗歌

勇士在社会和心理结构方面都占有一个中心且特殊的地位。首先,勇士这个群体出现的时刻并没有勇士家族以及地方勇士群体的出现。根据其年龄大小,勇士被分成不同的群体,并从属于各自的团体。将所有勇士联系起来的不是血缘关系或者亲情,而是契约关系。其次,由于具有某种特殊的行为方式和教育技能,勇士群体很容易从一般人中区分开来。正如多雷斯社会所描述的那样,[90]勇士会经历一些初级的考验以确保其专业技能合格,认可其社会立场,表达其临危不惧的大无畏精神,而以上这几点就从根本上将其从一般人中区分开来。另外,一些制度性活动也揭示了勇士的特殊地位,它们包括:①葬礼竞技、战利品分配、审议会议,根据所传达出的团结性,审议会议会划出一块专属于勇士群体的思想领域。巫术—宗教言辞和对话性言辞完全对立,而鉴别对话性言辞基本特征的方法包括核查种类繁多的制度,展示以上制度之间如何分清彼此,构建制度之间相互关系的新型空间代表制度,以及解析某种新的心理结构。

葬礼竞技营造的是一种结构性极强的环境,在这样的环境下,姿势

---

中的步兵方阵》(The Hoplite Phalanx with Special Reference to the Poems of Archilochus and Tyrtaeus, Anuual of British School at Athens 42, 1947);安德鲁斯(A. Andrewes),《希腊的僭主》(The Greek Tyrants, London:Hutchinson's University Library,1956),页 31-42;库尔班(Paul Courbin),《阿尔戈斯整齐划一的陷落》(Une Tombe géométrique d'Argos, Bulletin de correspondance hellénique[81],1957);斯诺德格拉斯(Anthony Snodgrass),《希腊和意大利步兵的古老开端》(L'Introduzione degli opliti in Grecia e in Italia, Rivisista storica italiana 77, 1965),《重装步兵改革与历史》(The Hoplite Reform and History, Journal of Hellenic Studies 85,1965)和《希腊早期的装备和武器》(Early Greek Armour and Weapons, Edinburgh:University Press,1964)。

① 在下面几页,我从《论古希腊:几何学、政治与社会》(En Grèce archaïque:Géométrie, politique et société, Annales: Economies, sociétés, civilisations, 1965)中随意摘录了一些观点。

与言语都蕴含着特殊的含义。① 从中,我们不仅会发现远古的习俗与心态,还会发现制度化法律的起源,即"集体生活中的一段特殊时光"。这段时光见证了之后被纳入成文法之中的程序的发展历程。② 这些竞技活动并不是即兴创作出来的,而是会遵守相应的规则。当用于安葬帕特洛克罗斯的柴堆被火焰吞噬殆尽之时,阿喀琉斯让他的部队"席地而坐,形成一个大的聚会,然后从船上取出竞技的奖品,有大锅、三足鼎、骡马、强壮的头牛、被捆绑的女人以及灰口铁"。③ 勇士集中在一起划出了竞技所需的物质空间作为主要赛事的竞技场,而空间内有一个精确的中心。出于一种王子般的慷慨心态,比赛的奖品由阿喀琉斯全额赞助。阿喀琉斯拿出奖品,放在了中央(es meson ethēke)。④ 这样的摆放方法

---

① 关于葬礼竞技,见马尔腾(Ludolf Malten),《葬礼演讲与图腾崇拜》(Leichenspiel und Totenkult, *Mitteilungen des deutsche archäologische Institut der Röme Abteilumgen 38/39*,1923—1924),页 300 及以下和"葬礼竞技"词条(*s.v. Leichenagon*, *R.-E.*,1925),1859-1861 页。竞技的裁判方面在热尔内的《娱乐与法律——评〈伊利亚特〉第十八卷》(Jeux et Droit[Remarques sur le XXIIIᵉ chant de l'*Iliade*], *Revue d'histoire du droit français et étranger*,1948)177 页及以下以及重印版《古希腊的法律与社会》(前揭,1955)中有所强调。

② 同上,热尔内写道:"在这个场景中出现的法律似乎不是一种特殊的职业技能。它只是从竞技比赛的生命中溢出而已;显然在广场活动和法律惯例之间有延续关系。"

③ 《伊利亚特》23.256 及以下,前揭。关于铁的意思,见德鲁瓦,《希腊和拉丁铁器的名称》(Les Noms du fer en grec et en latin, *L'Antiquité classique* 31,1962)。

④ 《伊利亚特》23.704。还有其他表达(《伊利亚特》23.799、23.886)。关于史诗中广场的含义,见马丁(Roland P. Martin),《希腊广场研究:论城市的历史和建筑》(*Recherches sur l'Argora grecque:Etudes d'histoire et d'architecture urbaines*,Paris:Editions de Boccard,1951),页 19、22、48、161、169、214。其中大多数物品都出现在广场,出现在集会的中央:《伊利亚特》23.507、23.685、23.710、23.814。最后值得一提的是,τιθέναι 一词总是用在这里,就像希罗多德(参上述 102 页)记录的政治词汇一样。见《伊利亚特》23.263、23.631、23.653、23.656、23.700、23.740、23.748、23.750-751、23.799;《奥德赛》24.86、24.91。

并不是随机性的,而是沿袭了一个亘古不变的习俗。阿喀琉斯的葬礼之后,阿开奥斯人堆砌了一个宏大而又完美的坟冢,就在此时,西蒂斯亲自组织了这场葬礼竞技。[91]在广场的正中心(thēke mesoi en agoni),她把"为最优秀的阿开奥斯人(也就是竞技的获胜者们)"准备的精美礼物放在了这里(《奥德赛》24.80-86)。其他类似的例子也屡见不鲜。在伪赫西俄德的《赫拉克勒斯之盾》里,有一段关于双轮战车竞赛的描述,作者写道:"广场[或者集会场地;entos agōnos]内陈列着一樽巨大的三足鼎,里面装满了黄金。这是精明的火神赫菲斯托斯(Hephaestus)的辉煌之作。"①当居鲁士(Cyrus)宣布波斯人巨大的财富会在这场战争中受到威胁时,他用到了这样的表达:"现在所有的好东西都用来当做奖励[被放在中央](en mesōi gar ēdē keitai tauta ta agatha)。"②忒俄格尼斯也描述到了一场他与一个朋友交手的比赛,奖品(athlon)也就是一个风华正茂的年轻人被放在了"中央"(en messōi,忒俄格尼斯,994)。最后,德莫斯特涅斯(Demosthenes,旧译"狄摩西尼")也被

---

① [赫西俄德]《赫拉克勒斯之盾》,前揭,312;见《伊利亚特》23.273。
  [译按]赫菲斯托斯:希腊神话中的火神,赫拉唯一的儿子。因为天生瘸腿,或幼年跛足,被母亲赫拉和父亲宙斯从天上抛下来,因此是神中唯一丑陋者。原是小亚细亚及其附近诸岛(尤其是利姆诺斯岛)的神;在罗马神话中他与伏尔甘相当。他的妻子是爱神阿芙洛狄忒。他是锻冶之神和工匠的保护神,常被描绘为在锻炉上打铁。人们认为火山是他的作坊里的炉火。
② 色诺芬,《上行记》(Anabasis, Carleton L. Brownson 译, London and Cambridge, MA:Loeb Classical Library,1968)3.1.21[译文有所改动——英译本译按;旧译"远征记"]。[译按]居鲁士:波斯阿契美尼德王朝的国王,居鲁士靠外交手段和军事实力建立起一个规模空前的大帝国,以波斯为核心,涵盖了米底、伊奥尼亚、里底亚、美索不达米亚、叙利亚和巴勒斯坦。由色诺芬等人记录的波斯和希腊的内容极丰富的民间传说中,他被称为"波斯之父"。他死于和中亚游牧民族的战役中。

比作"放在中央的奖品"(athla keimena en mesōi)。①

在史诗里我们发现了这样一幅图画:一群勇士集会围成一个圈。为了进一步说明这类体育竞技中央位置的重要性,我们就必须得将话题转移并审查另一种重要的勇士群制度,即战利品的分配制度。在大多数情况下,每一个勇士都会奋力擒住其对手的胳膊,这样一来就能赢得专属于"个人的"战利品。用这种直接亲自获取财产的方式可以增加勇士自身财富,并且这些财富还将给其主人陪葬。但是除了这样一种获取财产的方式之外,又有另外一种习俗受到了推崇:从敌人处获得的财产也被放在"中央"。② 当麦加拉的忒俄格尼斯描述到大地主的不

---

① 德莫斯特涅斯,《反腓力辞》(*Philippicae*)1.4—1.5。[译按]德莫斯特涅斯(公元前384年—前322年):雅典政治家,古希腊最伟大的雄辩家。根据普鲁塔克所载,他幼时口吃,为了改善这个毛病,他把一些小石子塞到嘴里,在镜子前面练习讲话。他自小即显露天分,有权有势人家曾请他撰写状纸。终其一生,他都拥护民主原则。他曾发表多篇《反腓力辞》,号召雅典人起而反抗腓力二世,后来继续反对腓力的儿子亚历山大大帝。他斥责埃斯基涅斯媚敌,因为埃斯基涅斯认为腓力是爱好和平的。公元前330年德莫斯特涅斯成功使埃斯基涅斯遭流放,但后来他也被迫流亡(公元前324年)。亚历山大死后(公元前323年),他奉召回国,但当亚历山大的继承人进军雅典时,他弃城而逃,服毒自尽。

② 战利品属于希腊私人财产这一类,与祖产相对。见布吕克(E. F. Brueck),《希腊法律中的遗产与继承精神》(Totenteil und Seelgerät im griechischen Recht, *Münchener Beiträge zur Papyrusforschung und antiken Rechtsgeschichte*, 卷1, Munich: Beck, 1926), 页39及以下。作者正确地指出那时没有真正的财产权这个抽象概念。因此,"个人财产"仅仅是一个用于涵盖各种财产的有用甚至危险的词汇。关于荷马社会的战利品,见德尔古,《俄狄浦斯或征服的传说》,前揭,页239—244;布赫霍尔茨,《论荷马的现实》(*Die Homerische Realien*, Leipzig: W. Engelmann, 1881)卷2, 第1节, 328页及以下。阿伊玛尔(André Aymard),《古代盟约中的战利品分配》(Le Partage des profits de la guerre dans les traités d'alliance antiques, *Revue historique*, 1958) 233—249页没有考虑到古代文献。维达尔-纳盖把我吸引到了修昔底德7.85.3的一段话中,里面讲到国家分到的战利品和个人分到的战利品是对立的。士兵中要达成协议的思想在这里有重要的作用。又见戴恩(Alphonse Dain),《法律和军事上的战利品分配》(Le Partage du butin d'après les traités juridiques et

幸遭遇、整座城市的祸灾以及秩序的紊乱时,他谴责道,他完全被灾难和抢劫所包围着:"[恶人们]用暴力的方式洗劫了富人,一切秩序都被打乱了……谁知道战利品是不是分配得公平?"(忒俄格尼斯,678以下)战利品的分配是贡品在中间(dasmoses to meson),因为具体来说战利品就是"被放在中央的东西"。奥德修斯在一场晚间突袭战的战场上抓到了占卜者赫勒诺斯后,奥德修斯把他放在了"中央"(es meson),[92]原因有二:①首先,中央是集会中最为显眼的位置,同时也是用来摆放"优等捕获物"——阿开奥斯人战利品的一部分——的场地。就像在体育竞技中的奖品分发一样,勇士们的战利品都被放在中央。其次,从阿喀琉斯和阿伽门农争吵的次数我们就可以知道,所有即将被分配的掠夺物都被称作"共享的物品"(xunēia keimena)。②

---

militaires, *Actes du VI<sup>e</sup> congrès international des études byzantines*, 卷1,1950)写道:"掠夺物的分配根据一个人手中权力的大小。战利品要么在战斗者内部分配,要么按各种军事单位分配",但是"最杰出的士兵可以拿走最好的物件"。

① 索福克勒斯,《菲罗克特特斯》(*Philoctetes*)609。

② 当阿伽门农问阿喀琉斯要另一份物件来弥补他必须给阿波罗留着的武器时,阿喀琉斯回答说:"我不知道哪里还有什么东西。但是我们在暴风雨中从各个城邦拿走的物件都已经分完了。"(《伊利亚特》1.124–125)。这里清晰地表明,面对掠夺物($\delta\alpha\sigma\mu\acute{o}\varsigma$),所有的物品都是共有的。[译按]阿伽门农:希腊传说中迈锡尼国王,迈锡尼国王阿特柔斯(Atreus)的儿子,墨涅拉俄斯的兄弟,攻击特洛伊的希腊统帅。他和妻子克吕泰涅斯特拉(Clytemnestra)生有一个儿子奥瑞斯特斯和3个女儿。当帕里斯把墨涅拉俄斯的妻子海伦拐走之后,阿伽门农便号召国内的王公们团结起来对特洛伊人展开一场复仇之战。但由于女神阿耳忒弥斯(Artemis)送来的是逆风,使得舰队无法启程。为了平息阿耳忒弥斯的怒气,阿伽门农不得不将自己的女儿伊菲革涅亚作为牺牲以祭神。特洛伊战争结束,阿伽门农回家后,其妻和情夫伊吉斯提斯(Aegisthus)勾结将其杀害。奥瑞斯特斯为父亲复了仇。希腊诗人埃斯库罗斯著名的悲剧三部曲《奥瑞斯特斯》便是根据这个故事写成的。

这样的分歧就显示中央可能就与一切共有的东西对等。我们对任何关于中间（meson）的了解都可以证实这样的对等性（见上述 97 页）。每场胜利或掠夺性袭击之后，指挥者即群体的代表都将分到战利品。① 通过勇士的首脑，整个勇士群都可以行使监督富人的权力，而该权力直到分配制度实施之时才得以废除。对于分配的具体细节我们没有直接的了解。但是阿喀琉斯愤怒的抗议却传达出："国王分出去的少，留给自己的却少不了"的信息。然而，体育竞技的场面弥补了信息的缺失，因为战利品的分发以及竞技中奖品的分配似乎都遵守着相同的制度性计划（同上，页 16）。

每次阿喀琉斯"想要引起"大家来争夺某件有价值的东西的时候，他都会把它放在中央，也就是在这个地方，胜出者会来拾起它，或者更为精确地说是"夺到它"。紧握奖品是能到位地描述出体育竞技特点的最佳姿势之一。② 我们在此文中反复提到过一种财产占有形式，这种行为结合了付出与收获，即"放在手上"或"伸出手去"（en chersi tithenai）。当与这种财产占有形式相对比时，之前提到过的获得财产的特殊的本质就昭然若揭了。③ 对于不幸的参与者，比如说涅斯托尔（因年龄过大而不能参加比赛），阿喀琉斯会

---

① 《伊利亚特》328 及以下。见热尔内《古希腊的法律与社会》，页 15。

② 将某人的手放在某物之上的动作常用 ἀείρειν 这一"含义明确"的词（《伊利亚特》23.614、23.778、23.823、23.856、23.882）或 λαμβάνειν, ἅπτεσθαι（23.273、23.511、23.666）和 ἑλεῖν（23.613）这些词。埃阿斯的姿势就是这样的："他牵走了耕牛"（23.779 – 81）。热尔内《古希腊的法律与社会》页 11 写到达勒斯（Dares）在敬拜安喀塞斯（Anchises）的比赛中做的也是一模一样的动作（《埃涅阿斯记》[Aeneid] 5.380 及以下）。这个动作的含义在维施尔（Fernand de Visscher）《罗马法研究》（Etudes de droit romain, Paris: Libraire du Recueil Sirey, 1931）页 353 及以下有所研究。

③ 见《伊利亚特》23.624、23.537、23.565。热尔内，《古希腊的法律与社会》页 11 强调了拿出礼物的姿势和把手放在某物上的姿势是对立的。

"伸出手去"发放一些物品(物品由阿喀琉斯从其储藏室带来),比如一樽三足鼎或铠甲。在两种情况下,[93]受审富人的财产都属于阿喀琉斯。第一种情况,如果阿喀琉斯自己的财产,即私有财产(ktēmata),被放在了中央,那么这些财产都成了战利品,即"共有财产"(xunēia),这样一来这些都不再是私人财产,而被称作无主物(res nullius)。① 胜出者可以拿到这些战利品而不遇到更多的麻烦。相比而言,阿喀琉斯将自己从"中央"夺得的杯授予涅斯托尔,这杯就属于一份私人礼物,这就好比阿喀琉斯命令人从他的帐篷里取出铠甲,放在他手上,然后亲手授予欧墨洛斯(Eumelos,见《伊利亚特》23.565)。这类的私人礼物就将两个人联系起来,受益人也有义务给以相应的回报。这种情况显然与所有权(不需要回报)截然相反。② 任何人都只能通过中间人才能获得战利品,而中间人拥有崇高的权力,能够将阿喀琉斯的私人财产从他那里分割出来。阿喀琉斯的财产一旦被放在"中央",就开始流通起来并可能被再分配。

---

① 热尔内,《古希腊的法律与社会》页13。恩斯特·卡森,《社会学年鉴》(*L' Années sociologique*, 1952)页119 认为奖品"实际上是阿喀琉斯献给阵亡的英雄的……他们将被通过竞争者的英勇、技巧或运气被拉出彼岸"。但这里没有一点提到中心有宗教意义。关于中心的宗教意义及其与中心的其他意义的关系,见韦尔南《希腊的神话与思想》页176-190。

② 关于礼物,见热尔内,《神话在希腊的重要含义》,前揭,页430 及以下,以及《古希腊的法律与社会》(*Droit et société dans la Grèce ancienne*, 3rd series [1948-1949], 1951),页26 及以下;莫斯(Marcel Mauss),《论礼物:古代社会交换的形式与原因》(*Essai sur le don: Frome de raison de l' échange dans les société archaïques*,重印于《社会学与人类学》[*Sociologie et anthropologie*, Paris: Presses Universitaires de France, 1950]),页145 及以下;莫尼耶(René Maunier),《非洲北部交换习俗的研究》(*Recherches sur les échanges rituels en Afrique du Nord, L' Anée sociologique*, n. s. 卷2 [1914-1925], 1927),页11 及以下;芬利,《荷马世界的婚姻、买卖与礼物》(*Marriage, Sale and Gift in the Homeric World, Revue internationale des droits de l' Antiquité*, 3rd ser., 卷2, 1955),页167-194。

战利品的分配制度也采用同样的流程。勇士在战争中掠夺的每一件物品都会被"共有",即"被放在中央"。之后由命运选择的人——就如神明派遣的胜出者——在众目睽睽之下来到中央"夺得"(aeirein,anaeirein)该奖品。① 把手放在奖品之上的这一手势就将"亘古不变的所属权"封印于奖品之上,阿喀琉斯提到的就是这一权利(见《伊利亚特》9.335)。

第十九卷里就对这样的情况列出了一个让人值得注意的例子。阿伽门农自豪地坦白他自己也是祸害神(阿泰)的受害者时,他主动提出把原属于阿喀琉斯的财产(选择份额)归还给阿喀琉斯。但是阿伽门农并没有亲自把财产放在阿喀琉斯手中,因为这样做会让阿喀琉斯欠债于阿伽门农。这时奥德修斯就扮演了一个老练的裁判人,并给出建议:"至于礼物嘛,让国王阿伽门农放在广场的中央"(oisetō es[94] messēn agorēn,同上,19.173以下)。之后,他们俩采用了这一建议。奥德修斯随后又进一步说明了流程,强调了这一方法的公开性(在合法竞赛和勇士圈里十分重要)。"[这样一来]所有的阿开奥斯人都可以亲眼看着,你也满意了"(同上,19.174)。但此事以后又发生了另一件事,它阐明了此项决策的又一个同样专横的原因。在阿伽门农的盛情邀请之下,奥德修斯和年轻的阿开奥斯少年(kouroi)一同出发去了阿伽门农的住处:

命令一旦下达就会立即执行。他们从屋子里带回了阿伽门农许诺给他们的七只三足鼎,还有二十口大锅、十二匹马。他们立即把那七个女子带回去,她们的手工活做得极好,而那

---

① 贵重的一份无疑会首先分给各种各样的大人物。只有剩下的物品才会开始抽签分配。虽然没有直接的材料证明这个过程,但是可以认为这是一般的做法。

个叫布莉赛丝的第八个女子长着一副姣好的面容。奥德修斯量了十塔仑特金子带回去,年轻的阿开奥斯人带走了其他礼物。他们把这些物品带到集会的中央(kai ta men en messēi agorēi thesan)。①

阿伽门农庄严地立下宏愿保证与阿喀琉斯和解并献祭了一头公猪之后,塔尔提比乌斯(Talthybius)则把公猪的尸体扔进了"无边无际的阴沉大海"里,之后,人群就散开了。这时才有"野心勃勃的弥尔米冬人(Myrmidons)处理了……这些礼物":他们来到集会的中央拿走了礼物(同上,19.277 以下)。② 弥尔米冬人平分了这些物品,而这些物品因为被放在中央而成了"公有财产",他们就像那些竞技比赛中的获胜者处理奖品一样。因此,奥德修斯推荐的程序可能重新创造了分配的环境。这样一来,阿喀琉斯自己在第一卷中提到的操作方式最终在阿伽门农的话("把给出去的物品拿回来不合适"[palilloga taut' epageirein]③)中完成。[95]阿伽门农没有给阿喀琉斯送礼,反而把自己早先得到的财富悉数留给了自己。

从整个传统看来,把物品放在中央就是把他们"公有"。希罗多德评价道:

> 但是我知道——如果每个国家都把本邦的恶行(ta oikēia

---

① 同上,19.242 及以下。这和 23.704 中对阿喀琉斯分配经济奖品的描述使用的差不多是同一个表达。

② [译按]弥尔米冬人:传说弥尔米冬是忒塔利亚人,在特洛伊战争中与国王阿喀琉斯一同战斗,此处泛指无名小卒。

③ 同上,1.126。在《奥德赛》中,公共和私人的对立说得很清楚(2.32、2.44、3.82、4.134、20.264-265;所有选段都来自斯塔尔,《希腊文明的源头》[The Origins of Greek Civilization, New York: Knopf, 1961],页336)。

kaka)带到[中央](es meson)来和他们之前仔细考察过的邻邦的错误做交换,那么,他们肯定会乐意把本邦的恶行带回去的。①

不论是把财产原封不动地放着还是先把它公有化再重新分配,一直使用的是在中央这同一个表达。② 中央的重要意义显然来自奖品的分配和战利品的瓜分这两个惯有的形式:中央意味着"公有的东西"和"公共的东西"。

在中央这个表达在其他层面也有同样的含义,但总是在一个类似的社会背景下。在军事会议中,要有发言权就要遵守具体的规则,这些规则让《伊利亚特》中的审议具备了一个固定的形式。在说话之前,说话人必须走到中央,之后握住权杖。在大会演讲有一条严格的规定,即必须移到在中央的位置。当特洛伊的信使爱达乌

---

① 希罗多德,《原史》7.152,前揭。同样的故事也出现在《双重论证》2.18(第尔斯《古廊下派辑语⁷》卷2,页409.2及以下)中,只是没有提到meson。见 Herodas,2.90。在起诉一个粮商冒犯他的一个"女孩"时,巴塔洛斯(Battaros)宣称如果他的对手要求(因为受害者是仆人)这种质询是在折磨下的诘问(见奈尔[John Arbuthnot Nairn]和拉卢瓦[Louis Laloy]在《法国大学文集》[Collection des Universités de France, Paris, 1928] 47 - 48页的介绍),那么他自己会代替这个女孩,条件是因损害而产生的赔偿必须放在中央。又见色诺芬,《齐家》(Economicus),7.26。

② 普鲁塔克,《论兄弟情》(De amore fraterno)483C - E:在一位父亲去世时,普鲁塔克建议他的儿子们共同分享他的财产。关于这个文本,见利维(Harry Louis Levy),《现今希腊的财产抽签分配》(Property Distribution by lot in Present - Day Greece, Transactions of the Proceedings of the American Philological Association 87,1956),页42 - 50。路奇阿诺斯,《克洛诺斯的祭司 19》(Cronosolon 19, Karl. Jacobitz 编本,Leipzig:C. F. Koehler, 1936 - 1941),卷3,页312。参阿里斯托芬,《公民大会妇女》(Assembl.)602。但是这一表达的意义可能早期就遗失了;如在欧里庇得斯《伊翁》1284中,共有的是在中间的两倍。

斯(Idaeus)走进空船时,他发现达那俄斯人围着阿伽门农的船尾在集会,他一直走到"中间"才开始说话(《伊利亚特》7.383－384)。返回特洛伊后,他站在特洛伊人和达尔丹人(Dardanians)的"中间"传递消息,因为他们很像在集会。① 这一规则同样适用于所有演讲家。例如特勒马科斯在集会演讲时也用同样的描述:"他站在集会的中间(stē de mesēi agorēi)。"②诗人把不遵从这条规则的人看作一个例外。比如在第十九卷中,阿伽门农回答阿喀琉斯关于和解的话时,[96]他在"他坐的那个地方而没有站在他们中间"说话(《伊利亚特》19.76－77)。

在演讲家走到集会的中间时,信使会把权杖递给他,赋予他说话的必要权力。③ 权杖和中央之间存在着重要的联系,因为权杖似乎在这个习俗中象征了客观的集体权威而不是"皇权的表现"。在军事会议的中央说话就是代表集体或至少代表对集体很重要的事物说话,比如:关涉公共利益的事务,特别是军务。当特勒马科斯命令他的发言人把伊塔卡的阿开奥斯人召集到广场时,年长的老伊吉皮提乌斯(the Old Aegyptius)警觉了,他说:

> 自奥德修斯驾空船离开之后,我们从没有开过集会或分会。现在谁用这种方式把我们聚集起来呢?是什么事降临到了年轻人或者我们这些老人的头上?难道他先听说了某个军队归返的消息,现在来告诉我们吗?或者他有其他公共事务

---

① 同上7.417。其他军队集会也遵循这个步骤;见色诺芬,《居鲁士的教育》(Cyropaedia)7.5.46。在2.2.3甚至还提到了在中间和圆形军事场地的关系。
② 《奥德赛》2.37及以下,前揭。
③ 见《奥德赛》2.37及以下;热尔内在《古希腊的法与法前思想》第96页对权杖的意义有过评论。

(dēmion)要说、要讨论吗？①

在回答时，特勒马科斯先就没有论说军队或集体中大多数人关心的其他问题而道歉。整个场景表明在集会中谈论个人事务是很罕见的，甚至是不协调的。因此，演说家所站的中心点和手中的权杖与竞技比赛奖品和战利品摆放的位置完全相同。这些物品就是共享的（xunēia），中心点已经是公共的（koinon）或共有的（xunon）。② 在《阿尔戈斯英雄船》（*Argonautica*，编按：又译"阿尔戈斯英雄纪"）中，当伊阿宋（Jason）想提醒同伴此次远征关涉所有人

---

① 《奥德赛》2.28 及以下。关于伊吉皮提乌斯的宣言和集会问题，见马丁《希腊广场研究：论城市的历史和建筑》（前揭）页 31 及以下，他把这点作为塞弗希恩《诗人荷马及其作品》（*Homère, le poète et son oeuvre*，Brussels：Office de Publicité，1946，页 23-26）称作"复合时代错乱"的一个例子。

② 公共是一个政治概念，在六七世纪中有重要作用。它最古老的用法之一出现在提尔泰俄斯 9.15 及以下，他为城邦和辖区创造了公共的善的思想。在希罗多德《原史》7.53 中公共财产是共有的善，是城邦共有财产的同义词。哲学家大量使用该词：德谟克利特，见第尔斯《古廊下派辑语[7]》卷 2，页 195.15、203.13、205.10；赫拉克利特，见第尔斯《古廊下派辑语[7]》卷 1，页 151.2 及以下、169.4、174.1 等。在一个以《论古希腊的社会》（*Zur Soziologie des archaïschen Griechentums*，*Gymnasium* 65，1958）为题的倾向性研究中（48-58页），斯内尔提出了集体的概念，即平等群体（与个人的地位相对，如在帕洛斯的阿基罗科斯［Archilochus of Paros］辑语 98.7［拉塞尔和博纳尔编，Paris：Editions les Belles Lettres，1958］），这标志了自荷马以来的关键转变。我自己相信像我这里研究的段落这样的文本可能限制了斯内尔得出的结论的力度，或者至少指向了与任何可能产生的断裂相关的延续。在史诗和提尔泰俄斯的平等群体中，军队的"公共财产"没有分裂。
同样的形容词以复合形式 ἐπίξυνος 来形容毫无疑问属于集体财产的土地（《伊利亚特》12.421 及以下）。见威尔在《论希腊土地制度的起源：荷马、赫西俄德和迈锡尼语境》（*Aux origines du régime foncier grec：Homère, Hésiode et l'arrière-plan mycénien*，*Revue des études anciennes* 59，1957）页 6 及以下的论述。

时,他说[97]:"既然我们共赴危难(xunē chreiō),那也共享话语权。"①虽然这一表达只出现在罗得岛(Rhodes)的阿波罗尼俄斯(Apollonius)那里,但它是由整个史诗中的审议会背景所设定的。

一个空间模型主导了所有这些惯例——审议会、战利品分配、葬礼竞技之间的相互作用:一个圆形的集中空间,它的理想状态是里面的每个人和其他人的关系都是互惠的、可逆的。自史诗时代以来,这一空间表现就和两个互补的理念形影不离:公开和集体。中央是围成圆形的人们所共有的点。所有放在那里的财富都是共有的,即共有财产(xunēia),与个人拥有的私有财产(ktēmata)相对。在这个点上说的话也是如此:它们涉及的是关于公共利益的事务。

作为一个共有的点,中央是最公共的场所:它的地理位置就是所有公共事务的同义词。由于所有在中央说的话都是关于集体利益的,它就必须是对集会的所有人说的。战利品的分布也发生在公共区域:每个人向前走去拿自己的那份时都能被其他人看到。正如奥德修斯所述,所有阿开奥斯人都能用自己的眼睛看到。此外,公开表现在勇士集体内部的各个层面。它遍布于比赛的场景中。这些竞赛的结果是在集会前庄严宣布的,集会记录决定并赋予它名副其实的合法性。② 竞赛本身就在大家面前举行。大多数竞赛在中央举行,而在举行马车比赛时,阿喀琉斯把凤凰(Phoenix)派到赛道的边界,这样即使在围绕着中心的圆圈之外还是能保证竞赛的公开本质。在各个层面,不管是竞技比赛[98]、战利品分配还是在集会中,其中心一直都是置于公众视野之内且为大家共有。中心的两个

---

① 阿波罗尼俄斯,《阿尔戈斯英雄船》3.173(弗伦克尔编,Oxford:Clarendon Press,1961)

② 热尔内,《古希腊的法与法前思想》,页16。当阿喀琉斯提议把二等奖给欧墨洛斯时(《伊利亚特》23.539及以下),公众允许了。所有的追求者同样如此允许了安提努斯(Antinoos)的演讲(《奥德赛》4.673)。

补充特点是公开和共有。

这一惯例的背景和思想框架有利于我们抓住对话体的重要特点。在史诗中,当想赞美一个像《伊利亚特》中的陶斯(Thaos)这样的年轻勇士时,一个人会说他是"最杰出的埃托利亚人(Aitolians),精于投掷长矛,勇于近身搏斗。当他在集会中论辩时,罕有几个阿开奥斯人能出其右"。① 一位完美的勇士不仅要行伟大之事,而且要能言善谏。② 勇士的特权之一是进言的权利。那么在这个语境下,言语就不仅仅是拥有宗教力量的优秀者才能享有的特权了。集会对所有勇士、所有完全从事军事职业的人开放。③ 史诗中证实了勇士功能和言论权不可分割,这点也体现在古风时期的城邦风俗中,这些习俗包括将军事集会作为人民的永久替代以及保守地开展马其顿集会。④ 这样的习俗提供了重要的证据来阐明勇士集体中言语特权的一个具体而重要的方面。当珀里比俄斯(Polybius)想在马其顿勇士中提出这一特权时,他提出了他们的言论是平等的,即

---

① 《伊利亚特》15.282 – 285。见让迈尔,《皮带与奔跑:论古代希腊化时期斯巴达的教育与青年的粗鲁之风》,前揭,页42。

② 《伊利亚特》9.443。见品达《涅嵋凯歌》8.8;巴克喀利德斯,9.89 – 91;斯内尔⁶。

③ 但是在希腊史诗社会,长者与年轻人是对立的。这一对立反映在词汇层面就是立法会议(boulē)和广场集会(agora)这两个词之间:立法会议是议会,只有长者和议员才能参加,而广场集会是全体能扛枪的人都能参加的大会(见让迈尔,《皮带与奔跑:论古代希腊化时期斯巴达的教育与青年的粗鲁之风》,前揭,页14 及以下)。

④ 阿伊玛尔,《论马其顿的集会》(Sur l' Assemblée macédonienne, *Revue des études anciennes* 52,1950),页127 及以下。在古希腊城邦,军事集会是公民的永久替代品:亚里士多德《政治学》(*Politics*) 4.10.10.1297B(阿伊玛尔 131页引用)。关于公民和军队的互惠,见莫塞(Claude Mossé)《古典研究期刊》(*Revue des études anciennes*)1953,页29 – 35;1963,页290 – 297。

他们的平等发言权(isēgoria)。① 这样他就采用了一个与希罗多德《原史》中的权力平等(isokratia)和均法(isonomia)密切相关的政治词汇。② 而斐洛德穆斯也自发地用这个词来指明伙伴们在集体会面和集体宴会中所享有的特权(斐洛德穆斯,辑语19.14)。这个术语出现的时代可能有误,但它确切地传达了将勇士们联系在一起的社会关系的基本特征:平等。这个平等标志着人民聚集在一起的"平等宴会"(daïs eïsē)的军队制度和[99]每个参与者都有同等言论权的勇士集会。③ 甚至早在史诗时期,勇士集体就有把自己定义为平等群体(homoioi)的倾向。④

在勇士集会中,言论是共有的权利,是"在中间"的共有财产。每个人在轮到他时都能在同伴的同意下行使他的权利。站在集会中央时,演说家发现自己和他所有的听众的距离都是相等的,而每一位听众都发现自己处在和演说者相等且互惠的位置上,至少理想状态下是如此。

勇士的对话体语言不仅是平等主义的,也是世俗的。它是属于人类时间的语言,不像巫术—宗教言语是与推动非人力量和权力的

---

① 珀里比俄斯,5.27.1,4,6。

② Ἰσηγορίη,见希罗多德《原史》5.78(见 ἰσοκρατιά,5.92)。Ἰσαγόρης,收录于希罗多德《原史》5.66、5.70、5.72、5.74。见拉罗什(Emmanuel Laroche),*Histoire de la racine NEM – en grec ancien*,Paris:Klincksieck,1949,页186。

③ 人民有"等量的食物",没有什么优于权利平等原则。见《伊利亚特》9.225 和《雅典娜神庙》(A. M. Derousseaux 编本)页12C的论述。关于荷马的评论,见让迈尔,《皮带与奔跑:论古代希腊化时期斯巴达的教育与青年的粗鲁之风》,前揭,页85及以下,他把这些食用等量食物的人比作多利斯人的共餐者(syssities)。

④ 舒尔忒斯在他的"平等群体"(*s. v. Homoioi*,R. – E.,1913)词条下收集了许多资料,但是他没有意识到阿喀琉斯把自己称作阿伽门农的平等群体(《伊利亚特》16.53及以下)。可以区分三种平等人:史诗中的职业勇士、骑士或寡头骑士、六世纪的公民(根据 Maiandrios 的分类;见上述100页)。

世界的行为相同的。相反,对话体先于人类的行为,同时也是人类行为不可分割的一部分。阿开奥斯人在进行军事活动前会见面审议。当阿尔戈斯上的人准备下一步远征时,他们都会对此进行讨论。这类言语讨论的话题非常有倾向性,因此属于人类时间。它直接关涉人类事务,关涉集体中每个成员与他的同伴之间的关系(见《奥德赛》2.30-32、2.42-44)。

这种言语是对话的工具。它不再依靠先验的宗教力量的影响来产生效果。它从根本上是建立在或同意或否定的社会协议上的。① 在这样的军队集会中,言语的价值第一次依靠整个社会群体来判断。为将来的法律或哲学言语地位所做的准备就是在这里完成的,这种言语把自己"公开",从社会团体的认可中汲取力量。②

慰藉(parēgoros)、亲密私语(oaristus)[100]、幻言(paraiphasis)这些概念也是在同样的圈子里产生的,它们界定了说服的范围。一个娴熟的谏言者知道如何获得听众的注意。他知道哪些词语能诱出赞同、打动人心并获得支持。③ 在荷马的词汇中,幻言(和佩托一样,可好可坏)意指天生能让人更熟悉的说服;④亲密私语意指具有

---

① 见《奥德赛》4.673;《伊利亚特》23.539及以下。热尔内《古希腊的法与法前思想》页16及以下强调这种伪司法效力在宣布竞技结果和给赢家颁发奖品时的重要性。

② 在《古希腊的法与法前思想》中,热尔内成功地展现了言语的效力如何让位于理性程序。在法律中,它的位置被集体意志和社会团体的批准取代了;在哲学中,它被理性和确凿的证据替代了。

③ 见索姆森(F. Solmsen),《荷马和赫西俄德的言语"礼物"》(The 'Gift' of Speech in Homer and Hesiod, Transaction of the American Philological Association 85, 1954)页1-15。关于说服在史诗中的重要性,见埃贝林(Ebeling)《荷马词典》词条(Lexicon homericum, s. v.)。

④ 《伊利亚特》11.793;见赫西喀俄斯。尤斯塔提俄斯,979.34。提尔泰俄斯辑语9.19D$^3$显示了勇气在军队中的重要性;见上述页84。

亲密社会生活的兄弟之间的相互影响;①而慰藉指的是勉励难兄难弟的说服性言语。② 然而这三个概念代表了跟随阿芙洛狄忒的宗教力量,是全能的佩托的标志。③ 在军队集会中,言语已经是高于他人的权力工具,是"修辞"的早期形式。因此,从早期开始,勇士圈内的一种言语就尤其与人相关,讨论人的问题、活动和关系。

随着希腊社会的发展,一开始作为封闭社会群体的勇士阶级开放了,融进了最新、最有影响的体制——城邦,而城邦自身就是一个习惯体系和精神框架。在这些由专业勇士构成的群体中,大量的对早期希腊政治思想非常关键的概念形成了,比如均法理想、有中心的对称空间的想象以及个人利益和集体利益的区别。当萨摩斯(Samos)的波利克拉图斯(Polycratus)去世时,他的继任者马伊安吉罗斯(Maiandrios)的公告中包含了公元前六世纪末的政治思想术语:

> 我从未赞同波利克拉图斯像管理自己一样管理人民(homoiōn)的雄心,也没有赞同其他任何这样做的人。因此,现在既然他的生命已经终结,我就把权力放下(egō de es meson tēn archēn titheis)[字面意思是,我把权力放在中间],宣布权利平等(isonomia)。(希罗多德,《原史》3.142)

---

① 见《伊利亚特》13.291;《奥德赛》19.179;赫西俄德《劳作与时日》789。
② 慰藉与诱惑和亲密私语有关;她出现在阿芙洛狄忒的一座神庙中,与佩托、爱若斯、希墨若斯和珀索斯一起(泡赛尼阿斯《希腊旅行指南》1.43.6);她被认为是阿提卡红人像陶器上和帕里斯一起的人物(《人类学期刊》[*Archaeologische Zeitung*,1896],页36及以下,见赫佐格-豪泽,"慰藉"词条[*s. v. Paregoros*, R. - E., 1949],页1454)。在《阿尔戈斯英雄船》中,阿波罗尼俄斯也说道:μῦθοι ... παρήγοροι οἷσί περ ἀνὴρ θαρσύνοι ἕταρον (见3.1347及以下)。
③ 关于史诗中的前修辞形式,见布赫霍尔茨《论荷马的现实》,前揭,卷3,第2节,168页及以下。

同一、中心和拒绝单个个人主导是权利平等的三个必要方面。①
[101]它们围绕着一个"参与社会生活的人皆平等"的人类社会图像。②

---

① 关于平等人及其与平均分配的关系,见希策尔,《忒弥斯、狄刻与近似词汇》(Themis, Dike und Verwandtes, Leipzig: Hirzel, 1907),页 234 及以下;热尔内,《希腊法律思想与道德思想研究》,前揭,页 457 及以下。均法一词及其概念引起了许多问题。首先,从词源学的角度看,均法(isonomia)可能来自法律(nomos),指的是在法律产生之前的平等,与政治平等不同。如果它像许多评论家说的那样来源于νέμειν,那么它可以是物品或政治权利的平均分配(拉罗什支持这一观点)。如果它指的是政治权利,那么我们就应该注意(此处我同意威尔在《科林斯》618 页的精彩论述)"iso - 这个前缀指的不一定是绝对平等。"它适用于许多微妙的品质。但是,我们要探寻的不是原子论者和历时词源学徒劳无果的研究,而是探索旺德里在《语言学协会通讯》(前揭)中所说的"静态"研究:即综合而共时的词源学。这一方法试图确定每一个词在脑中的位置并界定它的意义和用法。只有通过找出和考察这个词使用的所有语境,我们才有望获得接近这个词的概念。从这点上来看,我们面对的问题就是 isonomia 在各种语境下的性质问题。继埃伦贝格和其他学者的研究之后,莱维克和维达尔 - 纳盖已经确定了 isonomia 在六世纪末的一系列含义:它的消极含义是僭主的对立面,有时又有贵族的含义。见埃伦贝格,《论希腊早期的法律思想》,前揭,"均法"词条(Isonomia, R. - E. Suppl. VIII, 1940, 293 页及以下);《古代世界面面观》(Aspects of the Ancient World, Oxford: B. Blackwell, 1946),第 4 章;《民主溯源》(Origins of Democracy, Historia, 1950),页 515 及以下;《哈摩迪俄斯之歌》(Das Harmodioslied, Weiner Studien, 1956),页 57 及以下;维拉斯托尔(Gregory Vlastos),《均法》(Isonomia, American Journal of Philology, 1953);拉森(J. A. Ottsen Larsen),《克莱斯忒涅斯与民主的发展》(Cleisthenes and the Development of Democracy, Mélanges Sabine, Ithaca, NY: Cornell University Press, 1948);辛克莱(T. A. Sinclair),《希腊政治思想史》(A History of Greek Political Thought, Londong: Routledge & Kegan Paul, 1951);拉罗什, Histoire de la racine NEM - en grec ancien, 页 186 及以下;威尔《科林斯》,前揭,页 618 及以下;马格勒,《原子论者的均法》(L'Isonomie des atomistes, Revue de philologie, de littérature et d'histoire ancienne [30], 1956),页 231 及以下;韦尔南,《希腊思想的起源》,前揭,页 24 - 32;维拉斯托斯,《均法》(Isonomia, Berlin: Akademie Verlag, 1964),页 1 - 35。

② 根据莱维克和维达尔 - 纳盖的严谨说法;见注释61。

由于权利平等的理想这个概念一出现就是和同一和中心地位不可分的,它实实在在地存在于勇士集体的特色体制和行为模式中。

葬礼竞技、战利品的分配和审议集会是代表前政治思想的体制。这种体制所支持的圆形对称空间在以广场(Agora)为中心的城邦这个社会空间找到了它的纯政治表现。一首七世纪阿尔克俄斯写的诗中说有一个被称为公所(xunon)的"大圣所",这是一个"所有勒斯博斯(Lesbos)人共有的"葬礼圣所。① 罗伯特(Louis Robert)认为这个圣所就是一个叫做美森(Messon)的建筑,我们可以从公元前二世纪的两份铭文中了解到;它是科德威(Robert Koldewey)发掘出来美萨(Mesa)这个地方的古名。这个名字准确地表达了这个建筑的地理位置,因为科德威说"它位于岛屿中心附近,靠近卡罗尼亚(Kallonia)湾最里面,卡罗尼亚湾横穿累斯博斯岛,就像要把它分成两半"。② 所有这些都暗示了这个名字仅仅是中间(es meson)这一表达的变体,这正契合将累斯博斯人聚集到岛中央来讨论公共事务的会议和审议。

直到公元前七世纪,累斯博斯人的政治策略都先于泰勒斯(Thales)所说的一个世纪之后的伊奥尼亚人。在帕尼奥神庙(Panionion)的常规集会上,③

---

① 见娄贝尔和佩吉,《勒斯博斯诗文辑语》(*Poetarum Lesbiorum fragmenta*, Oxford: Clarendon Press, 1955),辑语129,页176–177。

② 罗伯特,《碑文研究5:勒斯博斯碑文》(Recherches épigraphiques, V, Inscriptions de Lesbos, *Revue des études ancienne* 62, 1960),页300及以下。在中间这一"政治"表达似乎和这一语境下有这一功能的圣所的名字有关。对比皮卡尔,《人类学通讯》(*Revue Archeologique*, 1962),页43–69。

③ [译按]帕尼奥神庙:公元前七世纪,希腊人战胜长期聚居于小亚细亚半岛美利亚城周围的卡尔人,并在此处修建了帕尼奥神庙,今在土耳其港口城市伊斯米尔以南一百公里处的密克勒山上。帕尼奥神庙是古希腊帕尼奥城邦的中心神庙,人们在这座神庙中供奉一位原始的海陆之神。荷马史诗《伊利亚特》中曾首次提到了古希腊人对这一神灵的信仰。

他取消了集会以建立一个思想所[bouleuterion]，并指出特俄斯(Teos)是最合适的地方，"因为"，他说，"那是伊奥尼亚的中心。他们的其他城邦也许仍然继续他们自己的法律，就像他们以前是自己的辖区(demes)一样。"①

因此，作为伊奥尼亚世界的几何中心，特俄斯变成了[102]城邦的"公共炉床"、政治中心、"公共事务"场所即公所(xunon)。特俄斯占据的地位和六世纪克莱斯忒涅斯"均法"雅典中的"镇"相同。②史诗时期和这些政治思想形式之间并没有很大的延续性；但是，前政治环境和明确的政治环境之间还是出现了一个过渡。

因此，在勇士阶级的审议中，集体利益和个人利益产生了对立，这是政治集会语言中一个至关重要的对立。"依据所采取的行为进行审议"的表达在希腊语中是"把事情放在中间"(es meson protithenai or katatithenai or tithenai to prēgma)。③ 权力也同样被放在"中间"，许多需要讨论的事务和关于整个集体利益的利益也如此。更确切地说，在政治集会中表达个人的意见就是"把意见放在中间"(pherein

---

① 希罗多德，《原史》1.170。见韦尔南，《希腊思想的起源》，页127；及莱维克(Pierre Levêque)和维达尔-纳盖，《雅典人克莱斯忒涅斯》(*Clisthène l'Athénien*, Paris: Editions les Belles Lettres)，页66及以下。

② 见莱维克和维达尔-纳盖，《雅典人克莱斯忒涅斯》，前揭，页66。

③ 希罗多德，《原史》7.8、1.207、3.80。在7.8中，把事情放在中间这个表达与"自作主张"(ἰδιοβουλεύειν)相反。这个表达的使用有时没有任何政治含义(希罗多德，《原史》6.129、8.74)。在这个语境中，中间似乎与共有意义相近：希罗多德，《原史》8.58。如果达成协议，使用的表达是产生共同话语(1.166、2.30)。共有之物不仅意味着城邦(1.67、5.85、6.14、8.135、9.117、3.156、5.109)，还指公共财富(6.58、7.144、9.85)或仅仅是公共利益(3.82、3.84)。关于共有，见布索特(Georg Busolt)、斯沃博达(Heinrich Swoboda)和扬德布尔(Franz Jandebeur)，《希腊治国之术》(*Griechische Staatskunde*, Munich: Beck, 1920-16)卷1、2(索引，卷2，"共有"词条[*s. v. κοινόν*])。

gnōmēn es meson)或"站在中间说"(legein es meson,希罗多德《原史》,分别见 4.97 和 3.83)。"站在中间说"(legein es meson)这个表达有一个与它对称的表达"从中间退出"(ek mesou katēmenos)。① 一旦从中间退出,演说者就又变回平民。所有这些表达都参与界定一个政治空间,而在希腊思想中,这个政治空间的重要性是通过集会开始时信使宣布古老规则来传达的:"谁对城邦有好的建议并希望它[在中间]为人所知(tis thelei polei chrēston ti bouleum'es meson pherein echōn)?"②政治思想通过清楚地区分公共事务和私人事务并将涉及集体利益的言论放在与私人事务有关的言论的对立面,从而阐明了职业勇士审议的一个根本的特点。那些平等的聚会为希腊未来的政治议会铺好了路。[103]类似的社会圈子同样参与了言语—行动二分的详细讨论,使言语和现实各自的领域更加易于区分。③

① 希罗多德,《原史》,4.118、8.21、8.73、3.83。离开中间就是回归己见。
② 欧里庇得斯,《乞援女》,前揭,438-39。继赞扬平等的著名演讲之后,忒修斯自豪地告诉信使:"至于自由,它在这些词汇中:无论期望什么……"同样的表达简化后出现在《奥瑞斯特斯》885,德莫斯特涅斯在《金冠辞》(Pro corona)170 也使用了这一表达;阿里斯托芬《阿卡奈人》(Acharnian)45、《公民大会妇女》(Ecclesia)130;埃斯基涅斯(Aeschines),《驳克特西丰》(Against Ctesiphon)3。关于同等发言权,见,如布索特、斯沃博达和扬德布尔,《希腊治国之术》,前揭,卷 1,页 453。
③ 关于史诗中的"行为言语",见布赫霍尔茨,《论荷马的现实》,前揭,卷 3,第 2 节,120 页及以下。拉姆努克斯,《赫拉克利特或在选择和语言之间的人》,前揭,页 51-57 和 293-297 已经论述了它在六世纪的重要性,那是言语正被看作行为的对立面(又见恩尼曼《习俗与自然》[Felix Heinimann, Nomos and Physis, Basel: F. Reinhardt, 1945],页 46 及以下)。言语和行为之间的对立是希腊政治思想中持久的主题;如普罗塔戈拉,他鼓吹能教每个人在行为和言语上完美地处理城邦事务的能力(柏拉图,《普罗塔戈拉》[Protagoras]318E-319A;见修昔底德,《伯罗奔半岛战争志》1.139.4;色诺芬,《上行记》,前揭,3.1.45)。两者的区别延伸到参与战争的议员(见品达,《涅嵋凯歌》8.8)这一贵族主题,他同时"是言辞大家又功勋卓著"(见《伊利亚特》9.443)。

但是,职业勇士中的对话言语因为其自身的具体特点而仍然是一种属于"上流"人的特权,只属于人民(laos)中的杰出者(aristoi)。这一精英阶层与"大众"即平民(dēmos)相对,而平民就是疆土的组成者,甚至从广义上说就是疆域内的居民。① 平民不能发号施令、进行审判或参与审议。要发号施令,要么成为"人民大众",要么成为国家(让迈尔,《皮带与奔跑:论古代希腊化时期斯巴达的教育与青年的粗鲁之风》,前揭,页45)。忒尔西特斯(Thersites)是平民阶层的化身,奥德修斯对他的处理反映了平等言论的局限。当忒尔西特斯提高嗓音表示异议时,奥德修斯根本不屑于说服他,而只是敲着权杖攻击他。忒尔西特斯是个普通人,他没有权力说话,因为他不是战士。要让像忒尔西特斯这样的人能够参与对话,要打破人民和平民的壁垒,那就必须做出巨大的转变。这个转变可能包括将勇士的特权扩大到更大的社会团体中的每位成员。重装步兵的方阵改革后,每一个战士都在等级中有一个特定的位置,而每一个士兵——公民都被看作是可相互替换的单位,这使勇士功能的民主化成为可能,这也标志着政治特权从贵族扩大到了人数远超贵族的"选中的人"中。

虽然重装步兵改革基于技术改进,但是它同时也是新思维结构的产物和催化剂,将创造希腊城邦的模型。相互关联的步兵改革和希腊城邦的诞生与希腊思想发展过程中的一次关键思维变异是分不开的:即理性思维体系的构建,[104]它与以前宗教上囊括一切的思想大不相同,不再是将单一的表达形式应用于所有不同类型的经验。

许多学者——特别是热尔内和韦尔南——已经表明从神话到理性的过渡并非伯内特(John Burnet)惊呼的奇迹,也不是康福德所

---

① 《伊利亚特》13.128 – 129、15.295 – 296(贵族与平民不同)。

想象的神话逐渐被哲学的概念化所取代了。相反,在公元前六七世纪,思想的世俗化在政治和法律实践的背景下发生了。概念框架和思想方法都有利于在社会生活中发展出的理性思想的产生。在这个普遍的框架里,言语的世俗化在社会和思想的不断影响下产生了。它发生在几个不同的层面:当然有修辞学和哲学的精心参与,但是也有法律和历史的参与。

就希腊思想中的言语这整个问题而言,这个现象有两个结果。第一,它决定了伴随着旧思想体系的巫术—宗教言语的衰落。第二,它决定了言语作为独立世界和将语言当作工具的思想的产生。

法律史上的一个特殊时刻极好地说明了巫术—宗教思想的衰落。① 前法律思想提供了一种思想模型,即灵验言语和手势决定了所有行为过程。证据的呈现不是为了利于评判,而是为了战胜对手。可能提供证据的目击者并没有被利用。只有以考验为形式的程序才能完全决定"真理"。裁判的功能仅仅是确认这些"关键的证据"。② 但是希腊城邦的出现标志着这个体系的结束。雅典娜回忆起她在审判奥瑞斯特斯(Orestes)时向欧墨尼得斯(Eumenides,复仇女神的委婉语——译按)宣称"我决定,错误的一方决不能因为发过誓而获胜"。[105]这是一句至关重要的话,邦民将它理解成:"先审查他再审查你自己。作出决定但要公平。"③承载了特定宗教力量的起誓法被讨论替代了,讨论允许理性陈述论据,以此让裁判

---

① 见热尔内,《古希腊的法与法前思想》,页 100–119;拉姆努克斯《希腊传统中的夜神与夜神的孩子们》,前揭,页 145 及以下。
② 我采用的是热尔内《古希腊的法与法前思想》98 页及以下的分析。更多细致的分析和参考文献可见热尔内《古代法律形式的情况》,前揭,页 387 及以下。又见索泰尔,《古希腊法律的证据》,前揭,页 128–130。
③ 埃斯库罗斯,《欧墨尼得斯》432–433,前揭。

有机会根据这些论据形成观点。①

这样一来,对话获胜了,旧的言语形式失去了价值,正如埃斯库罗斯在《乞援人》中清楚表明的那样。当合唱赞扬阿尔戈斯国王佩拉斯哥(Pelasgus)时,它告诉佩拉斯哥:"你啊,确实就是城邦,是人民。王子从不会受到审判。你统治大帝,统治家庭,统治祭坛。"②但是,国王拒绝了这些陈旧的声望带来的羁绊,他宣称自己是人民的仆人:"我之前说过,虽然我是统治者,但我绝不会脱离人民单独行动"(埃斯库罗斯,《乞援人》398-399)。为了保护"祈求者",他像一位普通的演说家一样利用了说服。他没有坐在高高的权力宝座上说,而是召集集会,通过多数票来做出决定(同上,604)。他之前的特权因此转变成了集体的决定:"这样一来,一致同意的[城

---

① 关于这一点,最有趣的是赫西俄德的两行诗:没有正义的正义,除非两方兼听(赫西俄德辑语 271[存疑]Rzach³)。这句话和它的其他说法经常被引用,如欧里庇得斯《赫拉克利特》179-180;阿里斯托芬《马蜂》(*Wasps*)725、919-920,《骑士》(*Knights*)1036;欧里庇得斯,辑语 362.9-10N²。许多作家(伊夫琳-怀特,施奈德文[Schneidewin]等)把它当作"卡戎的建议"中的一段,但是施瓦茨(Jacques Schwartz)在《赫西俄德伪作》(*Pseudo-Hesiodeia*, Leiden: E. J. Brill, 1960)页 77 注释 3、页 98、239、241 中不同意这个观点。事实上,"不要在兼听双方的言语之前下任何判断"(见柏拉图,《得摩多科斯》[*Demodocos*], 382E-383A;德莫斯特涅斯,《金冠辞》, 2、6)这个建议依然在集会成员(heliasts)的起誓中采用,他们要完全公正地听取原告和被告双方的意见(见利普修斯[Justus Hermann Lipsius],《阿提卡的法律与法律程序》[Justus Hermann Lipsius, *Das attische Recht und Rechtsverfahren*, Leipzig: O. R. Reisland, 1905],卷 1,页 151)。这句话还是证明司法实践中一个关键转变的早期文献。我们可以在这个层面上发现真理的一个含义:历史是见证者,能听见,能看见,他是记忆之子,也是位记录者。他的真理至少由两部分组成:永恒的记忆和对真实事件完备而详尽的记录。关于这一方面,《伊利亚特》23.359-361 提供了重要证明。

② 埃斯库罗斯,《乞援人》,前揭,370 及以下。关于皇室火炉的特殊意义及其与"公共火炉"的关系,见热尔内,《论古希腊的政治象征:公共大厅》,前揭,页 26 及以下;韦尔南,《希腊的神话与思想》页 127 及以下。

邦]选举形成了法令"(krainei,同上,942－43,参964－65)。此时由人们送交决定性的法令(pantelē psēphismata);公民作为一个整体来"创造现实"(krainei)。之前的实现(telos)和生效(krainein)的概念已经只是隐喻了。巫术—宗教的力量已经转变成了社会承认,灵验话语被彻底击毙(同上,601)。

从此以后,对话体才是起作用的言语。一旦城邦诞生,至关重要的就是对话,它是最重要的"政治工具",是社会关系中最受褒奖的工具(韦尔南,《希腊思想的起源》,页49)。人通过言语在集会中起作用,下达命令,主导他人。[①] 言语不再陷入宗教象征网络(symbolicoreligious network)的圈套,它现在独立了。对话创造了一类特殊的空间,言语在对话的影响下产生了自己的世界;[106]那就是一

---

① 高尔吉亚斯,《海伦颂》(*Encomium to Helen*)的整个论证都基于暴力—说服的关系。根据柏拉图《斐勒布》(*Philebus*)页58A－B提到的高尔吉亚斯的一句话,他说语言的力量大于它正在说服的灵魂,就像主人的力量大于奴隶;两者唯一的不同在于,灵魂是通过允许施加其上的神秘束缚而变为奴隶的,而不是通过暴力(见迪耶斯[A. Diès],《关于柏拉图问题》[A. Diès, *Autour de Platon*, Paris:Beauchesne,1927,卷1,页120])。关于这点就要提到《克里提阿》(*Critias*,109B－C):在诸神抽签分了大地之后,所有神都

> 得到了自己的一份,居住在各自的国度;因此他们在定居之后便养育了我们,甚至就像牧人把一群群牲畜养成他们的家畜和幼畜一样,只是他们没有像牧人用木棍抽打着带领牲畜一样通过身体的力量来限制我们的身体,而是直接从生命最易成形的根部开始,根据自己的意愿去说服灵魂,就像掌舵一样;这样他们就驾驭了、掌握了所有人。

这一段文字很著名,原因有二:第一是它描绘了牧场形象和航海形象,这两类隐喻是希腊政治思想的主流;第二是它提到了说服这一既与暴力相似又与暴力不同的概念。在这个语境中,信使赫尔墨斯的意义完全展现出来了,他像一位全能的主人一样领导着阿波罗委托给他的牧群。

个让话语与话语相遇的封闭场所。① 语言通过它的政治功能而成为一个独立的显示,遵守自己的法则。② 关于语言的思想开始沿着两条主线精心勾勒:作为社会关系的工具和作为了解现实的途径。修辞学和诡辩术探索的是前一条道路,产生了说服的技巧,发展出语言的语法和文体分析。③ 后一条道路是一股哲学思想的主题:言语是现实或者是全部的现实吗?这个难题似乎更加迫切,因为数学似乎开始假设现实能用数字表达了。④

这些新问题和由两种思想构成的语言工具论在理性思想的大框架下演变。这里还有一个问题:将神话和理性思想联系起来的思维结构是什么?或者说得更直接就是,当言语世俗化之后,真理的形象和语义内涵变成了什么?希腊思想为这个问题提供了两个对立互补的答案:哲学—宗教教派(philosophicoreligious sects)的解决方法和诡辩术、修辞学的方法。两者相互对立,因为前者以阿勒忒亚作为其思想的中心,而后者把阿帕忒置于一切之上,阿帕忒是他们思想中的主要角色。但是两者同时是互补的:有时阿勒忒亚倒退、融化、消失了,而有时她又稳稳地站着,被确定了,变得更加坚固了。可以说,这种情况的发生实际上证明了阿勒忒亚是必然与宗教力量交织在一起的这种结构的真正的中心。

---

① 有大量相关文献,见霍夫曼(Ernst Hoffmann),《论语言与古代逻辑》(*Die sprache und die archaïsche Logik*, Tübingen: J. C. B. Mohn, 1925);拉姆努克斯,《赫拉克利特或在选择和语言之间的人》,前揭。

② 见韦尔南,《希腊的神话与思想》,页50:"语言是通过其政治功能才第一次意识到了自己以及自己的规则和效力。"

③ 见迪普雷尔(Eugène Dupréel),《智术师》(*Les Sophistes*, Neuchâtel: Editions du Griffon, 1948);昂特斯坦纳《智术师》,前揭。

④ 见梅耶森在《心理学对象的新主题:历史、建构与结构》(*Thèmes nouveaux de psychologie objective: l'histoire, la construction, la structure*, *Journal de psychologie normale et pathologique*, 1954)页7及以下的论述。

# 第六章　抉择:阿勒忒亚还是阿帕忒

[107]在心理范畴的研究历史中,历史学家通常只能探察出不同的心理状态,"心理转变及其机制不得不被重新建构。"①但是,在某些情况下,这种突变就发生在历史学家的眼皮底下,正如实验学家观察的一次化学反应。如果我们唯一的证据是一种诡辩思想或是一种哲学思想的话,那么我们将无法捕捉到宗教思想是如何向理性思维转变的,我们就不得不对其进行重新建构。然而,正如事情所发生的那样,我们是非常幸运的:开俄斯的西蒙尼德斯和宗教哲学人士都向我们贡献出他们精辟的论证。②

透过西蒙尼德斯的思想和作品,我们可以很清晰地看到阿勒忒亚是如何变得没有价值的。③ 西蒙尼德斯大约出生于公元前557

---

① 梅耶森,《心理学功能与道德行为》(*Les Fonctions psychologiques et les oeuvres*, Paris: Vrin, 1948),页140。

② 关于西蒙尼德斯的讨论第一次出现在《塞俄斯的西蒙尼德斯或诗歌的世俗化》(Simonides de Céos ou la sécularisation de la poésie, *Revue des études grecques*, 1964)中。

③ 除了维拉莫维茨的《萨福与西蒙尼德斯》(*Sappho und Simonides*, Berlin: Weidmann, 1913)页127-209,还有施密特(Wilhelm Schmidt)和斯达林(Otto Stählin)的《希腊文学史》(*Geschichte der griechischen Literatur*, Munich: Beck, 1929,卷1节1)页505-513;塞弗希恩,《巴克咯利德斯:传记》(*Bacchylide: Essai biographique*, Liège-Paris: Editions Droz, 1933);克里斯特(George Christ),《西蒙尼德斯研究》(Simonidesstudien,博士论文,Frieburg: Paulsdrackerei, 1941);莱斯基,《希腊文学史》(*Geschichte der griechischen Literatur*, Berne, 1963),页210及以下;鲍勒,《希腊抒情诗歌:从阿尔克曼到西蒙尼德斯》,前揭,页308-

年至前 556 年间，他的出现使得传统诗歌发生了转变，而这一转变是与西蒙尼德斯所代表的一类新人有关，并且通过他自己对艺术的诠释完成的。西蒙尼德斯是第一位把诗歌当作职业的诗人。他为报酬而写作，就像在德性上表示愤慨的品达告诉我们的一样：特普西克莉的甜美歌声，如此温柔又使人平静，却是拿来出售的。① 缪斯在西蒙尼德斯的笔下变得贪婪（philokerdēs）又势利（ergatis）。② 西蒙尼德斯甚至强迫其他人承认其作品的商业价值，[108]但他们回敬西蒙尼德斯的只有憎恨，认为他是一个贪婪的人。③ 在从克塞

---

372；弗伦克尔，《希腊早期的诗与哲学》，前揭，页 346 – 370。我这里引用的是托伊（《从荷马到抒情诗》，前揭，页 295 – 305）的话。关于西蒙尼德斯的诗学，又见拉纳塔，《前柏拉图诗学：证据与片段》，前揭，页 68 及以下。

① 见施密特和斯达林，《希腊文学史》（前揭）页 498 注释 3 引用的文献；以及克里斯特，《西蒙尼德斯研究》页 61 及以下，内斯特尔（Wilhelm Nestle），《从神话到逻各斯》（*Vom Mythos zum Logos*，Stuttgart：A. Kroner，1942），页 153。韦尔南，《希腊的神话与思想》页 104 注释 99 也写了这一变化的重要性及它与西蒙尼德斯其他创新之处的关系。

② 品达《伊斯忒摩凯歌》2.5 及以下。"赞扬旧方法、谴责新方法的品达，他自己实际上走的也是新方法的路子"（克鲁瓦塞[Alfred Croiset]，《希腊文学史》[Alfred Croiset, *Histoire de la littérature grecque*, Paris：Fontemoing, 1914]，卷 2，页 359）。这个问题最中伤人的地方在于西蒙尼德斯把有道之财也列为人类最值得尊敬的三类财产之一（西蒙尼德斯，辑语，页 146、651）。

③ 关于艺术家的社会经济地位，见史怀哲（Bernard Schweitzer），《论阿提卡时期艺术家的塑造与艺术家的观念》（Der bildende Künstler und der Begriff des Künstlerischen in der Antike, *Neue Heidelberger Jahrbücher*, NF, 1925）；比安基－班迪内利（Ranuccio Bianchi – Bandinelli），《古代阿提卡地区的艺术家》（L'Artista nell'Antichità classica, *Archeologica classica* 9, 1957）；瓜尔杜奇（Margherita Guarducci），Ancora sull'artista nell'Antiquità classica, *Archeologica classica* 10, 1958，页 138 – 150。又见拉塞尔，《古希腊诗人的境况》（La Condition du poète dans la Grèce antique, *Etudes de Lettres* 5, Lausanne：Faculté des Lettres de l'Université de Lausanne, 1962）；扬第利，Aspetti del rapporto poeta, committente, uditorio nella lirica corale greca, *Studi Urbinati*, Urbino：Università degli Studi di Urbino, 1965）。

诺芬尼斯到埃利阿努斯(Aelian)的漫长诗歌传统中,西蒙尼德斯的这种贪欲是出了名的。① 然而,以同样的方式,西蒙尼德斯对诗歌的功能给予了新的涵义:功能的转变伴随着反映诗歌本质的过程。由此,他也得出这样一句不朽名言:"绘画是一首无声的诗歌,而诗歌则是一副有声的画作。"②这样一种比喻无疑振奋人心,因为绘画是一种可以激发智慧的技能。恩培多克勒(Empedocles)称为巧计(mētis),一种专业知识,同时也是一种神奇的技艺。③ 画家将不同的颜色搭配在一起,从这些静态的物质中,他创作出闪耀夺目、五彩斑斓、活灵活现的艺术形象,希腊人称为复调(poikila)。④ 对于整个艺术传统而言,绘画是一种迷惑人的艺术,也就是一种"骗术"。《双重论证》(*Dissoi Logoi*)的作者将绘画定义为这样一种艺术:最杰出的画家也只不过"通过使事物显得更逼真"(pleista... homoia tois

---

① 这些批评愈演愈烈的原因显然部分与苏格拉底对此的厌弃有关,舒尔《苏格拉底与惩罚》(Socrate et le travail rétribué, *Imaginer et réaliser*, Paris: Presses Universitaires de France, 1963)37—39 页发现苏格拉底和其他人一样有把"知识活动"降到与其他技艺同等水平的思想。

② 材料见于施密特和斯达林,《希腊文学史》(前揭)页 516 注释 6。见鲍勒,《希腊抒情诗歌:从阿尔克曼到西蒙尼德斯》,前揭,页 363;克里斯特,《西蒙尼德斯研究》,前揭,页 43 及以下。

③ 恩培多克勒,辑语 23.2,收录于第尔斯《古廊下派辑语[7]》卷 1,321. 10 及以下。见舒尔,《柏拉图与当时的艺术》,前揭,页 90 注释 4。在第 90 页,舒尔分析了《蒂迈欧》(*Timaeus*, 68D)中的段落,柏拉图在这个段落中宣称只有神才"有足够的智慧和力量把多融为一,又把一分成多"。

关于诡计,见让迈尔,《雅典娜的诞生与宙斯的神权》(La Naissance d'Athéna et la royauté magique de Zeus, *Revue Archeologique*, 1956)页 19 及以下。

④ 德蒂安和韦尔南,《狡猾的策略:安提罗科斯的竞赛》(The Ploys of Cunning: Antilochus' Race, *Cunning Intelligence in Greek Culture and Society*, Hassocks, UK: Harvester Press, 1978)。

alēthinois poieōn)来欺骗(expatēi)别人。① 西蒙尼德斯将绘画与诗歌类比,足以证实诗中有关高尔吉亚斯(Gorgias,旧译"高尔吉亚")这位先驱的轶事。② 当西蒙尼德斯被问道,"现在只有忒塔利亚人没有被你欺骗(expatas),你该怎么办?"这位诗人用一种假设的口吻回答道,"那是因为他们太无知,所以我没有去骗他们。"尽管这件事是关于高尔吉亚斯而非西蒙尼德斯,却清楚地表明古人将西蒙尼德斯的诗歌当作一种欺骗的艺术——这种欺骗也被视作具有积极意义的表达形式。在当时的希腊社会中,绘画的地位逐渐提升,通过对它的观察,西蒙尼德斯发现他的艺术作品的一个特点。③ 同时,他也发现诗歌朗诵的虚假的特点。这个发现恐怕来自卜赛罗(Michael Psellos)对他说的一句话:"语言反映真实世界的意象

---

① 见神的语言,3.10,收录于第尔斯《古廊下派辑语》卷2,410.30及以下。

② 这则轶事来自普鲁塔克,《论诗人的听众》(De poetis audiendis)15D。它经常与高尔吉亚斯的欺骗概念做比较(如舒尔,《柏拉图与当时的艺术》,前揭,84页),这个比较被用来证明这则轶事本身发生在高尔吉亚斯身上,如维拉莫维茨,《萨福与西蒙尼德斯》,前揭,页143。后来还有昂特斯坦纳,《智术师、证明与辑语》(Sofisti, Testimonianze e Frammenti, Florence: La Nuova Italis, 1949)卷2,页142-143。但是,正如罗森梅尔在《高尔吉亚斯、埃斯库罗斯与"阿帕忒"》(前揭)页233中正确指出的一样(我也希望把这个观点展示出来),这则轶事只有辑语55D的意义才是完整的。又见格罗宁根,《西蒙尼德斯与忒塔利亚人》(Simonide et les Thessaliens, Mnemosyne, 4th ser. [1], 1948)页1-7,作者试图在此文中证明西蒙尼德斯的忒塔利亚诗歌(见塞弗希恩,《巴克喀利德斯:传记》,前揭,页30及以下)并没有包括任何神话或"误导元素"。在格罗宁根看来,这则轶事显然肯定是在暗指忒塔利亚人没有多欣赏诗歌,因为对西蒙尼德斯而言,所有真正的诗歌都有些许欺骗的元素。

③ 托伊在《从荷马到抒情诗》页298及以下试图确定绘画所扮演的角色。他特别强调(赫西俄德的)《赫拉克勒斯之盾》因其"致幻"的技巧而标志了一个转折点。在描述赫拉克利特之盾的时候,类似的形象通过诸如ἴκελος和ἐοικώς(关于这些词,又见胥索[Carlo Ferdinando Russo],《赫西俄德之盾》[Hesiodi Scutum, Florence: La Nuova Italia, 1950],页25及以下)这些词反复出现

(eikōn)。"①[109]意象是一个用来表示绘画或雕塑的象征意义的术语。这个"意象"是画家或雕塑家创造出来的。② 西蒙尼德斯用现代视角来理解雕塑意义的改变以及艺术家与其艺术作品的传统关系。到七世纪末,雕塑不再是宗教的标志——只是一种"意象",具有引起某些外界事实功能的比喻性象征。而这些艺术作品的意义也发生了改变,其中一点就是艺术家在雕塑基座或者在画作末端开始署名。③ 从与艺术作品的新关系来讲,艺术家将自己定义为游走在现实与意象之间的推动者和创造者。从雕塑和绘画的层面讲,艺术家自我角色的发现与意象的产生有紧密联系。西蒙尼德斯也认同诗人可以通过演说来认知自己,而西蒙尼德斯通过绘画和雕塑这两种中介来发现诗人的某些特殊性格。④

---

(页191及以下、页198、206、209、210-211、215、228、244)。但是进一步研究需要更多地理解可能这一微妙问题,它的复杂程度在希维耶《赫拉克利特和修昔底德关于古代职业的类比》(前揭)中有所论述。关于盾的时间,见吉雍,《比俄提亚人研究:赫拉克利特之盾与第一次圣战前希腊中心的历史》(*Etudes béotiennes: Le Bouclier d'Héraclès et l'histoire de la Grèce centrale dans la période de la première guerre sacrée*, Aix – en – Provence: Editions Ophrys, 1963)。

① 卜赛罗(Michel Psellos), 821, Migne(*P. G.*, 卷122)。鲍勒,《希腊抒情诗歌:从阿尔克曼到西蒙尼德斯》(前揭)强调幻象一词的重要性。

② 关于"与真正的事物不同"这一形象(柏拉图,《智术师》240A),见舒尔,《柏拉图寓言研究》(*Etudes sur la fabulation platonicienne*, Paris: Presses Universitaires de France, 1947)页102以及《柏拉图与当时的艺术》(前揭)。关于幻象,见克亨伊在《关于非神秘化与想象力的问题》(*Demitizzazione e imagine*, Biblioteca dell'archivio di filosofia, Padua: CEDAM, 1962)页169及以下的论述。

③ 杰弗里(Lillian Hamilton Jeffery),《希腊古风时期的地方碑文》(*The Local Scripts of Archaic Greece*, Oxford: Clarendon Press, 1961),页62及以下。

④ 西蒙尼德斯似乎记录的是希腊发现形象并初次对形象进行思考的时候。托伊在《从荷马到抒情诗》页297把他当作第一个赞成模仿论教义的人(关于这点见科勒,《论阿提卡的模仿论》,前揭)。

西蒙尼德斯的思想不仅认同将诗歌变成一种职业,而且他对诗歌本身、诗歌的功能以及其中独特的对事物的反思也证明他与某些卓越诗人所代表的传统观念的决裂。对于这些诗人来讲,谈论真理与呼吸一样自然。① 西蒙尼德斯宣称自己是欺骗(Apatē)的主人以后,不再接受诗人、缪斯的先知和真理大师那古老的宗教观念。有一个残篇很清楚地表明:要去期待和考察有限的真理(to dokein kaitan Alatheian biatai)。②

---

① 这种决裂无论有多大,都没有暗示,这是对人们期望在诗人作品找到的纯粹简单的拒绝。当然,西蒙尼德斯依然是一位写作史诗作品(epinicions)、向缪斯诉求的诗人(见西蒙尼德斯辑语,页 73、578)。但是,他的缪斯不再是荷马的缪斯;见辑语 46,和贝克(Theodor Bergk)(常被归为斯特西科鲁斯所作)以及托伊在《从荷马到抒情诗》DMU 303 的评论;还有鲍勒,《希腊抒情诗歌:从阿尔克曼到西蒙尼德斯》,页 361 – 362。关于同一个片段,又见拉纳塔,《古希腊的抒情诗歌》(La Poetica dei Lirici Greci arcaici, Mélanges Ugo Enrico Paoli, Genoa, 1956),页 181;梅勒,《希腊早期自品达以来诗人的观点》,前揭,页 70 及以下。

② 辑语 55 Diehl³(见贝克,PLG⁴,卷 3,页 420 =《希腊歌咏诗》[Poetae melici graeci, Oxford: Clarendon Press, 1962],辑语 93/598 Denys Lionel 页)。此处可能应该对 P. Oxyr. 2432(娄贝尔编本 = 辑语 36/541 页),娄贝尔认为这是西蒙尼德斯所说。第 5 行写道:$\dot{a}\ \delta'\ \dot{a}\lambda\dot{a}\vartheta\epsilon[\iota]a\ \pi a\gamma\varkappa\varrho a\tau\eta\varsigma\ \varkappa\tau\lambda$。这些诗行已经引起了许多长篇大论:托伊《西蒙尼德斯新解》(Neues zu Simonides [Oxyrhynchus Papyri 2432], Rheinisches Museum für Philologie 103, 1960);扬第利,《判断》(Gnomon 33, 1961),页 338 及以下;劳埃德 – 琼斯(Hugh Lloyd – Jones)的文章,见《古典评论》(Classical Review 11, 1961),页 19;弗伦克尔,《希腊早期的诗与哲学》,前揭,页 357 注释 22;鲍勒,《西蒙尼德斯还是巴克喀利德斯?》(Simonides or Bacchylides ?, Hermes 91, 1963),页 257 – 267。究竟是谁的作品,至今尚不确定。劳埃德 – 琼斯和鲍勒认为是巴克喀利德斯,而鲍勒的理由十分有说服力。但是扬第利和托伊认为是西蒙尼德斯,而托伊的论据同样充分。托伊在他的研究中意识到第 5 行提出了一个问题,他由此找出一个绝好的理由相信它和我们所知道的西蒙尼德斯的作品都不矛盾(页 325 及以下)。如果这首诗是西蒙尼德斯的作品,那它本身就能提供更多证明;而这也确实是托伊用以指明西蒙尼德斯的具体特色的例子。扬第利在两处回到了《奥西润格斯纸草书》2432 的问题(见佩罗塔[Gennaro Perrotta]和扬第利,《波利尼亚:

真理不再一统天下;它已经让位于意见(dokein 或 doxa)。然而,真理的贬值仅能理解为和一个技能的革新有关。这种革新反映了西蒙尼德斯诗歌世俗化的另外一个基本层面。整个传统界都认为是他发明了记忆术。① 从诗歌层面来讲,解释记忆过程的重要意义是什么呢? 直到西蒙尼德斯的时代,记忆对于任何一位诗人来说都是一种基本工具。[110]记忆在当时具有宗教功能,它能够使诗人了解过去、现在和将来。借助直接意象或记忆,诗人可以进入彼岸,了解不可见的世界。记忆不仅是诗歌朗诵的基础,而且反映诗人的特殊地位。但是,在西蒙尼德斯之后,记忆成为一种通俗的技巧,一种在一定之规之内对于每个人都可以获得的心理能力。正如毕达哥拉斯对记忆的解释一样:记忆不再是一种特权式的知识形式,也不是为了救赎而进行的一项活动。它不仅仅是帮助一个人学习专业知识的一种工具。同样的目的也推动了记忆术作为另外一种技术进步,它同样归功于西蒙尼德斯,他为了辅助书写符号而发明了字母表。② 值得一提的是,韵律诗人借助书写来使作品闻名天下,而不仅仅是依靠背诵。③ 到了公元前七世纪,文字已经成为公众了解

---

希腊诗歌》[Polinnia:Poesia greca arcaïca, Messina:G. D'Anna,1965],页 313 - 320;扬第利,《西蒙尼德斯研究 II:西蒙尼德斯与柏拉图》[Studi su Simonide, II. Simonide e Platone, Maia 16,1964],页 278 - 306)。他的分析强烈地认为这行诗属于西蒙尼德斯,再次同意了我在此处的解读。

① 此处文献为施密特和斯达林在《希腊文学史》页 521 注释 12 所引用;马斯"西蒙尼德斯"词条(s. v. Simonides, R. – E. ,1927),192,1f. ;克里斯特,《西蒙尼德斯研究》,页 75D。Schmid 细致地注意到它与智术师运动必然有亲缘关系。格雷瓜尔(F. Grégoire)《记忆术与记忆力》(Mnemotechnie et mémoire, Revue philosophique,1956)页 494 - 528 也是有用的文献。

② 见施密特和斯达林,《希腊文学史》页 522 注释 1;韦尔南,《希腊的神话与思想》页 108 注释 99。

③ 见拉塞尔,《古希腊诗人的境况》,前揭,页 11 及以下。

作品的必要形式。正如在迈锡尼世界中一样,文字不再局限于那些和保存所有物有关的社会经济结构中。① 文字发明的主要目的不再是巩固传统者的权力,现在它已经是一种宣传的工具。② 但是对于西蒙尼德斯而言,记忆的新功能和时间的新功能是分不开的。这种观点与那些宗教领域和宗教哲学领域所持有的观点截然相反。毕达哥拉斯派的帕荣(Paron)认为时间有种使人失去意识的力量,唯一能逃脱时间控制的也就只有记忆了,它是一种的纯精神的禁欲操练。与此相反的是,西蒙尼德斯则认为时间是"世间极品",并不是因为强大的时序之神克罗诺斯不会变老,而是因为"在时间隧道中,一个人可以学习和记忆。"③西蒙尼德斯将记忆变成一种具有积极意义的技术,并且认为时间为世俗活动提供了一种维度。这样,他将自己与以那些有志诗人和宗教哲学派别为代表的所有宗教传统隔离开来。[111]技术的革新再一次起到诗歌世俗化的作用。将作诗变成一种职业,将诗歌艺术定义成欺骗(apatē)的艺术,将记忆变成一种世俗化的技术以及拒

---

① 见德豪胥,《关于技术的人种学思考》(Réflexions ethnologiques sur la technique, *Les Temps modernes* 211, 1963 年 12 月)。关于美索不达米亚世界中写作和行政与经济需要的关系,见朗贝尔(M. Lambert),《贵族的诞生》(La Naissance de la bureaucratie, *Revue historique*, 1960)。更宽泛的研究见:威特福格尔(Karl A. Wittfogel),《东方专制制度》(*Oriental Despotism*, New York: Vintage, 1981),页 107 – 109;施特劳斯,《悲惨的热带》(*Triste Tropiques*, New York: Atheneum, 1965),页 264 – 267,以及《谈话录》(Entretiens, *Lettres nouvelles* 10, 1961)。

② 韦尔南,《希腊思想起源》,前揭,页 52 – 54。

③ 见亚里士多德,《物理学》(*Physics*) 4. 13. 222B. 17 ( = 第尔斯《古廊下派辑语⁷》卷 1, 217. 10 及以下);韦尔南,《希腊的神话与思想》,页 75 – 106。亚里士多德的同一段落经过辛普利希俄斯(Simplicius)评论(即第尔斯编本的 754)的补充后重新出现在佩吉的《希腊歌咏诗》( = 西蒙尼德斯,辑语 140/645)中。这一关于时间的实证哲学概念与另一流动、飞逝的时间观共存,流动、飞逝的时间观与整体的抒情诗关系更密切(见西蒙尼德斯辑语 16/521 页;辑语 22/527 页;辑语 20/525、21/526 把神当作 πάμμητις )。

绝承认真理是一种重要品质——以上这些都是同一事业的不同侧面。一个人也可以觉察出记忆的世俗化与拒绝真理之间显而易见的联系。切断真理的来源之后,它立刻失去了价值。西蒙尼德斯不认为真理是古老诗篇的标志。相反,他推荐用意见来替代真理。

这似乎是真理与意见的第一次直接对立。此刻,一场关键性的对峙开始了,它甚至比整个希腊哲学史更加重要。因此,搞清楚什么是意见极为重要。我们并不了解包含西蒙尼德斯话语的诗篇的写作背景,但是我们清楚他理解诗歌的大环境。那么,我们可以从我们所知道的着手,将西蒙尼德斯对诗歌的理解与被几个杰出诗人引用过的片段的意义和从意见的语义史中产生的不同意义进行比较。

那么,我们开始的起点是西蒙尼德斯将诗歌与诸如绘画的欺骗艺术进行类比。辑语55D用西蒙尼德斯称作的"意见"与真理抗衡,意在显示诗歌的真实性。西蒙尼德斯更加维护自身对于诗歌艺术理解的优势地位,而反对传统诗人所持的老观念,这似乎也是合情合理的。这样,意见也服从欺骗的命令。① 如果不是为了在那些杰出"引用者"的文章中起到证实作用的话,这种论断根本毫无根据。那些人将西蒙尼德斯的诗句放在评论中来抨击欺骗和维护正义。在《王制》(*Republic*)一书中,柏拉图设想了关于一个站在十字路口的年轻人该如何选择:"是应该靠正义(dikai)还是欺骗的手段(soliais apatais)来爬过这座高塔,[112]才能安稳地继续生活下去呢?"它有两种选择:正义的做法和欺骗的方式。对于柏拉图来说,在一个城市中,诗人公开指责神明,并且唆使人们丢掉正义感,显

---

① 克里斯特《西蒙尼德斯研究》页42及以下支持这一解释;托伊,《从荷马到抒情诗》,前揭,页298;鲍勒,《希腊抒情诗歌:从阿尔克曼到西蒙尼德斯》指出了这个片段与品达《奥林匹亚凯歌》1.30及以下的关系;而《涅媚凯歌》7.20及以下在这个片段中确认了"艺术的欺骗效果"。

然,这个年轻人会做出如下反应:

> 如同那些智者告诉我的,正因为是"意见"(to dokein) [*Schol. Eur. Or.* 235(1. 122 Schw.)的插入让我们意识到西蒙尼德斯站在那些"智者"身后]"掌控着现实世界"(真理)和人间福祉,那么,我应该毫无保留地贡献出自己的全部。对于这样一幕,我不得不勾勒出我自身品质的轮廓(skiagraphian),但又得摸清最贤明的阿基罗科斯的那只跟在我身后的狐狸的行踪。它在得到好处之后显得如此贼眉鼠眼、卑躬屈膝(kerdalean kai poikilēn)。①

这些被替代的术语以各种形式再现出来,从而体现出它们的重要意义。世间的不确定性从这只狐狸身上可以体现出来。用希腊人的思维来看,它通常是欺骗的化身,具有两面性,并且行为诡异。② 再者,世间的不确定性也可以从勾勒轮廓(skiagraphia)中体现出来。对于柏拉图来讲,这种艺术只是障眼术(trompe l'oeil),是骗人的把戏(thaumatopoiikē),也就是魔术师的艺术和一种更高形式的欺骗。③ 另

---

① 柏拉图,《王制》365b-c(=西蒙尼德斯辑语93/598页),肖瑞(Paul Shorey)译(《柏拉图对话集》[*The Collected Dialogues of Plato*, Princeton, NJ: Princeton University Press, 1961])。[译按]阿基罗科斯:公元前七世纪希腊讽刺诗人,惯于将抑扬格三步韵与扬抑格四步韵并用。

② 见品达,《伊斯忒摩凯歌》4.46;所引文本为鲍勒《狐狸与刺猬》(The Fox and the Hedgehog, *Classical Quarterly* 34, 1940)。

③ 关于绘画中轮廓(skigraphie)的意义,见舒尔,《柏拉图与当时的艺术》,前揭,页9。这些是"阴影和色彩相互作用、再现相貌并从远处创造现实幻觉的背景或绘画"。但是在柏拉图那里,这一勾绘步骤意味着遮蔽眼睛(《斐多》69B),因此被称作欺骗之术(《克里提亚》107D)。关于 σκιαγραφία 和 θαυματοποιία 的关系,见柏拉图《王制》602D。这里我引用的是舒尔,《柏拉图与当时的艺术》页10及以下;又见比安基-班迪内利,《沿袭柏拉图"智慧"的艺术史述评》(Osservazioni storico-artistiche a un passo del "Sofista" Platonico, *Studi in onore di Ugo Enrico Paoli*, Florence, 1955)。

外,有一种正义的世界,也就是真理世界。①

意见和欺骗之间的密切联系与各种形式的不确定性可以从意见的一些基本意义得到证实。② 对于高尔吉亚斯和修辞思维来讲,意见是易被攻击和不稳定的(sphalera kai abebaios),它只能维持一些危险的局面。从功能上讲,意见受制于说服,他能用一种意见替换另外一个。③ 意见不受制于经验(Epistēmē)所制定的秩序之下,

---

① 关于阿勒忒亚和狄刻之间特别密切的亲缘关系,见上述页55。

② 另一个争论来自暴力(βιᾶται)。"暴力"的形象当然是说服的世界的特点:品达,《涅嵋凯歌》8.31-34(诱惑用让人眼花缭乱的技巧使用暴力);埃斯库罗斯,《阿伽门农》385(说服的变相暴力);《阿伽门农》182(神的迷人暴力)。根据柏拉图,《斐勒布》(前揭)引述,高尔吉亚斯认为说服是暴力的一种。

关于一般的意见,见弗里斯克,《希腊语词源词典》(*Griechisches etymologisches Wörterbuch*, Heidelberg: Universitatsverlag, 1960)卷1,页409及以下;霍夫曼(Johann Baptist Hofmann),《希腊词源辞典》(*Etymologisches Wörterbuch des Griechischen*, Munich: R. Oldenbourg, 1949),页54、62;洛伊曼洛伊曼(Manu Leumann),《荷马词汇》(*Homerische Wörter*, Basel: F. Rheinhardt, 1950),页173及以下;斯内尔,《论前柏拉图哲学中的知识词汇表达》(*Die Ausdrücke für den Begriff des Wissens in der vorplatonischen Philosophie*, Berlin: Weidmann, 1924),页53;米科拉(Eino Mikkola),《伊索克拉底:作品中的观点》(*Isokrates: Seine Anschauugen im Lichte seiner Schriften*, Helsinki: Svom a laisen Tiedeakatemia, 1954),页98以及下;斯波路特(Jurgen Sprute),《论柏拉图哲学中的 DOXA 一词》(*Der Begriff der DOXA in der platonischen Philosophie*, Göttingen: Vanderhoeck & Ruprecht, 1962),页33及以下。又见格赖因德尔,《名声、荣耀、誓愿、荣誉、神谕、意见:史诗和抒情诗中语言惯用法的历史意义研究》(*ΚΛΕΟΣ, ΚΥΔΟΣ, ΕΥΧΟΣ, ΤΙΜΗ, ΦΑΤΙΣ, ΔΟΞΑ. Eine Bedeutungsgeschichtliche Untersuchung des epischen und lyrischen Sprachgebrauchs*, Lengerich: Lengerich Handelsdruckerei, 1938)和《前苏格拉底的"荣誉"和"声望"概念》(*Zum Ruhmes und Ehrbegriff bei den Vorsokrarikern*, *Rheinisches Museum für Philologie* 89, 1940)页222及以下。

③ 见第尔斯《古廊下派辑语[7]》卷2,291.10-12。意见是 ἀπιστότατον πρᾶγμα (卷2,300.13),它受说服的统治(卷2,292.6)。关于高尔

而是与表示人类行为发生之时的度(kairos)——即"人的可能行为时间"也就是紧急时刻和不确定之时——有关,。① 不稳定是意见的一个基本特点。意见和代达罗斯(Daedalus)雕塑有着相同的特性:"它们逃跑并且逃避。"②柏拉图对于它们模糊的方面观察得很仔细,这是其他任何人所不能及的。[113]他说道爱意见者(Philodoxoi)是一群"热爱并且敬仰色调和鲜艳色彩等类似事物"的人,同时,这个民族也关注一些中间事物,它们包含存在(Being)与非存在(Non-Being)。为了更详尽地解释这些事物的特性,柏拉图借用下面这个比较:"他们就像那些在宴会上对我们含糊其辞地说着两面话的弄臣……又好似孩子们给宦官和他击打蝙蝠所打的谜语——是用什么打的,并且是在哪里打到的。"这种身份摇摆不定的事物很难让人捉摸,通常被描述为"又黑又白"。正如下面的谜语描述的那样:

---

吉亚斯的意见,见斯波路特,《论柏拉图哲学中的 DOXA 一词》,前揭,页10;昂特斯坦纳,《智术师》,前揭,页116及以下;内斯特尔《从神话到逻各斯》,前揭,页316。又见《前柏拉图诗学:证明文献与辑语》(*Poetica pre-platonica:Testimonianze e Frammenti*,Florence:La Nuova Italia,1963),页190及以下。

① 见哈利卡那苏斯的狄奥尼索斯,《论辞藻》(*De comptositione verborum*)45.17页(乌泽纳-拉德马赫尔[Usener-Radermacher]编本)。这一段似乎引自高尔吉亚斯(见奥邦克[Aubenque],《亚里士多德的审慎》[*La Prudence chez Aristote*,Paris:Presses Universitaires de France,1963],页99-100、104)。

② 柏拉图《美诺》,前揭,97D,格思里译,《柏拉图对话集》。关于柏拉图的意见,见斯波路特,《论柏拉图哲学中的 DOXA 一词》,前揭。[译按]代达罗斯:希腊神话中的建筑师、雕刻家和发明家。据说,曾为克里特国王米诺斯建造迷宫,里面放置一只怪物米诺陶洛斯(米诺斯王后与白公牛所生的怪物)。失去国王宠爱后,他被投入监狱。他偷偷为自己和儿子伊卡洛斯做了翅膀,企图逃往西西里。但伊卡洛斯不听父亲的警告,离太阳过近,结果羽毛固定在翅膀上的蜡被熔化,掉入大海里淹死。

一个不能被称作人的人,站在一根不是木头的木头上,似扔非扔一个不是石头的石头,并且正似看非看一只不是鸟的鸟。①

每一个词语后面跟着它的否定意义,这样的结合制造出一种眼花缭乱的感觉,就像闪闪的亮光一样,明暗交替,令人晕眩。

如果用理性思维,一个人可以在意见中找到从那些诸如缪斯、塞壬、蜂女等神话人物中体现出来的主要特点,简言之,这些力量都兼具"真实和虚假"(alētheis and pseudeis)。事实上,在《忒埃特托斯》(Theaetetus,旧译"泰阿泰德")中,柏拉图甚至毫不隐讳地将意见说成是"真实与虚伪的结合":意见(doxa)"摇摆不定,并且证实虚假或真实(意见在谎言和真理的大牧场……转动摇摆[doxa strephetai kai helittetai... pseudēs kai alēthēs gignomenē])"。② 整个不确定的神话世界是由转动(strephein)缔造出来的,它是指用脚镣将诡计多端(poikilometis)的赫尔墨斯束缚起来的行为,指赫尔墨斯这只狐狸靠着多种诡计耍手段,还指运动员和诡辩者转弯变向时的

---

① 柏拉图,《王制》479A−480A(见关于这一段的注疏)。在一长串段落中(《吕西斯》[*Lysis*]218C、《卡尔米德斯》[*Charmides*]173A、《会饮》175E、《王制》414D、443D、476C−D、510E、《忒埃特托斯》201D、202C、208B,等等),柏拉图将意见同化为幻象,即梦境,它与真相这一清醒时的情境相对。但是这个意义似乎扩展了意见被琼斯(Liddell Scott Jones)译作"想象"、"幻觉"的意思:品达,《奥林匹亚凯歌》6.82;埃斯库罗斯,《阿伽门农》275,《奠酒人》,1051−1053;欧里庇得斯,《瑞索斯》(*Rhesus*)780;等等。在埃斯库罗斯《阿伽门农》420,意见是梦境,是悲哀的,是凶残的、徒劳的优雅。

② 柏拉图,《忒埃特托斯》194B,康福德译,《柏拉图对话集》。见《王制》6.508D:"当[灵魂]陷入掺杂着黑暗的领域,陷入产生与逝去的世界,它就只有意见了,它的边界模糊了,它的意见到处摇摆不定。"关于摇摆不定和卷曲打滚($\kappa\upsilon\lambda\acute{\iota}\nu\delta\varepsilon\sigma\vartheta\alpha\iota$)的关系,见维尔德尼俄斯(Wilhelm Jacob Verdenius),《摩涅莫绪涅》(*Mnemosyne*,1964)页387的论述。

第六章　抉择：阿勒忒亚还是阿帕忒　171

动作。① 柏拉图将转动和摇摆(helittein)结合起来去表达具有希腊思维中不确定性特点的一贯行为。亚里士多德与高尔吉亚斯和柏拉图有着相同的感受，他认为意见既是虚伪的也是真实的。② 这是"处理那些昙花一现的事物的唯一真实的方式"。③

[114]意见是对充满变数、不确定性、偶发性并且时时刻刻在运动的世界的合理的认知形式。意见是一种"不确切的知识，也是对任何不确切事物的不确切认知"。④ 这三种认知来源通常在很多方面不尽契合，但有一点是一致的，那就是意见和世界的不确定性之间

---

①　见《荷马的赫尔墨斯颂》，前揭，409－411；品达，《伊斯忒摩凯歌》79－80；波勒科斯(Pollux)，3.155；阿里斯托芬，《阿卡奈人》385，《云》450 等。[译按]狄俄斯库里兄弟(Dioscuri)：又称卡斯托耳与波勒科斯(Castor and Pollux)，古希腊神话中的孪生神祇。他们援救遇难船员，受人间祭礼以赐顺风。卡斯托耳会死而波勒科斯则是永生的。之后卡斯托耳被杀，波勒科斯也不愿独活，便与卡斯托耳一同赴死。后来宙斯把他们放置在天空中，成为双子星座。

②　见雷吉斯(Louis-Marie Régis)，《遵亚里士多德之见》(*L'Opinion selon Aristote*, Paris: Vrin, 1935)，页 76 及以下。这可能确实是意见的一个根本特点，如 Lyd. *De Mens.*（收录于第尔斯《古廊下派辑语》卷 1, 51.11 及以下）所持的观点就是如此。

③　奥邦克，《亚里士多德的科学、文化和辩证法》(Science, Culture et dialectique chez Aristote, *Actes du Congrès de l'Association Guillaume Budé*, Paris, 1960)，页 145。

④　同上。奥邦克，《亚里士多德的存在问题：亚里士多德问题研究》(*Le Problème de l'Etre chez Aristote: Essai sur le problèmatique aristotélicienne*, Paris: Presses Universitaires de France, 1963) 页 256 及以下注意到根据《论题篇》1.1.100A.18，"辩证的"与[置身于]意见中有关。辩证法是"我们能通过其从普遍接受的观点推论所有问题"（从意见中出发）的方法。那什么是[置身于]意见中？它们是"来自所有人或大部分人或聪明人的论题，即来自所有聪明人或大多数最著名、最杰出的聪明人"（《论题篇》1.1.100B.21）。正如奥邦克(259页)所写，"亚里士多德提出一个属于最受称赞的聪明人的可能的观点"。但是这里的聪明人不过是普遍一致的担保人，代表了人类的权威。因此，这种辩证家就戴了两个面具：一个是"意识到人的普遍性的"一般人，一个是

的紧密联系绝非偶然。对于印欧语系词根 * dek – 的分析使得上述提法更加具有正面意义:黑达尔(Georges Redard)讲到这个词根的意思是,"用某人认为是准则的事物来证实",而同属一种词系的 dokos、dokein 等围绕这个基本意思"来确定某人的判断符合某种情况"。①因此,意见表达了两层不可分割的观念:选择的观念;这种选择是根据具体情况而改变的。② 这种基本涵义不仅表示意见通常和不确定性联系在一起,而且也使一个人再一次觉察到,对于意见的选择,相同的世俗化进程也在发生,这也很容易解释西蒙尼德斯身上的一些传统观念。

在合唱韵律诗的历史长河中,西蒙尼德斯不仅是为神明创作圣歌的第一人,也是吟唱颂扬凡人之歌和庆祝凯旋归者第一人。他也是当时第一批颂扬那些为城邦捐躯的臣民的诗人之一。正是他为马拉松(Marathon)的英雄们和温泉关(Theymopylae)的胜利者吟唱了赞誉之歌。③ 尽管西蒙尼德斯经常被称作宫廷诗人,薪水由忒塔利亚的斯科帕斯家族(Scopadae)和阿琉阿斯家族(Aleuadae)等一些大家族提

---

"仅满足于高谈阔论万事似乎都可信的演说者"(页 260)。我们无疑会在这个辩证家背后看到演说家或智术师的影子,这也验证了奥邦克的看法。

① 黑达尔《从希腊语 δέκομαι [我接受] 到梵语的 άτκα [斗篷]:词根 * dek – 的意义》(Du grec δέκομαι , "je reçois" au sanskrit άτκα, "manteau" : Sens de la racine  * dek – , Sprachgeschichte und Wortebdeutung : Festschrift A. Debrunner, Berne: A. Francke, 1954)。于斯(A. Hus)《幻影与幻影词汇:拉丁语义学研究》(Docēre et les mots de la famille de Docēre ; Etude de sémantique latine , Paris: Presses Universitaires de France, 1965)证实了黑达尔的结论。

② 在《美诺》978B – C, 柏拉图断言真实的意见可以产生同样的结果, 即认识:对行动的准确性来说, 正确的意见就像知识一样, 是一位好向导。而不同的是, 拥有认识的人总是能成功, 而只有意见的人忽而成功, 忽而失败。

③ 这两点来自弗伦克尔,《希腊早期的诗与哲学》, 前揭, 页 346 及以下、页 493 – 496。关于西蒙尼德斯的辑语与这两大发现的关系, 见弗伦克尔,《希腊早期的诗与哲学》, 页 362 及以下;鲍勒,《希腊抒情诗歌:从阿尔克曼到西蒙尼德斯》, 前揭, 页 344 及以下。

供,事实上他是第一批为城邦"作出贡献"的诗人之一。① 他的一首诗是写给斯科帕斯的,主要是为了批评贵族的那种善(agathos)和好人(esthlos anēr)的观念。② 西蒙尼德斯用"健康男人"(hugiēs anēr)的理念来取代这种出自荷马的理念。而这个健康人的品质是借助城邦来定义的(eidōs g'onēsipolin dikan)。③ [115]"城邦塑造人"(polis andra dikaskei)这一名言也是出自西蒙尼德斯杜撰的名言。④ 当时的政治背景使得西蒙尼德斯选择意见这一动词富有极大意义,因为dokein 在城邦(polis)词汇中是一个专业术语,很适合用于政治"决断"。⑤ 因此当西蒙尼德斯宣称意见比真理更重要之时,他不仅和以真理为核

---

① 见施密特和斯达林,《希腊文学史》,页508-509。

② 亚里士多德在辑语92R 中再次提出了这一批评:西蒙尼德斯通过财富来界定"高贵",但是强调的是"以前的"财富。

③ 见克里斯特,《西蒙尼德斯研究》,页24 及以下;鲍勒,《西蒙尼德斯与吟游诗人》(Simonides and Scopas, *Classical Philology* 29,1934),页230-239;伍德贝利(L. Woodbury),《西蒙尼德斯论"德性"》(Simonides on 'Ἀρετή, *Transactions and Proceedings of the American Philological Association* 84,1953),页125-163;鲍勒,《希腊抒情诗歌:从阿尔克曼到西蒙尼德斯》,前揭,页326-336;扬第利(Bruno Gentili),《西蒙尼德斯研究 II:西蒙尼德斯与柏拉图》,前揭,页278-306)。关于流行于五世纪下半叶的健康男人形象,见索福克勒斯,《菲罗克特特斯》1006;欧里庇得斯,《安德罗马克》(*Andromache*)448,《酒神的伴侣》948,辑语496,821;希罗多德,《原史》1.8.3,6.100.1;修昔底德,《伯罗奔半岛战争志》4.22.2(鲍勒在《希腊抒情诗歌:从阿尔克曼到西蒙尼德斯》页335 注释2 中引用)。西蒙尼德斯和民主理想的关系是佩罗塔和扬第利的杰出研究《波利尼亚:古希腊诗歌》307 页及以下的主题。

④ 辑语53D。见史密斯(G. Smith),《城邦教导人》("ΠΟΛΙΣ ΑΝΔΡΑ ΔΙΔΑΣΚΕΙ", *Classical Journal* 38,1942—1943)。

⑤ 在亚里士多德看来,意见和决断(δούλευσις)关注的都是偶发事件(见奥邦克《亚里士多德的审慎》,前揭,113 页)。米纳尔(Edwin LoRoy Minar)在《帕默尼德斯与认识的途径》(Parmenides and the Way of Seeing, *American Journal of Philology* 70,1949)一文中联系帕默尼德的观点强调了意见和政治世界的关系。

心价值观的整个诗歌传统划清界限,而且也明确他想要将诗歌世俗化的决心。他想用高"政治"低宗教的理想认知类型来取代那种非比寻常且享有特权的理解模式。①

西蒙尼德斯见证了真理历史发展过程中的一个重要时刻,那就是不确定性与真理决裂,而投靠于意见。然而,有必要指出,《王制》的写作背景使我们相信,西蒙尼德斯坚持认为,意见优于真理不是源于帕默尼德的观点。一方面,在当时的历史环境下,意见并非哲学意义上的意见:"意见与涉及存在和表象的一些问题毫无关联。"②意见也不带有因不确定认知而产生的贬斥意义,而五世纪的哲学思想赋予了意见这种意义(与经验或坚信相反)。另一方面,

---

① 当然我们要意识到给西蒙尼德斯做好铺垫的是像帕洛斯的阿基罗科斯这样的诗人,他批评了英雄理想,拒绝神话,渴望参与政治。但是没有一位诗人像塞俄斯的西蒙尼德斯那样标志着诗歌历史上的突然转折。(关于帕洛斯的阿基罗科斯,见博纳尔对阿基罗科斯辑语的导读,由拉塞尔和博纳尔出版[Paris:Editions les Belles Lettres,1958],页5-56)。关于阿基罗科斯的综述可见《古代杂谈》(Entretiens sur l'Antiquité classique, Fondation Hardt, 卷10, Geneva: Fondation Hardt, 1964)。关于设想与特定政治语境的关系,我只是延伸了奥邦克(《亚里士多德的审慎》页111及以下)的研究,他研究了亚里士多德思想中偶发事件和实践在民主制中的深刻联系。

② 这个观点在希维耶《论克塞诺芬尼斯辑语的34和35》(前揭)39页及以下有非常详尽的阐述。但是恩尼曼《习俗与自然》(前揭)43-58页,特别是57页已经指出这种对立并非受帕默尼德的影响(又见朗哲贝克[Hermann Langerbeck], Gnomon 21,1949,页110),而弗伦克尔到1925年都在为意见的积极含义辩护,认为它是"可靠的意见"(见弗伦克尔《希腊早期的思想方法与形式》[Wege und Formen frühgriechischen Denkens, Munich, 1960],页346-349)。希维耶在他的精彩论述中(特别是50页)提供了很好的理由来证明意见在克塞诺芬尼斯那里"并不意味着思想活动必定不如真理"。区分克塞诺芬尼斯意识到的两种思想模式要"通过各自意在获得的可见的或不可见的特定现实"(页44)。这两者之间的问题不是"客观价值的多少,而是采用这两种方法的人的确定程度的大小"。

真理和意见之间的对立与存在于诗歌思想内部的问题有关:被西蒙尼德斯批判的真理不是那些哲学家所持有的真理,而是诗人们所秉承的真理。事实上,有人甚至会说,西蒙尼德斯并没有真正在真理和意见之间做出抉择,因为一旦诗歌被世俗化,"诗歌的启示"将会让位于一种使人产生兴趣的技艺。将记忆变成一种民间技艺后,西蒙尼德斯拒绝承认真理,而接受欺骗。因此,西蒙尼德斯不仅见证了真理的衰败,更重要的是见证了将欺骗视为具有极高价值的思潮。[116]西蒙尼德斯将诗歌定义为一种其功能仅仅通过锻造"意象"来进行欺骗的错觉艺术,而那些意象是一些难以捉摸的存在体,有时是他们本身,有时是除了他们自己以外的其他事物。在这样的情况下,西蒙尼德斯预料到界定整个语言问题的历史的两种主要发展趋势之一。

由于所具有的特定的文体风格和性格特点,西蒙尼德斯经常被看作是智术师的先驱。① 在他的诗中,西蒙尼德斯孕育出对比手法,并且沉浸在玩味词语模糊性的乐趣中。对于与他同时代的人来讲,西蒙尼德斯只是一个兜售诗歌并且好"欺骗"人们的人。但是,西蒙尼德斯和早期的智术师所共有的远不仅仅是那些逸闻趣事。出现于希腊城邦建成之际的诡辩术和修辞是基于模糊性的思维模式。其原因是它们不仅在具有模糊性的政治领域发展,而且将自身看作是构建模糊理论与逻辑以及在同一模糊层次下做出有效行为的工具。那些早期的智术师,也就是五世纪智者一代的先驱们,声称自己是政治领域的专家。它们拥有和七贤(the Seven Wise Men)

---

① 这些关系经常被论述:克鲁瓦塞,《希腊文学史》,前揭,页358;施密特和斯达林,《希腊文学史》,前揭,页518;克里斯特,《西蒙尼德斯研究》,页41及以下;托伊《从荷马到抒情诗》,前揭,页299 - 300;莱斯基,《希腊文学史》,前揭,页210及以下。斯内尔的《诗歌与社会:诗歌在古希腊的地位》(前揭)页50及以下却把西蒙尼德斯看作哲学的先驱。

一样的智慧,也就是"一项政治技能和实践智慧"。① 摩涅西菲鲁(Mnesiphilus)是一位实践(praxis)之人,书中讲到,希腊人将这个人视为古老诡辩论的原型。他第一次出现在希腊历史中是在萨拉米斯(Salamis)之战的前夕。在那个特殊的艰难时刻,他乔装为一位"睿智的进言者"。② 正巧在一个关键时刻——一个真正的可能行动时刻,摩涅西菲鲁帮助席米斯多克利控制了不断变化的局势,尽管从某种程度上说,摩涅西菲鲁是他的影子或麻烦。③ 多亏了摩涅西菲鲁的帮助,希腊城邦中那个最足智多谋的人才能扭转乾坤。因此,在很大程度上讲,一个智术师相当于一位"政治家"。希腊人认为他们"谨小慎微"(phronimos):[117]因为他们有相同的活动范围和相似的思维模式。④ 两者都直接参与处理人事关系。在这个领域,"任何事情都不是固定不变的",用亚里士多德的话说,"这就与医学和航海领域遇到的情况一样,这些人本身必须根据具体情况采

---

① 普鲁塔克,《忒米斯托克勒斯》(*Themistocles*)2.6。见克弗德(G. - B. Kerferd),《第一代希腊智术师》(The First Greek Sophists, *Classical Review* 64, 1950);内斯特尔,《有伊奥尼亚的智术吗?》(Gab es eine ionische Sophistik ?), *Philologus* 70,1911,页258及以下;莫里森(J. - S. Morrison),《希腊教育史简介》(An Introductory Chapter in the History of Greek Education, *Durham University Journal* 11,1949)。

② 希罗多德,《原史》8.57-58。关于"睿智的进言者"这个论题,见拉提摩尔《希罗多德笔下睿智的进言者》(The Wise Adviser in Herodotus, *Classical Philology* 34,1939)。摩涅西菲鲁似乎不是真实的历史人物(见 F. Geyer"摩涅西菲鲁"词条[*s. v. Mnesiphilos*,*R. - E.*,1932],2280页)。又见费拉拉(Giovanni Ferrara),《忒米斯托克勒斯与梭伦》(Temistocle e Solone, *Maia* 16,1964),页55及以下;但是对于他的很多结论,我并不赞同。

③ 见舒尔,《论及时的恩惠》(*De l'Instant propice*, Imaginer et réaliser, Paris:Presses Universitaires de France,1963)。忒米斯托克勒斯是拥有巧计的这类人。

④ 见奥邦克,《亚里士多德的审慎》,前揭,尤其23-24页。

取适当措施。"①因此,政治和诡辩领域与柏拉图的《帕默尼德》一书中的哲学家思想属于完全对立的两种。它们所涉及的领域处于未知状态,也就是什么时候做什么事情,属于意见的范畴下而不是经验。② 这就是模糊的领域。③

从这个方面来说,诡辩术与修辞密不可分。后者首次出现在大希腊中,也出现在政治背景下,要么和一些早期"民主"的描述有关,要么和一些伸张正义的作品有关。④ 用柏拉图的话来讲,修辞是"一种具有敏锐意识和进取精神的职业,也是一种天生在人群中能左右逢源的职业"。⑤ 所以,他要求一个人具备与"谨小慎微的人"相同的素质,因为这个职位的形成是基于同样的人事环境中,任何事情都不是一成不变的,事事都处于变化之中,具有双重性和模糊性。诡辩论和修辞学,相同政治文化下的不同产物,催生出了不可分离的心理技能。在一个社会关系受制于语言技艺的世界中,智术师和演说家都是语言技能专家。两者都认为语言是一种工具,是一种影响人类的方式。对于智术师来讲,演说范围局限在对于同一事物的两种观点的对立紧张局势中,也局限在对于同一问题的两种

---

① 亚里士多德,《尼各马可伦理学》2.2.1104A.8-9,前揭;见奥邦克《亚里士多德的审慎》,前揭,页97。

② 见哈利卡那苏斯的狄奥尼索斯,《论辞藻》,前揭,45.17(乌泽纳-拉德马赫尔编本)。奥邦克《亚里士多德的审慎》100页认为这段话是受高尔吉亚斯启发所写。

③ 关于时机(Kairos)与模糊的关系,见奥邦克,《亚里士多德的审慎》,页97及以下。

④ 见欣克斯(D. A. G. Hinks),《提西阿斯和科拉克斯及其发明的修辞学》(Tisias and Corax and the Invention of Rhetoric),*Classical Quarterly* 24,1940;克罗尔"修辞学"词条(*s. v. Rhetorik,R. - E.*,Suppl. VIII,1940)1039页。

⑤ 柏拉图,《高尔吉亚斯》463a,伍德黑德(W. D. Woodhead)译(《柏拉图对话集》[*The Collected Dialogues of Plato*]);见奥邦克《亚里士多德的审慎》,页99-100。

论点的矛盾中。① 在这种"矛盾律"的思维中,智术师是一个能够用语言去理清模糊的理论家,并且能够用自身力量将语言转化成工具去迷惑对手,从而使弱者战胜强者。② 和修辞一样,诡辩术的目的就是劝说和欺骗(apatē)。③ 在一个基本混沌的世界中,这些心理技术使男人用模糊力量占据统治地位。因此,诡辩者和演说者都是意见国度的人。柏拉图很恰当地将他们视为错觉事物,它们向人们展现的不是事实,而是一些虚构的作品、意象和幻觉,别人相信这些就是现实而已(柏拉图《智术师》[Sophistes]234b - c)。

对于智术师和演说家来说,最高艺术是说假话像真话(pseudea... etumoisin homoia,赫西俄德《神谱》27)。在这一思想层面,真理是没有任何地位的。那么,对于一个诡辩者来说什么叫演讲呢?④ 当然,话语是一种工具,不是用来认知现实的方法。语言本身来讲是一种现实,而不是瞄准所指的能指,在这种演讲类型中,话语与事情之间毫无距离可言。对于从这种认识中做出最终结论的高尔吉亚斯而言,话语没有揭示它所指的事情的任何信息,也没有传递什么。事实上,话语不可能与其他事情之间形

---

① 见拉尔修(Diogenes Laertius),《名哲言行录》,9.51;欧里庇得斯,《安提厄佩》,辑语189N²等。见内斯特尔,《从神话到逻各斯》,前揭,页289及以下;罗米伊(J. De Romilly),《修昔底德的历史与理性》(*Histoire et raison chez Thucydide*, Paris, 1956),页180及以下。关于两种言语之间的逻辑关系,见迪普雷尔《智术师》,前揭,页38及以下。

② 虽然矛盾原则要到亚里士多德提出矛盾论并从中推导出理性结论之后才产生,但是这种思想已经在能理解矛盾的层面上。见奥邦克《亚里士多德的存在问题:亚里士多德问题研究》,前揭,页124及以下。见阿里斯托芬,《云》,前揭,112、882;柏拉图,《斐德若》,前揭,267A,等等。

③ 见马奇曼(H. Mutschmann),《论修辞学最古老的定义》(Die älteste Definition der Rhetorik, *Hermes* 53, 1918),页440及以下。

④ 这里我赞同奥邦克,《亚里士多德的存在问题:亚里士多德问题研究》(前揭)页98 - 106。

成对应关系,它是"一个拥有一个小而看不见的躯体的神明",就好像"荷马颂诗"中的赫尔墨斯——一个手握(阿波罗给他来驱赶人类的)魔杖的小孩,化身为劝诫或"引导灵魂"(psychagogia)的工具。①

语言的力量是巨大的:它能给人们带来快乐,驱赶忧愁,蛊惑人心,给予建议,用魔力改变万事万物。② 从这个层面来讲,语言从不会道出真理。③ 亚历山大里亚(Alexandria)的克莱门特(Clement)研究诡辩、修辞和议论话语的使用目的,指出诡辩术是基于词语之间的相互作用产生的想象而发挥作用,修辞运用于特殊领域,旨在进行劝说,而辩论术(eristic)最初用在广场中并大获全胜。因此,克莱门特说道,"真理和这一切毫无关联",[119]事实上重复了柏拉图做出的关于修辞的结论:"没有人在乎真理……而只关心他们所相信的。"④所以,诡辩术和修辞并没有被涵盖在真理的范畴之内。更

---

① 高尔吉亚斯,《海伦颂》(*Helenēs Enkōmion*),见第尔斯《古廊下派辑语[7]》卷2,290.17 及以下。关于赫尔墨斯和逻各斯,见罗舍尔,《论风神赫尔墨斯》(*Hermes der Windgott*, Leipzig:Teubner, 1878),页 18 注释 105 和 106。见韦尔南,《希腊的神话与思想》页 135 注释 42。语言层面的连续性处处可见,韦尔南就注重将让牛羊成长繁殖的、诡计多端的赫尔墨斯和令商业与利益"增殖"的技艺之神赫尔墨斯进行比较。关于神与说服的关系,见上述页 58 – 59。灵魂引导方面的研究,成功的例子有科勒《论阿提卡的模仿论》(前揭)页 88 – 99、127、131、136、145、160 及以下、192、193、195、203。

② 高尔吉亚斯,《海伦颂》8,收录于第尔斯《古廊下派辑语[7]》卷2,290.18 及以下。见西格尔,《高尔吉亚斯与逻各斯心理学》(Gorgias and the Psychology of the Logos, *Harvard Studies in Classical Philology* 56, 1962),页 99 – 155。

③ 这点常有人注意到,如迪普雷尔《智术师》,前揭,72 页。见柏拉图《忒埃特托斯》167B。

④ 亚历山大里亚的克莱门特(Clement of Alexandria),《杂编》(*Stromateis*)1.8.39 及以下。柏拉图《斐德若》272d – e。

进一步说,刚才谈到的西蒙尼德斯关于真理与记忆作为宗教功能的传统关系在这个层面上肯定是不复存在了。对于智术师来说,记忆只是一种世俗化的工具。记忆的增长对于那些活跃在论坛和政坛领域的智者尤为重要。①

一项关于智术师和演讲家如何看待语言作为工具的调查得出两个结论。首先,希腊思想为那些模糊事物界定了一个特殊区域,这是考虑为欺骗、意见、兼有"真话和假话"单独保留的一块区域。其次,从这个层面考虑,记忆的世俗化和真理的贬值之间关系十分密切,并且这两者之间产生关联也是有必要的。就心理结构而言,关键的问题是我们进入了一个新的思维体系,而且是一个不同的体系,这是因为模糊性已不再是真理的一个方面了。从某种意义来

---

① 希琵阿斯是记忆术的发明者:色诺芬《会饮》(*Symposium*) 4.62;柏拉图《希琵阿斯前篇》(*Hippias Major*) 285E,《希琵阿斯后篇》(*Hippias Minor*) 368D(见内斯特尔《从神话到逻各斯》,页365及以下)。《双重论证》是为记忆唱的赞歌(收录于第尔斯《古廊下派辑语[7]》卷2,416.13及以下)。阿里斯托芬《云》中苏格拉底和斯特里皮西德斯(Strepsiades)的对话清楚地表现了记忆对智术师的重要性。(见1.414、1.483、1.484-485、1.629、1.631、1.785)。这一点也出现在《法义》(*Laws*, 908B-C,泰勒[A. E. Taylor]译《柏拉图对话集》[*The Collected Dialogues of Plato*])的一个段落中,柏拉图区分了两种不信神的人。第二种人更危险,里面混杂了许多人,包括"各种各样的预言家和宗教狂,……独裁者、蛊惑民心的政客、将军、私人密教的谋划者",不要忘记还有"所谓的智术师"(908D)。所有这些人都是"一肚子的奸诈狡猾";他们最重要的特点就是"拥有强大的记忆"和"精明的头脑"。需要注意的是,明智(phronesis)也需要好记性。奥邦克在《亚里士多德的审慎》页159引用了亚里士多德的话,特别是他在《形而上学》(*Met.*) 30.10及以下对亚历山大的评论。海德克(Hayduck):"明智是被赋予了记忆之后有准确清晰的形象和实际行事中自然能力。"见维斯特"记忆"词条(*s. v. Mnemonik, R. -E.*, 1930),页2264-2265。记忆的世俗化是城邦出现的重要部分,夏代勒(François Chatelet)在《历史的诞生》(*La Naissance de l'histoire*, Paris: Editions de Minuit, 1962)中就很好地显示了它和希腊历史学家的联系。

讲,已经没有真理的容身之地了。另外一个原因是,模糊性已不再是具有互补性的对立体的结合,相反,这种结合涉及具有"矛盾性"的对立体。① 这种心理和语言变化的结果在第二次发展中得到详尽的阐述。

到六世纪末,希腊的一些领域见证了与智术师思想完全相对的哲学和宗教思想的诞生。② 诡辩者的思想是世俗化的,指向外部世界,并且是基于实践建立起来的,而另外一种思想是宗教的,指向内心世界,并且关注个人本身的救赎。然而,作为特殊类型的个体和特定思维形式的代表,智术师是城邦的子孙。他们的目标是[120]

---

① 因此最重要的是,诡辩术虽然代表了模糊言语的胜利,却也在很大程度上通过对立言语的使用和不同话语模式的分析而促进了一致原则的形成和逻辑的发展,排除了矛盾的预设。

② 这种思想中最具代表性的人物应该是术士、灵感诗人和半实存半传说的"预言家们",如阿里斯塔尤斯(Aristaeus)、阿拔利斯(Abaris)、赫墨提米斯(Hermotimes)、厄庇墨尼德斯等人,但也包括玄秘派(Orphics)、毕达哥拉斯学派,可能还包括"金碑"的始作俑者。对术士和毕达哥拉斯学派这些古代传统研究较好的见伯克特,《智慧与学识:毕达哥拉斯、斐洛劳斯与柏拉图研究》,前揭,页 98 - 142。又见康福德,《原初智慧:希腊哲学思想的起源》(前揭)页 89 及以下精彩地分析了这种术士、预言家和灵感诗人之间的亲缘关系;穆利(K. Meuli),《斯基提卡》(Scythica, *Hermes* 70,1935);多茨(E. R. Dodds),《希腊人与非理性人》(*The Greek and the Irrational*, Berkeley: University of California Press,1957),页 135 及以下。与穆利和多茨的"巫术"观相反,我们需要指出,这些领域内有一个灵魂教义是希腊特有的但并不是所有巫教都有的特点(见德蒂安《论宗教思想与哲学思想:"精灵"在古代毕达哥拉斯派的含义》[*De la Pensée religieuse à la pensée philosophique: La Notion de Daimon dans le pythagorisme ancien*, Paris: Editions les Belles Lettres, 1963],页 60 及以下)。见布伦瑞克(Jacques Brunschwig),《亚里士多德与第勒尼安阶海盗》(*Aristote et les pirates tyrrhéniens*, *Revue de philologie*, 1963)。韦尔南,《希腊思想的起源》为这些宗教或宗教哲学领域的社会学提供了资料(尤其是 57 - 60 页)。又见韦尔南,《希腊的神话与思想》页 75 - 105,106 - 125,343 - 375。

在一个主要理论框架中去影响他人,完成一项永恒的转变。① 而与之完全相对的目标是那些群体能够和不同的技艺相匹配。一方面,那些被称为诡辩术和修辞术的心理技法与在希腊哲学出现以前的哲学思想突然断绝关系。另一方面,与之相对的是,宗教哲学人士采用了能直接延续早期哲学思想的思维模式。从这个层面讲,在所有被准予必要变通(mutatis mutandis)的早期思想中继续扮演相同重要角色的价值观中,记忆和真理当之无愧占有一席之地。

有一个神话故事的宇宙起源说框架是直接从希墨罗斯(Himerus)的毕达哥拉斯派皮特隆(Petron)那里借用的,普鲁塔克在这个故事中讲述了阿勒忒亚的平原:

> 尘世从数的角度看是有定数的,不是一,不是五,而是一百八十三,排列成三角形,每一边包含六十个小世界;其余三个被放在每一个顶角上。相邻的两个世界互有交集,并且如跳舞般缓慢旋转。三角形的内部是一个包含万事万物的公共领域,被称作真理之原。在这里,所有不同数目,不同形式,不同风格的事物相互穿梭,且互不干扰。在这些事物的周围存在的是永恒,时间就像永无停息的溪流被输送到整个世界中。如果人类能在有生之年行善,那么他们一定会得到万年一次看见并领会这些事物的宝贵机会。创世仪式之最只是最高规格仪式中的一种梦境;哲学探寻话语的形成是为了重现那里的美好景

---

① 韦尔南,《希腊的神话与思想》页119注释8探讨了这些教派的宗教思想和哲学思想之间的根本不同点:"哲学家的'智慧'是为了在城邦中建立秩序,而政治机构所考虑的所有问题还是与这些教派的精神完全无关。"但是在《希腊思想的起源》76-78页,韦尔南却详细论述了厄庇米修斯,这个人物是城邦中典型的无所事事的巫师,在古代雅典的历史中有重要作用。

象——而其余我们所做的只是徒劳无功。①

[121]尽管那些古老文化并不出自普鲁塔克,但是他的故事特别有趣,因为在当时的宗教背景下,它将记忆与阿勒忒亚的平原紧密地联系起来。② 从根本来讲,他的故事与《斐德若》的故事有相似之处,其中,柏拉图描述了天使般的灵魂进入天堂以外地方的情景(柏拉图,《斐德若》247B)。为了急于了解"未曾到过的世界",这些灵魂对神明简直是亦步亦趋。然而,只有一些人看到了现实:③"那些灵魂是如此渴望看到并发现真理之原,其原因意在于此——这就好比与他们贵族身份匹配的牧场来自这片土地,而他们的羽翼也正在此孕育"(同上,248BC)。但是真理之原只是被重新建构的神秘景象的一部分。根据阿德拉斯图斯诏令中的条款:

> 那些追随神明并且能鉴别真理(tōn alēthōn)的生灵能够免遭痛苦,直到新的轮回的开始……但是,她没有能力去追随并且感知神明,同时,因为许多次遗忘(lēthēs)和过失遭遇的噩运而折断双翅,坠落到人间。

---

① 普鲁塔克,《论无效的预言》(*De Defectu oraculorum*)22. 422B( = Petron of Himerus,收录于第尔斯《古ައട下派辑语⁷》卷1,106. 13及以下);关于皮特隆,见希沃(Albert Rivaud),《希腊哲学中的存在问题与物质的含义》(*Le Problème du devenir et la notion de matière dans la philosophie grecque*,Paris:F. Alcan,1905),页100注释216;艾斯勒(Robert Eisler),《世界的表层与头顶的天空》(*Weltenmantel und Himmelszelt*,Munich:Beck,1910),卷2,页461注释6,页722注释6。又见汀帕那罗-卡尔迪尼(M. Timpanaro - Cardini),《毕达哥拉斯派》(*Pitagorici*,Florence:La Nuova Italia,1958)卷1,页70-72;比较克尔克恩斯丹(J. Kerchensteines),《宇宙秩序:前苏格拉底哲人来源的批评研究》(*Kosmos,Quellenkritische Untersuchungen zu den Vorsokratikern*,Munich:Beck,1962),页209-211。

② 见德蒂安,《阿勒忒亚的神话内涵》,前揭。

③ 同上,247C,海克福尔(R. Hackforth)译,《柏拉图对话集》。

那么,她正经历出生的轮回(同上,248C)。于是,阿勒忒亚和勒忒很显然就成为一对矛盾体。普罗克洛斯(Proclus)对于柏拉图的《王制》中的真理之原和遗忘之原的内在联系做出了评论。① 正如《斐德若》所提到的那样,"充斥着遗忘的"生灵是一个饥渴的灵魂,他没法注意到《王制》中的训诫,并且沉醉于没有任何容器可以装下的河水中,阿美莱丝(Amelēs,不思)河的水流过遗忘之原。② 在柏拉图的知识理论中,真理之原和遗忘之原的对立很大程度代表了既往症(anamnēsis)和遗忘之错的对立[122],既往症表示对时间的逃避、对永恒不变的存在的揭示,遗忘之错则是人类对永恒真理的忽视与忘却(见韦尔南,《希腊的神话与思想》,页 75-105)。

各种出处的资料不仅揭示了真理与记忆的联系,也反映了真理与遗忘的对立。这两个关键因素不得不很快让人与一些宗教文本进行对比。这些宗教文本向我们介绍了记忆女神是遗忘的互补力

---

① 普罗克洛斯,《论柏拉图的"王制"》(*In Platonica ad Rempublicam*) 2.346.19(克罗尔编本)。

② 柏拉图,《王制》621a。关于不思(Amelēs)河的形象,韦尔南,《希腊的神话与思想》,页 106-125)注意到这是携带肮脏力量的冥府之水的移位:在宗教教众和哲学宗派里,"没有冥想(meletē)"的河水是死亡的象征,是忘川的同义词。"记忆—遗忘"的对立与"冥想—不思"相对应。这些宗教传统似乎和普鲁塔克《论苏格拉底的精灵》(*De Genio Socratis*)592B 及柏拉图《斐多》113E 中提到的反思(Metameleia)的思想有联系。见若利(Robert Joly)《"后悔"之解》(Note sur μετάνοια,*Revue histoire des religions* 160,1961)和《克贝碑文与宗教哲学》(Le Tableau de Cébès et la philosophie religieuse,*Collection Latomus*,Brussels:Latomus,1963)卷 56。我们知道美塔米莉亚(Metameleia)是厄庇米修斯的女儿,她与普罗米修斯的女儿普罗米提娅是对立的,正如厄庇米修斯是另一个普罗米修斯,也是他的对立面(《品达〈皮提娅〉注疏》[*Scholia in Pindar*,*Pythian*],德拉克曼[Drachmann]编,1910,5.35A,卷 2,页 176,19 及以下)。关于墨勒忒,又见布伦瑞克,《哲学评论》(*Revue Philosophique*,1963),页 267-268。

量的末世论。① 由于真理之原与遗忘之原的对立并不是纯粹受到柏拉图主义影响的寓言,这样的对比显得更加有说服力。② 从某种传统来讲,这种宗教上的表征在恩培多克勒中得到了证实,并且,它也归属于在诗歌与预言思想中真理与遗忘对立所隐含的"意识形态领域"。③ 这两"原"所在的宗教领域,连同有关记忆女神和遗忘(在某些领域较特殊的意象)出处的模式表征,徘徊在宗教与哲学领域之间,也就是指宗教哲学领域。两种表征都与灵魂复活原则有关。它们仅仅在个人救赎思潮和与时间有关的生灵问题的背景下才能被理解。在这个思想层面上,记忆并不仅仅是二次遇见的馈赠,让一个人能同时抓住过去、现在和未来,更重要的是,它是重生之链的终点。④ 记忆的力量是双重的。作为一股宗教力量,记忆是生命之水,标志着"后躯体"(metensomatoses)循环之尽头;作为一种理解能力,它包括一种能够超越时间和死亡的救赎原则,并且,能够使人获

---

① "金碑"的文本可以在《俄尔甫斯辑语》32(前揭)和第尔斯《古廊下派辑语》[7]卷 1 页 15 及以下中找到。概括性的研究见格思里《俄尔甫斯与希腊的宗教》(*Orpheus and Greek Religion*,Londong:Methuen,1952)。在我们的研究中,无论是俄尔甫斯的(格思里)、毕达哥拉斯的(托马斯[Thomas])、俄尔甫斯-毕达哥拉斯的(齐格勒[Ziegler]、库蒙)还是厄琉斯的(布瓦扬塞、皮卡尔)辑语都没有区别:它们所表达的信仰都与所有关于记忆、时间和灵魂的思考密不可分。

② 柏拉图继承了将宗教话题与哲学换位这一重要事业。海奇《作为记忆的真理》(前揭)强调了柏拉图对真理的表征与记忆的作用之间的联系理论的看法。

③ 见第尔斯《古廊下派辑语》[7]卷 1,页 360.4 及以下、页 374 及以下。关于恩培多克勒,见博拉克,《恩培多克勒》(*Empedocles*,Paris:Editions de Minuit,1965)卷 1。

④ 关于这一记忆的概念,见韦尔南,《希腊的神话与思想》,页 75 – 105。伯克特不知道这篇重要的文章,因此他极大地低估了记忆在古代毕达哥拉斯主义中的地位;见伯克特,《智慧与学识:毕达哥拉斯、斐洛劳斯与柏拉图研究》,前揭。

取全部的知识。①

从宗教哲学领域的二元对立观点来看,地球上的生命除了会遭受死亡和遗忘的摧残外,还会经受时间的腐蚀。[123]当人被扔进遗忘的世界时,他便开始在祸害神阿泰的草原上流连。② 为了超越生命极限和摒弃遗忘,这些人想出了一个救赎的办法,其中包括一条关于生活的准则,一个"神圣之方"。这个办法涉及一些生理和心理的技巧,旨在通过一种全身僵硬的体验来使灵魂脱离肉体(同上)。一种包括责任与禁忌的生活范式允许这个参与者在他苦行结束之时来到记忆之春的守护者面前;在那里,他可以喝到能摆脱时间限制并且能使他获得永久圣洁地位的记忆之泉。去"铭记",使"灵魂脱离肉体",去"饮用记忆女神之水"——所有这些表达从不同层面道出了同样的生活方式。

在这个背景下,阿勒忒亚的平原这个场景就显示出它的重要意义。在这一点上,厄庇墨尼德斯的经历就很有说服力:

> 在白天,厄庇墨尼德斯躺在狄克特翁山的宙斯(Zeus Diktaios)的洞穴里,一睡就是好些年;他做了很多梦,在梦中他与各个神对话,同时也和阿勒忒亚与狄刻对话。③

---

① 正如韦尔南在《希腊的神话与思想》106-125页指出的那样,坚持要有全部的知识是让人记得不要忘记宗教仪式这一重大责任的途径。宗教仪式让人想到了预言家的无错性。

② 见德蒂安,《从宗教思想到哲学思想:古代毕达哥拉斯学派中 Daimôn 的含义》,前揭,页60-92。

③ 见第尔斯《古廊下派辑语⁷》卷1,32.17及以下。关于厄庇墨尼德斯,见德穆兰(Herbert Demoulin),《克里特的厄庇墨尼德斯》(*Epiménide de Crète*, Brussels:Office de Publicité,1901);伯克特,《智慧与学识:毕达哥拉斯、斐洛劳斯与柏拉图研究》,前揭,页127-128;威利兹,《克里特崇拜与节日》,前揭,页216、242、311;韦尔南,《希腊思想的起源》,页77及以下;多茨,《希腊人与非理

厄庇墨尼德斯的经历与那些宗教哲学人士的经历处于同一社会与心理层次。人物设置也就是一些占星家、拥有雄心壮志的诗人、有特殊行为方式的人、那些在城邦中处于社会群体边缘的人：这一思想层次与那些灵魂专家的兴奋活动处于同一水平。厄庇墨尼德斯是一个占卜师，吃过可以使内心更加纯净、更加圣洁的锦葵和水仙。他了解过去、现在和未来。和其他受到同样方式激励的人一样，他也经受全身僵硬的睡眠。他的灵魂可以随意脱离肉体。这种行为无疑类似于孵化过程，因为睡眠是一种特殊时刻。在这个过程当中，在白天"与肉体连为一体的灵魂"，[124]脱离肉体后可以完完全全地领悟真理。① 于是，它"能够回忆过去，理解现在，预见未来"。② 一方面，和圣者经历一样，与真理对话表明厄庇墨尼德斯获得了与真理相见的第二次机会；另一方面，也证实了冥想（meletē）的目标是逃避时间，获得一种与遗忘相悖的实际水平。③ 一旦遇到

---

性人"，前揭，页141 – 146。[译按]狄克特翁山的宙斯：Diktaios 即"of Dikti"——狄克特翁的，狄克特翁是一座山的名字，宙斯在这座山的山洞中长大。

① 根据拉尔修1.114 所言，厄庇墨尼德斯就是米诺斯的弟弟阿伊库斯（Aeacus）。

② 见西塞罗，《论预言》，前揭，1.30，埃利阿努斯，《杂文轶事》（*Hist. Var.*），3.11（赫歇尔[R. Hercher]编本）。似乎可以将这些在狂喜状态下获得的真理表象的宗教传统与柏拉图的洞穴喻相比较，洞穴喻似乎就是移位到了哲学中的这些传统。柏拉图在两处（《忒埃特托斯》152C，162A）影射了真理的神秘，真理有时从她的圣所深处发出声音，有时隐秘地显露自己。

③ 从一个层面到另一层面的延续性有一个重要的方面，即持续地将"广"义的阿勒忒亚看作过去、现在和将来的综合体。首先，从灵感诗人这个方面来看，缪斯宣称阿勒忒亚是："今为何，将为何，昔为何"（赫西俄德《神谱》28，38；参32，前揭）。第二，从预言家这个方面来看，夜晚的梦境就是真实（Alēthousunē），涵盖了"人在黑暗中沉睡时的过去、现在和必会到来之事"（欧里庇得斯《海伦》13 及以下）。见《伊利亚特》1.70 的卡尔卡斯，"知道现

真理,厄庇墨尼德斯就和地位如金块发掘者般神圣的众神亲密接触。那时,他就能饮到记忆之湖(Lake of Memory)的新鲜水源。①真理是神圣的:因为她不受时间限制并且趋于稳定。这就是存在的水平,永恒不变,与人类的存在是相对的,他们要经历出生、死亡与遗忘。

对于那些宗教哲学人士来说,真理处于权力与原则的中心,这

---

在、未来和过去的最好预言家"。第三,从哲学宗教这个方面来看,证据有:(1)厄庇墨尼德斯("不仅揭示将来之事,也揭示过去的、不可见之事的人";收录于亚里士多德《修辞学》3.17.1418A.24)的预言力量与他在狄克特翁的宙斯的山洞中看到阿勒忒亚(参第尔斯《古廊下派辑语》[7]卷1,32.17及以下)的关系;(2)诸多段落,如柏拉图《王制》571E,埃利阿努斯《杂文轶事》3.11(赫歇尔编本),西塞罗《论预言》1.30(见德蒂安,《论宗教思想与哲学思想:"精灵"在古代毕达哥拉斯派的含义》页76-77),预言和强直性经历在此处相互纠缠。(要注意拉尔修1.33一个关于三足鼎的故事中,预言规定将宗教物品送到一位智者的家中,因此这位智者通过他"关于过去、现在和未来的"知识而被定义为智者,这暗示了智者[类似于七贤的一类人]和灵感诗人的相似之处。在其他地方,如阿里斯托芬的《云》中,哲学沉思中渗透的特点是潜在的实践,见费斯都吉耶[André Jean Festugèire],《柏拉图的沉思与沉思生活》[*Contemplation et vie contemplative selon Platon*, 2nd ed., Paris: Vrin, 1950]页70及以下,他强调这种沉思和《斐德若》中所说的技艺的相似之处。)有趣的是,和另一思想层面相同,所有这些宗教经历都通过将阿勒忒亚界定为过去、现在和未来的综合。这个综合体阿勒忒亚一步一步地再次出现在世俗思想中:在理性医学著名的"预断"理论中,它是对现在反思、与过去比较并可以预测(见布尔热[Louis Bourgey],《希波克拉底文集中的医学观察与经验》[*Observation et expérience chez les medicins de la collection hippocratique*, Paris: Vrin, 1953]页220及以下引用的文献);在诡辩术中,话语预设了对过去之事的记忆,对现在之事的知识和对将要发生之事的预见(高尔吉亚斯,收录于第尔斯《古廊下派辑语》[7]卷2,291.5-9;又见柏拉图,《王制》515C-D)。

① 见第尔斯《古廊下派辑语》[7]卷1,15.13,16.17,16.22,17.13。比较毕达哥拉斯学派的精灵身份或恩培多克勒的先知身份。

与宗教思想上的情况类似。从记忆的宗教功能来讲,真理与正义是有联系的,表明真理与事物秩序的一致性。真理也受到信念的支持,这里的信念在预言家和有天赋的诗人的宗教思想中表达了存在的信念和至高的力量,是人类所接受的启示:也就是恩培多克勒的缪斯,她道出了真理,说了"令人信服的话"(pistōmata)。① 然而,宗教哲学人士与诗人、预言家以及正义之王对于真理的概念在这里仅仅相似而已。对于后一个群体来讲,真理作为一种宗教力量与说服(Peitho)是分离的,而对于前者来讲,真理、正义、信念绝对不是与说服处在同一水平。在高尔吉亚斯的故事中,说服之人没有信念(apistia)。很不幸,他们变成了遗忘的囚徒——成了快乐的猎物,在世间的无尽变换中前行。② [125]佩托与勒忒和她的姐妹海冬涅(Hēdonē,快乐)同在,而祸害神阿泰则是佩托的另一面。③

说服犹如万物生长的温床,语言满足感中的甜蜜,又犹如女性和肉体享乐所带来的愉悦。由于这种内省的思考,人类常常反省过失并且渴求纯洁,所以,那种与遗忘作斗争并且沉浸于夜晚的人类

---

① 见《古廊下派辑语[7]》卷 1,311.6,355.12 – 356.2。关于恩培多克勒的信念,见维尔德尼俄斯,《前苏格拉底评注 8:恩培多克勒的信念的意义》(Notes on the Presocratics, VIII. The Meaning of πίστις in Empedocles, *Mnemosyne*, 1948),页 10 – 12。真理和信念的联系在帕默尼德那里有清楚的说明(见上述 131 页)。

② 柏拉图,《高尔吉亚斯》493A 及以下;韦尔南,《希腊的神话与思想》页 115 及以下解释了这个神话来源于恩培多克勒。

③ 见韦尔南,《希腊的神话与思想》页 117 及以下,他还[在《希腊的神话与思想》页 122 注释 53 中]回想起普鲁塔克的《论夜晚的神圣报复》(前揭)566A 和《论皮提娅预言》(前揭)397B,把快乐和遗忘及祸害联系在一起。关于普鲁塔克《论夜晚的神圣报复》中遗忘的深渊,见韦尼埃,《普鲁塔克的"勒忒"》(前揭)。

环境被打上了说服的标签。① 在古老传统中,一方面,人类感觉自身受到遗忘的影响,所拥有的记忆飘忽不定,另一方面,人类觉得神的记忆也是有瑕疵的。但是,在宗教危机的年代,由于一条不可逾越的鸿沟,人类与众神被分隔开,毫不动摇的记忆成了众神独享之物,这是人类最缺乏的。对于宗教哲学人士而言,永恒、存在、记忆和阿勒忒亚属于一类,而流变、非存在、遗忘、勒忒属于另一类。两者之间的分界线是很明显的,这在神样的人(theios anēr)身上得到了证实:他在禁欲主义上所做的所有努力就是一种从遗忘层次向真理层次的过渡。宗教哲学人士的精神领域是一个充满纷争的世界,其中,模糊让位于矛盾。真理—遗忘这对价值尽管在改变,但反映了一种古老思想的延续,但是,这两种力量的关系现在已经不能同日而语。一种语言因为另一种语言而被舍弃。

明确区分真理与遗忘的这个思想层面上可以探查到一些奇怪的对应关系,相同精神领域也有一些表现。不同时期一些毫无关联的文本阐明了这些圈子中的人如何做出选择的基础意义。人不再活在一个"反面"互补、对立即模糊的充满不确定的世界中。现在,人被放在一个二元对立的世界中。[126]因此,选择成为十分紧迫的事情。毕达哥拉斯所处的时代在宗教哲学圈子中享有重要地位,其中很明显的二元对立主义划分出两条不同的道路:左边是快乐之神海冬涅,右边是珀诺斯(Ponos,劳役之神,夜神尼克斯之子——译

---

① 在整个传统中,"参与说服"是"屈服于死亡的动物的根本弱点的残留"(埃斯方特[Ecphantus],《贵族的特点》[*Traité de la royauté*],页 278,2 及以下。见恩斯[Hense]编,收录于路易·德拉特[Louis Delatte]《埃斯方特的〈贵族的特点〉》*Les Traités de la royauté d'Ecphante, Diotogène et Sthénidas*, Liège - Paris: Editions Droz, 1942,页 51)。关于忘记和说服的关系,见柏拉图《王制》412E-413C。关于欺骗是遗忘的同义词,见若利,《克贝碑文与宗教哲学》(前揭)页 36 及以下评论。

按)。一些证据表明,对这些人来讲,海格拉斯在十字路口所做出的明智决定反映了做出具有决定意义选择的必要性。这也是一个青年站在成年开端所面临的选择。① 救赎之路需要付出努力。这是一条冥想之路,一条漫长的苦行之路,一条操行记忆之路。另一条路是充满享乐、污秽和无意识的道路。前者崎岖坎坷,后者平坦安逸。当然,由于人渴望享乐,他更容易选择后者。② 生命开端的十字路口就好比来生的分叉路口,因为他的灵魂来到了另一个世界的分叉口,一条腿要走向蒙福之岛,另一条要走向冥界的塔尔塔洛斯(Tartarus,冥河——译按)(柏拉图《高尔吉亚斯》524A)。在"金碑"上,每一条路都引向一股泉水,一条引向左边,另一条引向右边的记忆之湖。然而,彼岸实际上没有真正的选择:因为沿路伴随这个人直到坟墓的墓碑很清楚地表明他所选择的路,而这是他有权利选择

---

① 各种观点见德蒂安,《赫拉克勒斯:毕达哥拉斯的英雄》(Héraclès, héros pythagoricien, *Revue de l'histoire des religions*, 1960)。在选择这一主题时,反思这个含义可用于自我评价这一为选择救赎铺路的自我意识。在索福克勒斯编写的喜剧《巴黎的审判》(此剧冠名 κρίσις,见《雅典娜神庙》,15.687C = 辑语 334N²)中,要选择的是雅典娜—阿泰(或明智)和阿芙洛狄忒—海冬涅之间。虽没有证据,但是维茨(M. C. Waites)《希腊文学中的寓言之争》(The Allegorical Debate in Greek Literature, *Harvard Studies in Classical Philology* 23, 1912)认为这是比《塞浦路斯女神之歌》(*Cypria*,编者按:讲述特洛伊战争因金苹果的纷争而起,根源是以塞浦路斯岛为道场的阿芙洛狄忒)更早的一个版本(见塞弗希恩《阿里斯塔克学派的组诗》,前揭,页 261 及以下)。

② 我们肯定会反对赫西俄德《劳作与时日》(1.286 及以下)中对选择这一形象的描绘:选择陡峭崎岖的德行之路,还是平坦易行的悲惨之路。但是赫西俄德中的选择与哲学教派的选择并不相同。韦尔南在《赫西俄德的竞技神话:结构分析论文》(前揭,页 3 - 32)中表明了竞技中的神话已经是三元结构,而神话的思维方面却是二元的。正义和傲慢之间的张力以适合各自的方式赋予三个功能中的每一个功能以两极的元素(23 页)。在围绕两极张力和对立关系构建的宗教思想中,没有哪一个选择可以脱离模糊性。哲学教派赋予选择的特点是:二者只能取其一。

的路。其中一个碑很清楚地写着被选中的生灵顺着右边的路走,而大多数碑给予这个人可以喝到生命之水的密码。①

因此,在人间时所做出的选择提前决定了彼岸所做的选择。在世绝对对应着来世。就各种选择来讲,这整个截然不同的思潮是一种思维方式。它反对两分法:左与右,勤劳与享乐,记忆与忘却;而真理与遗忘是带着二者取其一的一种思维方式。这种在宗教哲学人士中必须做出的选择很显然是一种矛盾,它主导着这种思潮。[127]然而,尽管处于两个极端的中间地带的模糊性消失了,但是他不能完全从人类的现实世界中剔除。恩培多克勒给他的学生泡赛尼阿斯两种生活的选择。一种生活就是走冥想女神的路,也就是"神圣思考"(divine prapides)之路,②此路能让他通过缜密的思考牢牢把握缪斯的教诲,借此也能掌握其他的知识。另一条路走的是"黑暗的意见"之路,人成为自身的工具,自己去探寻无数不光彩的事情。③ 对于宗教哲学人士来讲,平稳和固定与善变和流动是相悖的:人会很自然选择生活在说服和意见的世界中,因为一切都是在改变并且永不停息的。换句话说,对于希腊人来讲,世界的精髓就是模糊。

因此,宗教哲学圈中真理的演变与西蒙尼德斯到智术师的这段时期既相悖又互补。说它相悖,是因为真理在前者中扮演关键角

---

① 第尔斯《古廊下派辑语》卷1,17.11。

② 神圣思考:prapides 即横膈膜,古希腊人认为思考的器官为心脏,尤其是心脏的横膈膜。

③ 同上,卷1,页352. 20 及以下。当辑语22(第尔斯《古廊下派辑语》卷1,361. 3 及以下)提到祸害的草场(关于这一段的难点,见《恩培多克勒的精灵论》[La'Démonologie' d'Empédocle, *Revue des études grecques* 72, 1959])时,它也包含了对陆地世界的模糊性作出的特别丰富的描述,在这个世界里,美貌和丑陋、睡眠和清醒、沉默和言说、真理和存疑都是成对出现的。

色,而欺骗在后者中占有主导地位。但是,又说它互补,是因为作为一种宗教功能,真理与记忆的关系从结构上说是有必要的,这种关系的存在对于一个群体具有积极意义,而对于另外一个群体具有消极意义。更关键的一点,这些宗派的历史补充了诡辩术与修辞所传达的东西。后来,由于真理被边缘化,实际上提升了欺骗的地位,所以我们不能定义真理与欺骗之间的语言关系。相比之下,对于宗教哲学人士来说,真理占统治地位并没有消除世间的模糊性:因为在宗教哲学人士的世界中需要选择。在这一思想层次上,不管模糊性是以什么形式出现,是遗忘、说服、欺骗还是意见,它始终是真理的对立面。没有第三种表述了,只有真理与欺骗间的抉择。

[128]

| + | - |
|---|---|
| 真理之原 | 遗忘之原 |
| 摩涅莫绪涅 | 勒忒 |
| 墨勒忒、塔那托斯 | 阿美莱丝 |
| 灵魂 | |
| 记忆 | 遗忘 |
| 时间 | |
| 珀诺斯 | 海冬涅 |
| 右边 | 左边 |
| 无时间 | 时间 |
| 狄刻 | 勒忒 |
| 阿勒忒亚 | 佩托　海冬涅 |
| 皮斯蒂 | 阿泰 |
| 光明 | 夜晚 |

从时代变迁的角度看,我们应该说延续中的中止还是中止中的延续呢?尽管这种区别将模糊语言与矛盾语言分离开来,但是在很多重要方面,这两者之间还是有连续性:宗教哲学人士与世人、圣灵和最拥有正义的人想法一样,都认为记忆仍然具有基础意义。占卜师与预言家和最拥有正义的人一样都是真理的主人。

同样,在各种真理的主人之间和各种真理之间,相似中总会显露出明显的区别。在一个凸显时间与灵魂问题的思想体系内,记忆不仅是二次遇见的馈赠,或是不断与有形事物互动的无形事物的"解码",还是一种超越时间和灵魂从肉体得以解放的途径,也就是一种获取有别于有形世界中事物的方式。[129] 与此同时,真理的含义也在发生改变。它不再是被圣灵或诗人说辞所建构的有效权力。在一个起始于神话语言而不是它的各种类型的思想体系中,真理是一种具有更严格的定义、更抽象的理解的权力。真理仍旧反映着一种现实层面,但是这种层面不受时间的限制,这与稳定不变的存在相一致,就好像真理与关于时间、死亡及遗忘的现实层面完全背道而驰。除此之外,真理所代表的现实层面并不仅仅由与真理紧密相连的一类人的宗教品质所定义。现如今,这种现实层面变得更加客观,理解起来更加抽象。① 它与其他现实层面大不相同,并且为它们建构了一种标准。它逐渐成为宗教意义上的存在甚至太一(the One),因为它完全与任何变动的、复合型的、具有双重意义的事物相对立。因此,不仅真理与记忆之间的语言关系发生了变化,

---

① 关于古代思想的抽象过程,见韦伯斯特,《拟人的希腊思想模式》(Personification as a Model of Greek Thought, *Journal of the Warburg and Courtauld Institutes* 17, 1954)和《希腊早期的语言和思想》(Language and Thought in Early Greece, *Memories and Proceedings of the Manchester Literary Philosophical Society* 94. 3, 1952—1953)。哲学思想被用来完善这一过程,区分出自然、神和人这些相互界定、相互平衡的概念。(韦尔南《希腊的神话与思想》,页343及以下)。

而且它们本身也发生了变化。

意义上的改变很自然地引出这两类"真理的主人"的区别。从某种程度来讲,人们认为真理象征了一种与其他现实层面分离的价值观,并且它更多地象征着一种存在,而成为充满变数、模糊的意见(Doxa)世界的对立面。但是,宗教哲学派中真理的主人更多想到的是他与其他人之间的差别——真理的主人知道、认识并且能道出真理,而其他人对真理一无所知,他们是一群被纷繁复杂的事情所影响的不幸的家伙。在古老的层次上,不管先知是以诗人还是预言家的身份出现,都是天生的"真理的主人":真理是事情基本顺序的一部分,一种社会功能的一方面,但是并没有完全与欺骗分离。相反,在宗教哲学人士那里,[130]人与神的鸿沟越来越大,与欺骗完全分离的真理不再具有社会功能,占卜师已经是一个个体。因此,这种新的真理的主人一定会意识到是什么将他与其他人区别开来,并且使他自己成为一个杰出的个体。

克里特岛的厄庇墨尼德斯与爱利亚(Elea)的帕默尼德之间,充满激情的占卜师与存在的哲学家之间,似乎有条鸿沟无法逾越。帕默尼德用一与多的问题以及对于语言和逻辑必要性的思考来取代厄庇墨尼德斯对于救赎和灵魂的思考和他对灵魂净化的坚持。① 这两个人

---

① 在关于帕默尼德的大量文学作品中,我最终选择了昂特斯坦纳的《帕默尼德:证明与辑语——导读、翻译与评论》(*Parmenides*: *Testimonianze e frammenti. Introduzione*, *traduzione e commento*, Florence: La Nuova Italia, 1958)这部杰作来辅助我的研究。(还要阅读布伦瑞克在《哲学评论》120 - 123 页对其中某些解释的修正。)这部著作是 1958 年以前最完备的研究。在接下来的讨论中——我为这些讨论过于简要而致歉,我没有过多地讨论帕默尼德本身,而是讨论他和某些思想模式及问题的关系,因为他经常代表了这些思想和问题的最终结论。至于评价史前的真理对理解帕默尼德《论自然》(*Treatise on Nature*)具体有何重要性,这项任务将留给研究帕默尼德的历史学家去探讨。我仅仅是提出几点建议而已。

尽管在用词、涉及的问题和思想层次方面基本不一致，尽管会有这些对于哲学思想的独特性尤为重要的差异性，但是，在围绕着真理的一些问题中，厄庇墨尼德斯与帕默尼德也会有很多相似之处。第一，《论自然》(Treatise on Nature)"序言"的整个背景重新回到了圣灵、诗人和占卜师独特的观点。① 当帕默尼德开始描述自己精神活动的本性和研究的目的时，他借助了一些相关派别的宗教词汇。譬如，他借用了马车旅行的含义。马车，一种贵族车，成了他来世旅行的交通工具。他也借用了那些将灵魂归附于死者的众神的含义。离开黑夜的居所，太阳神之女给了他通往光明的

---

① 很久以前就有人认识到了这些关系并精细地将其分类。如第尔斯，《帕默尼德的教育诗》(Parmenides' Lehrgedicht, Berlin: G. Reimer, 1897)，页10 - 11；热尔内，《哲学的起源》，前揭，页 2 及以下；弗伦克尔，《帕默尼德研究》(Parmenides' - studien, Wege und Formen frühgriechischen Denkens, 前揭) 页 158 及以下(他把引导母马的精灵比作品达《奥林匹亚凯歌》4.22 - 27 中的缪斯)；鲍勒，《帕默尼德的序言》(The Proem of Parmenides, Problems in Greek Poetry, Oxford: Clarendon Press, 1953)，页 38 及以下；斯内尔，《精神的发现：欧洲思想源于希腊的研究》，前揭，页 196 - 197 及以下；维拉斯托斯，《帕默尼德的知识论》(Parmenides's Theory of Knowledge, Transactions of the American Philological Association 77, 1946)；雅吉尔(Wolfgang Jäger)，《帕默尼德论"存在"的神秘》(Parmenides' Mysterium des Seins, Die Theologie der frühen griechischen Denken, Stuttgart, 1953)；昂特斯坦纳的《通向"生命"的帕默尼德之路》(La OΔOΣ de Parmenide come 'via' all' Eon, Parmenide, Florence: La Nuova Italia, 1958)；迪志格拉贝(K. Diechgräber)，《帕默尼德路正义女神的升天》(Parmenides's Auffahrt zur Göttin des Rechts, Abhandl. Akad. Wiss. Lit. Mainz, Geistes - und sozialwiss. Klasse 11, 1958)；施瓦布尔，《赫西俄德和帕默尼德：论帕默尼德证据的形式》(Hesiod und Parmenides. Zur Formung des Parmenideischen Proomions 28 B 1, Rheinsches Museum für Philologie 106, 1963)(他严谨地进行赫西俄德与帕默尼德的平行研究，包括他在《语文学之冠》[Serta philologica, 1966]、《赫尔墨斯》[Hermes, 1962, 1963] 上的重要文章)。又见多林(Edwin F. Dolin)，《帕默尼德与赫西俄德》(Parmenides and Hesiod, Harvard Studies in Classical Philology 66, 1962)。

道路。坐在奔驰的"雄辩之马"的背上,帕默尼德通往一个叫彼岸的地方。① 他从黑夜到白天,从黑暗到光明。在由正义守护的铜墙铁壁面前,他见到了向他揭示真理的女神,就好像缪斯女神给赫西俄德揭示真理一样。在各个方面,帕默尼德都表现出一副被拣选、十分杰出的样子,因为他是一个无所不知的人。[131]真理是他的权柄。作为真理的主人,他不同于"那些一无所知的人"、"那些聪明绝顶却对万事万物充耳不闻、视而不见的人"。② 真理之路是有别于那些"眼神游离、耳朵蜂鸣"的人走过的路(同上,卷1,234.34)。

帕默尼德的真理与那些预言家和吟游诗人第二次遇见的真理是紧密联系的,它更多是在类似于古老宗教思想的一股力量中发挥作用。跟赫西俄德和厄庇墨尼德斯的真理一样,帕默尼德的真理与正义是联系在一起的,这不仅表明世间的有序性,也暗含了严格的思想道德性。③ 信念给予真理用来认识神明的所有力量,而欺骗却用同样坚定的意志来挑战这股力量。④ 真理之路与人类的所有谎言(kosmos apatēlos epeōn)是相反的。⑤ 意见的道路与真理的道路背道而驰。帕默尼德的真理与厄庇墨尼德斯和赫西俄德派别以外的一个传统是相融合的,并且与他能够提供有力证据的宗教思想相

---

① 见弗朗科特(A. Francotte),《帕默尼德雄辩的母马》(Les Disertes jumentes de Parménide, *Phronesis* 3,1958)。
② 第尔斯,《古廊下派辑语⁷》卷1,233.4 及以下。
③ 帕默尼德的正义,见弗伦克尔,《希腊早期的思想方法与形式》,前揭,页162 及以下;希维耶《古代思想与前苏格拉底哲学》(Pensée archaïque et philosophie présocratique, *Revue de théologie et de philosophie* 3,1953),页99。
④ 见第尔斯《古廊下派辑语⁷》卷1,230.12、236.5、237.8、239.6-7、275 及以下,拉姆努克斯在《赫拉克利特或在选择和语言之间的人》(前揭)中也指出了信念对于赫拉克利特和恩培多克勒的重要性。
⑤ 第尔斯《古廊下派辑语⁷》卷1,239.8 及以下。

匹配。

第三，他们之间也存在一些相似之处，这对帕默尼德式哲学的精髓有一定影响。在整个存在史中，真理是存在问题的核心。在那些预言家和吟游诗人的真理背后，我们领略到"言语—现实"的思想，并且也体会到宗教哲学圈子的真理包含着存在即太一的一种早期形态。① 对于帕默尼德来讲，存在的问题处于核心地位。的确，真理的角色在帕默尼德的思想体系中是非常关键的，因为他的哲学思想就是一种存在哲学。就帕默尼德看来，存在的问题是由演说与现实的关系问题引出的，而这两者间的问题又是根据是选择阿勒忒亚还是阿帕忒、选择真理还是选择欺骗而提出的。② 由于在话语和事件之间存在一条鸿沟，这位探寻存在的哲学家就设法[132]区分语言中的稳与不稳、变与不变、"真实的"与"欺骗的"。③ 他一直设法从那些在语言层面被他叫做词语或名称（epea, onomata）的永不停息的事情中提炼出存在。④ 帕默尼德一整套关于语言作为了解现实的工具的思想一直是围绕一个小写的希腊词汇 esti 即"存在"在发展。

---

① 柏拉图对阿勒忒亚的用法依然有本体论的含义；见普拉斯（Eduard Des Places），《柏拉图的哲学语言：关于存在的词汇》（La Langue philosophique de Platon: le Vocabulaire de l' Etre, *Comptes rendus des séances: Academie des Inscriptions et Belles Lettres* 1961, 1962）。要注意宗教世界中有效的神圣决定及其采取的行为（见《伊利亚特》1.41；《奥德赛》5.170，使用了 νοησαί τε κρηναί τε 这一表达）与帕默尼德存在和思想共存的世界之间具有一定的相似性。

② 出存在问题的不是帕默尼德，而是后来问道"什么是存在？"的亚里士多德（见《亚里士多德的存在问题：亚里士多德问题研究》页 13 及以下）。

③ 霍夫曼，《论语言与古代逻辑》，前揭，页 10 及以下；拉姆努克斯《赫拉克利特或在选择和语言之间的人》，前揭，特别是页 291 及以下。

④ 第尔斯《古廊下派辑语⁷》卷 1，238.7，239.8；昂特斯坦纳，《帕默尼德：证明与辑语——导读、翻译与评论》，前揭，页 158 及以下。

在与智术师类似的关于语言作为工具作用于他者的思想中,区分以下两个方面是很重要的:希腊语言的特点和哲学透过这些特点所要说明的问题。首先,正如邦维尼斯特所指出的,希腊语中有一个动词"存在",而存在绝不是对于每种语言都有必要。① 其次,希腊人以很多特别的方式使用这个动词:因为它本身具有联系动词的语言功能。和其他动词相比,"存在"一词更具延展性,它既有名词的性质,也可以作谓语。② 由于希腊语的种种特点,语言与现实的关系问题就产生了。为了阐明语言是否是现实,是否是所有的现实,是否是一连串话语中固定不变的一点,帕默尼德回答道:"它是",或者从广义上来讲,"存在便是,不存在便不是"。"存在便是":那就是真理。③ 帕默尼德的整个哲学因为存在而引人入胜:鉴于他的哲学是以一个单独的词表现出来的,"存在"就包含一种独特的最小单位的意义。因为它是一个单数名词,很自然地是指单一事件。④ 它的独一性消除了任何多义或者谓语是复数的可能性。在帕默尼德的存在中,所有对太一、永恒和无限的渴望都能在一瞬间得到满足。在另外一种语言和思想层次上,帕默尼德解决了和俄尔甫斯的时序神克罗诺斯

---

① 邦维尼斯特,《普通语言学问题》(*Problèmes de linguistique générale*, Paris, 1966), 页 70 - 71。更一般性的研究,见胡吉耶(Auguste Paul Rougier),《形而上学与语言》(*La Métaphysique et le langage*, Paris: Flammarion, 1960)。

② 富尔凯(Jean Fourquet),《动词的意义》(La Notion de verbe, *Journal de psychologie normale et pathologique*, 1950), 页 93 及以下。关于帕默尼德提出的逻辑问题,见卡洛杰罗《埃利亚派研究》(*Studi sull' Eleatismo*, Rome: G. Bardi, 1932)。

③ 门尼德的阿勒忒亚的本体意义在路德的《从语言看早期希腊的真理思想》,前揭,84 页及以下已经有过特别强调。

④ 奥邦克,《亚里士多德的存在问题:亚里士多德问题研究》,页 157。

同样的问题,也就是融合一与多的问题。① 对于帕默尼德来讲,不仅整个哲学传统没有被他的哲学所影响,[133]相反,真理被看作是"简单的"事情,这与那些具有"双重"意义、模糊、"模棱两可"的事情是相对立的。②

最后,厄庇墨尼德斯与帕默尼德之间有一些明显的相似点,因为在帕默尼德的哲学世界中,做出选择是有必要的,这和宗教哲学圈子一样。在"序言"当中,神的旨意是很清楚的:真理之路与意见之路同在。选择就在真理与欺骗之间。然而,这个相似点意味着神话思维语言与理性思维的决裂,这与前面一些相似点产生的作用是相反的。

然而,在看见真理的厄庇墨尼德斯与道出真理的那个哲学家之间也存在不同点。其中一个很关键的不同点揭示了真理的含义的转折点。对于一个博学的人来讲,他受神明的拣选,拥有好的记忆,而遗忘是恶魔,带有纯粹的消极色彩。真理与遗忘之间有一道鸿

---

① 如韦尔南在《希腊思想的起源》45 页注释 10 所说,俄尔甫斯主义的一和多问题及其在哲学思想中的"严格"范式把一看成了社会实践中根本的矛盾:国家是单一的、同构的,而人类确实由许多异质的部分组成的(见亚里士多德,《政治学》[ Politics ] 2. 1261A. 18 及以下)。在《论世界》( De Mundo ) 396B 中,伪亚里士多德(Pseudo - Aristotle)指的是让人崇敬的政治和谐,能产生"来自多样、不同的单一布局,一种类似的思考方式"。另外,政治思想将法律的单一性与人、行为和不同情况的多样性对立:柏拉图,《王制》294B;亚里士多德,《尼各马可伦理学》5. 15. 1137B。又见韦尔南,《希腊的神话与思想》页 212 - 234。

② 埃斯库罗斯辑语 288(梅特编本),《被缚的普罗米修斯》610、686;欧里庇得斯,《腓尼基妇女》469(见内斯特尔,《从神话到逻各斯》页 290 注释 99);辑语 289, 2 $N^2$;辑语 206 $N^2$;柏拉图,《希琵阿斯后篇》364B(诚实、得体的阿喀琉斯与诡计多端的奥德修斯相对);柏拉图,《王制》382E(神既得体又真实,见《克拉提洛》408C);亚里士多德,《修辞学》1416B. 25, 1438B. 21,《欧太谟伦理学》( Ethica Eudemia ) ,1233B. 38;等等。在色诺芬的作品中,得体与 ἐπίβουλος (《回忆录》[ Memorobilia ]3. 1. 6)和欺骗(4. 2, 4. 16; 4. 18)相对。

沟。相比之下,尽管在很多方面帕默尼德是一个无所不知的人,但是他会将诗篇的一半篇幅用于写欺骗和凡人的意见。① 当一个人拥有了存在,为什么还要谈不是真理之事呢?因为在厄庇墨尼德斯与帕默尼德所处的时代之间,社会环境发生了改变。占卜师远离城邦,生活在城市的边缘,而哲学家却恰好相反,他受制于城市制度,因此必须迎合大众的要求。他有义务离开天启的庇护:神明给予他真理,但同时他的真理如果不受到证实就会遭到质疑。② 帕默尼德对意见进行思考,评论"欺骗之语"。与真理相对,以存在为基础,于是,欺骗展现出它的力量:它营造出一种幻象(parphasis)一统天下、白天与黑夜相融合的现实。③ 帕默尼德曾说道,这是一个充满各种意见的世界。当时,他在谈论一些人试图命名两件事情,[134]但似乎又觉得没有多大必要。在这里,矛盾凌驾于思想之上,但同

---

① 已经有许多研究注意到了真理之路和意见之路的互补性;见施瓦布尔,《帕默尼德》(Parmenides, Anzeiger für die Altertumswissenschaft 9, Innsbruck: Universitat - Verlag Wagner, 1956,见《帕默尼德的存在与意见》[Sein und Doxa bei Parmenides, Wiener Studien 66, 1953],页 50 - 75);博拉克,《论帕默尼德残篇四与十六》(Sur deux fragments de Parménide [4 et 16], *Revue des études grecques* 70, 1957,他承认博弗雷[Jean Beaufret]在《帕默尼德诗篇》[*La Poème de Parménide*, Paris: Presses Universitaires de France, 1955]页 31、48 及以下的洞见);昂特斯坦纳《帕默尼德:证明与辑语——导读、翻译与评论》,前揭,第 4 章。在讨论戴格拉贝在 *Gnomon* 38(1966)321 - 329 页的一篇文章时,博拉克强调了帕默尼德诗中的一致性和意见与生命(Eon)的相互作用。

② 在《忒埃特托斯》(152C 和 162A)的两个段落中,柏拉图暗指了一个已经揭露的真理,但这个真理是普罗塔戈拉揭露的!(感叹号为原注释所加)

③ 引人注目的是,《序言》中太阳的女儿们借助亲密私语和诱惑去说服(第尔斯《古廊下派辑语[7]》卷 1,229. 15 - 16)就是为了得到真理。从诗的一开头,真理和欺骗就是相连的。施瓦布尔《赫西俄德和帕默尼德:论帕默尼德证据的形式》就在赫西俄德的缪斯(真话和谎言)之间做了比较。

时对立面在语言中呼之欲出。① 因此,欺骗不再具有纯粹的消极色彩;光明与夜晚相融合。这一场景可以说既是真实的又是虚假的。哲学家甚至可以在"虚假"世界的中心探寻到真理的踪迹。因此,对于宗教哲学人士来讲,选择的含义与以前大不相同。对于他们来讲,真理与遗忘和欺骗是完全对立的,而在帕默尼德的哲学体系中,选择不再具有排他性,相反,可以根据讨论的需要酌情修改。现在,完全的对立是在存在与非存在之间,而不是在阿勒忒亚与阿帕忒、真理与欺骗之间。②

帕默尼德的真理为第一哲学的模糊性提供了最好的阐明,向大众告知了一个不被大多数人所获得的知识(韦尔南,《希腊思想的起源》,页 58)。帕默尼德的真理是被一类与真理主人后裔有某种联系的人所宣扬的,它也是接受理性挑战的古希腊的第一种真理。它是客观真理的第一个版本,是一个在对话中并通过对话建构的真理。③

---

① 见第尔斯《古廊下派辑语⁷》卷 1,239. 10 及以下。我赞同克鲁瓦桑(Jeanne Croissant)在《帕默尼德意见的开端》(Le Début de la Doxa de Parménide, *Mélanges Desrousseaux par ses amis et ses élèves, en honneur de la cinquantième année*, Paris: Hachette, 1927)中对这一相关段落的解读。其他解读,见昂特斯坦纳,《帕默尼德:证明与辑语——导读、翻译与评论》,前揭,页 121 注释 15。

② 存在之道与第二条不存在之道对立,不存在之道是'αμηχανία之道,是"一无所知的人"、"犹豫不决的"人、无法选择和决断的人所走的路(第尔斯《古廊下派辑语⁷》卷 1,233. 3 及以下)。这些形容词强调的都是全然困惑的世界。

③ 这种真理只出现在柏拉图《高尔吉亚斯》487E 中,但是它在其中起决定性作用(关于这个论题,见佩雷尔曼和欧尔布雷希特-泰提卡编的《哲学的论证》[De la Preuve en philosophie, *Rhétorique et philosophie*, Chaim Perelman and Lucie Olbrechts–Tyteca eds., Paris: Presses Universitaires de France, 1952])。这显然是希腊和整个西方理性真理的特点。东方似乎完全没有这个概念。"在

那里,真理并不是无穷无尽的详查,也不是对存在和从知识上拥有存在的探询"(梅洛-庞蒂,《符号》[*Signes*, Maurice Merleau - Ponty, Paris:Gallimard, 1960],页 167)。矢量—真理与对话—言语(因此也与诡辩术)密切相关,而对话—言语的发展反过来也与平等主义社会关系的存在相关。印度显然采用的是论辩和冲突,但是婆罗门(Brahmanic)和奥义书(Upanishad)的文本是问答式的,是两种各自内部整齐划一的知识之间的殊死决斗(见鲁本[W. Ruben],《关于古奥义书中的论辩》[Über die Debatten in den alten Upanishad's, *Zeitschrift der deutschen morgenlandischen Gesellschaft*],卷 8, Wiesbaden:Franz Steiner, 1929)。因此,印度的论辩和希腊的某些预言步骤并没有不同之处。

# 第七章　模糊与矛盾

　　[135]在神话思想向理性思想转变的过程中,真理是一个关键角色。作为一种宗教力量和哲学概念,真理不仅揭露了宗教思想与哲学思想的彻底决裂,也建构了这两者之间的某些相似点。这些相似点存在于两个领域:一个是某类特殊人群所涉足的领域,一个是各种思想体系所关注的领域。从正义之王到最富抽象思维的哲学家,真理仍然是那些特殊人群的权利。在古希腊,真理是某些特殊事件的特点,正如蹼或翅膀是特定生物物种的标志一样。① 那些灵感诗人、预言家和正义之王很自然就成了真理大师。一旦哲学家加入进来,他就迅速夺取了这些人的势力。和这些人一样,随着占卜师和狂热分子的觉醒,哲学家宣告他能获得并且揭示兼具宗教真理的"同类物和对立物"特征的真理。②

　　更进一步说,哲学在很多方面与传统宗教观念直接对立,从它处理问题的角度来讲,它可以被视为宗教思想的传人。韦尔南发现[136]

　　　　米利都人关于自然的思想是在几对主要的对立概念的框架中发展演变的,而这些诸如神—人、可见—不可见、不朽—有死、永恒—变化、强大—无能、纯洁—混杂、确定—不确定的对

---

① 见梅洛－庞蒂,《符号》,前揭,页287,与1900年的"唯心论者"有关。
② 该表达借用自热尔内,《古希腊的法与法前思想》,前揭,117页。

立概念是希腊宗教思想在唯信仰论的一系列术语建立起来的。①

我们发现了作为宗教力量的真理与说服与语言作用于他者的效果具有双重性和相对性的问题,这两者之间有着必要的联系,我们也发现了语言与现实之间的联系。同样,不管是哲学还是诡辩术,它们所探寻的真理诉求都在宗教思想限定的框架内发展变化。

在某些方面,真理被置于理性思想的核心位置,它构成了明确肯定宗教与哲学有传承关系的术语之一。但在其他方面,它同时又表示理性思想与宗教思想的彻底决裂。与其他力量一样,真理也保持着某些可以决定它本身意义的本质的必然联系。最重要的联系是真理与遗忘的一致性,因为两者形成了一对既对立又互补的矛盾体。所有这些层面的思想都表现出模糊性,也就是一种真实与虚伪的互动。真理中也染上了欺骗的色彩;真实从来不能完全否定虚假。相反,建构了哲学宗教派思想的是矛盾:在占卜师的二元世界里,"真实"是统治者,不允许有欺骗。帕默尼德则认为,真理甚至与统一、无矛盾的无理要求融为一体了。因此,借助真理,我们可以测量出两种思想体系的鸿沟到底有多大,一种是遵循模糊逻辑,另一种是遵循矛盾逻辑。

[137] 在一段充满纷争与冲突的历史中,尽管变化时续时断,但

---

① 见韦尔南和热尔内,《公元前六至前二世纪中国和希腊的社会历史与变革》(Social History and the Evolution of Ideas in China and Greece from the Sixth to the Second Centuries B. C., *Myth and Society in Ancient Greece*, New York: Zone Books, 1988)。关于某些宗教表现和神话主题在哲学思想中是永恒的,见科尔特(Marcel de Corte),《安纳克西曼德的神话与哲学》(Mythe et Philosophie chez Anaximandre, *Laval théologique et philosophique* 14, 1960)和《阿那克西美尼》(Anaximène, *Laval théologique et philosophique* 18, 1962)。

体制本身从来不会变动。宗教真理要成为理性概念就需要一个极其重要的奇迹。那就是言语的世俗化,而这不可避免地被新型社会关系和史无前例的政治结构的发展所影响。若坚持要让无矛盾被感知、被建构,那无疑需要另一种有分量的社会大发展:即在法律与政治的实践中建立两条相反的纲领,展示两种可能性,而又必须在两者之间做出选择。

## 附　言(1967)

自从本书完成以来(1965年1月),新发表了许多与本书论题相关的研究成果。下面扼要列举一些重要者。赫茨(E. Heitsch)的《色诺芬尼的智慧》(Das Wissen des Xenophanes, Rh. Mus., 卷109, 1966,页193 - 235)考察了色诺芬尼思想中"真理"的含义,勾勒了自赫西俄德至帕默尼德以来的真理的历史。和他先前的著作一样(参见上文,页55注2;页109注5;页215注1),作者极其重视"无蔽"(unverborgenheit)的"海德格尔式"(heideggerienne)范畴。此外,在评析etumos[真实]和alèthès[真理]所代表的真理的两个层级时,科里斯舍(T. Krischer)对直接将"真理"等同于"去蔽"的做法做出了有益的批评(Philologus,卷109,1965,页161 - 174)。最后是路德(W. Luther)极其详尽的研究——《至德谟克利特的古希腊哲学中的真理、光和认识:一项对语言和哲学思想之关联性的研究》(*Wahrheit, Licht und Erkenntnis in der griechischen Philosophie bis Demokrit: ein Beitrag zur Erforschung des Zusammenhangs von Sprache und philosophischen Denken*, Archiv für Begriffsgeschichte,卷十,Bonn, 1966,页1 - 240),其中呈现了他自1935年以来的研究成果。W. Luther对包含"真理"的思想体系的分析,对自荷马至德谟克利特以来"真理"的语义场的结构的研究,为一部古希腊的真理史提供了众多实实在在的材料,但在我看来,他的整个事业都基于洪堡(W. von Humboldt)的语言哲学。洪堡强调了内在的语言形式(innere Sprachform)、世界观(Weltansicht)与精神生活(Geistesleben)之间的关系,这一方法指引着W. Luther坚定不移地写下了一部真理史,本书与之并不相类,且篇幅更有限。

# 索 引

abstraction, 226
Accame, S., 59, 66, 145
accord, 127, 157, 169
Achille, 49, 74, 87, 95, 114, 145, 146, 154, 155, 157-162, 164, 166, 167, 169, 233
action, 45, 116, 121-123, 152, 169, 176, 196, 199, 204, 230. Cf. *praxis*
adolescent, 194, 222
Adraste, 125
Adrastée, 213
Agamemnon, 157, 160-164, 169
*agathos anèr*, 200
*agôn*, 14, 49, 155, 208
*Agora*, 10, 100, 155, 164, 167, 173
Ajax, 61, 74, 135, 158
*akra(a)nta*, 120, 121, 127, 128, 143. Cf. *krainein*
*alastôr*, 124
Alcée, 138, 173
*alèthès* et *pseudès*, 86, 145, 147, 197, 198, 209, 235
Aleuades, 200
Althaia, 114
Althusser, L., 150
Amandry, P., 143
ambiguïté, 9, 31, 45, 47, 48, 130, 134, 139, 141, 143-145, 147-150, 194-199, 203, 205, 221-225, 236, 237, 239

âme, 24, 55, 118, 181, 197, 210, 213-217, 222, 223, 225, 228
*Amelès*, 63, 210, 211, 213, 214, 216, 220, 225
Amphiaraos, 108, 109, 125, 141, 144
*anamnèsis*, 214
*Anax*, 101, 103
Andrewes, A., 153
*anô kai katô*, 197
*Aoidè*, 22, 63, 64
*Apatè*, 22, 46, 86-88, 109, 125, 129-133, 135-136, 138, 140, 142, 143, 145-147, 170, 183, 187, 189, 192-195, 202, 203, 206, 209, 220, 224, 227, 230, 231, 233-235
Aphrodite, 130-134, 136, 139, 171, 222
*apistia*, 220
Apollon, 13, 19-22, 31, 86, 88-90, 103, 116, 119, 120, 127, 138, 144, 157, 181, 207
approbation, 123, 170, 171
*apseudès*, 85, 86, 88, 89, 110
Arcésilas de Cyrène, 96
*Archè*, 63, 64
Archiloque, 89, 165, 194, 201
*Aretè*, 52, 200, 222
argent, 185, 203
Argonautes, 75, 89, 169
Argos, 97, 104, 120, 179
Aristote, 25, 27, 48, 53, 63, 98,

索引　209

192, 196, 198-201, 204-206, 209, 210, 231, 232
*arit*ᵉ, 126
artiste, 185, 188, 189
ascèse (*askèsis*), 192, 216, 221, 222
Ascra, 19, 81, 82
asphodèle, 217
assemblée, 10, 12-14, 33, 49, 154-157, 161, 163-169, 174, 175, 180
*Atè*, 61, 88, 129, 139, 160, 216, 220, 223, 225. Cf. Erreur
Athéna, 87, 99, 104, 129, 131, 133, 179, 186, 222
Aubenque, P., 196, 198, 199, 201, 204-209, 231, 232
Aymard, A., 157, 168

Babylone, 45, 69
Bacchylide, 75, 79, 82, 94, 118, 184, 187, 190
Bachelard, G., 56
baguette, 117, 120, 207
balance, 45, 85, 95-98
Bambara, les, 56, 76, 114, 119, 135
banquets, 139, 168
*Basileus*, 103
bâton, 102, 115, 120
Bayet, J., 121
Beaufret, J., 234
Becker, O., 123
Beierwaltes, K., 80
Benveniste, E., 60, 114, 232
Bianchi-Bandinelli, R., 185, 195
bifurcation, 222
Blâme, 9, 22, 72, 73, 76, 77, 79, 80, 82, 149
Boeder, H., 55, 110, 112, 129, 136, 152
Bollack, J., 16-18, 114, 215, 234
Bonnard, A., 27, 201
Bororo, les, 56
*Bouclier d'Héraclès, Le*, 155, 188
*bouleutèrion*, 174
Bourgey, L., 219
Bourguet, E., 104, 105

Bowra, C. M., 142, 184, 186, 188-190, 193, 194, 200, 228
Boyancé, P., 62, 64, 127, 214
Brochard, V., 51
Brueck, E. F., 156
Brunschwig, J., 210, 214, 227
Buchholz, E., 99, 157, 171, 176
Burkert, W., 106, 107, 210, 215, 217
Busolt-Swoboda, G., 175, 176
butin, 49, 154, 156-160, 163, 165-167, 173

Cadmos, 65, 104, 112, 153
Calchas, 21, 121, 218
Calliope, 63, 129
Calogero, G., 116, 232
*Çamsa*, 75
Carchémish, 92
Cassandre, 90, 122, 127, 128
Cassin, E., 115, 159
Cassirer, E., 12, 30
catégories mentales, 14, 52, 145, 184
caverne (mythe de la), 217
centre, 159-169, 174. Cf. *mes(s)on*
Chadwick, J., 96
Chamoux, F., 96
champ sémantique, 14, 38, 43, 54, 142, 240
changement, 57, 58, 141, 239
char, 43, 54, 228
*Charila*, 101
*Charis*, 130, 133-135, 195
Charites, 113, 118, 119, 127, 130, 132, 133, 138, 139
Châtelet, F., 209
choix, 184, 194, 199, 202, 221-224, 233, 235, 239
Chrimes, K. M. T., 61
Christ, G., 184-186, 190, 193, 200, 203
Chronos, 91, 192, 232
cité, 10, 12-14, 26, 27, 33, 43, 45, 46, 48, 49, 58, 83, 103, 120, 129, 153, 156, 171, 173-177, 179-181, 199, 200, 203, 209, 211, 234

Cléomène, 104
Clio, 62
Coedès, G., 93
commun, 120, 157, 158, 160, 162, 163, 165-167, 169, 173, 174, 179, 180, 212
communiquer, 207
complémentarité, 82, 98, 103, 109-111, 136, 140, 148, 149, 234
contingence, 196, 198, 201, 205
contradiction, 31, 45, 47, 48, 206, 221, 223, 225, 233, 235, 237, 239
contraires, 134, 135, 148, 209, 221, 235, 239
Cook, A. B., 105
Cornford, F. M., 16, 67, 69, 178, 210
Corte, M. de, 238
Courbin, P., 153
Courcelle, P., 137
Crahay, R., 104, 144
*credo*, 126
Croiset, A., 185, 203
Croissant, J., 36, 235
Cronos, 88, 91
Cumont, Fr., 62, 78, 214
Cyrus, 155

Dain, A., 157
*dais*, 168
danse, 63
Davreux, J., 127
décision, 45-47, 116, 201, 230
Dédale, 196
Deichgräber, K., 144, 229, 234
*\*dek-*, 198, 199
Delatte, A., 72
Delatte, L., 220
Delcourt, M., 102, 104, 106, 157
Déméter, 104
*dèmos*, 75, 165, 176, 177
Demoulin, H., 217
Deroy, L., 96, 155
Des Places, Ed., 230
détour, 88
Deubner, L., 107
devin, 8, 9, 20-22, 55, 67, 80, 86, 88, 90, 104, 108, 110-112, 115, 119, 122, 210, 216-218, 225-228, 230
De Visscher, F., 158
De Waehlens, A., 53
dialecticien, 199
dialogue, 10, 32, 45-48, 152, 154, 167, 169, 176, 177, 179, 181, 236
Diano, C., 137
Diels, H., 228
Diès, A., 181
*Dikè*, 8, 48, 90, 91, 109, 121, 125, 126, 149, 194, 195, 217, 219, 220, 222, 225, 230. Cf. justice
Dionysos, 20, 24, 138, 139
*diplous*, 129, 147. Cf. double
dire, 78, 115
discipline, 63
discussion, 179, 235, 236
*Dissoi Logoi*, 146, 162, 186, 187, 208
Dodds, E. R., 210, 217
*dokein*, 189, 193, 194, 198-201
*dokos*, 198, 202
*dolos*, 86, 87. Cf. ruse
don, 159, 160
Dossin, G., 92
double, 136, 145, 147, 226, 233. Cf. *eidôlon*
*doxa*, 74, 189, 193, 195-199, 201, 202, 205, 206, 209, 223, 224, 227, 234, 235. Cf. *endoxa*
droit, le, 8, 52, 57, 95, 111, 154, 158, 170, 178, 179
droit, 86, 88, 95, 141, 143, 144, 179
droite, la, 221, 223, 225
Dubois, J., 54, 55
Duchemin, J., 119
Duchesne-Guillemin, J., 52
Dumézil, G., 17, 52, 65, 71, 75, 76, 117, 126, 142, 148, 153
Dupréel, E., 182, 206, 208
Dussaud, R., 102

eau, 18, 85, 93, 95, 98, 106-108, 134, 140, 143, 213, 214, 216, 219, 223

écriture, 14, 16, 24, 34, 35, 38, 65, 71, 191
Effenterre, H. van, 103
égalité, 34, 72, 168, 169, 172, 175
égaux, les, 73
Egger, M., 133
Égyptios, 164
Ehrenberg, V., 102, 172
*Eidô*, 89
*eidôlon*, 87, 147. Cf. double
*eikôn*, 188
*eikos*, 188
Eisler, R., 212
Eitrem, S., 64, 65, 132
Eliade, M., 67
Éloge, 72-79, 125, 167. Cf. Louange
Empédocle, 86, 186, 215, 219, 220, 223, 224, 230
*endoxa*, 198. Cf. *doxa*
Énée, 74
énigme, 26, 45, 140, 145, 196
*Enuma Eliš*, 45, 70
*eoikôs*, 188
Épiménide, 7, 32, 55, 90, 109, 210, 211, 216, 217, 218, 227, 228, 230, 233, 234
Épiméthée, 86, 214
*èpios*, 99, 110
*epistèmè*, 196, 199, 202, 205
*epixunos*, 165
Érechthée, 104
Érinyes, 114, 118, 119, 122, 124
*Erôs*, 61, 130, 132, 138, 139, 171
Erreur, 88, 160. Cf. *Atè*
espace, 33, 154, 155, 166, 171, 173, 175, 181, 233
*etètuma*, 80, 128
Éthalide, 107, 144
Être, 11, 26, 43-45, 55, 75, 78, 79, 140, 196, 198, 202, 207, 214, 219, 221, 226-228, 230-232, 234, 235
*etuma*, 120, 143, 147
Euménides, 179
Evans, A. J., 71
exploit, 68, 74, 75, 77, 82, 125

fascination, 133, 202
Faure, P., 91
faute, 73, 81, 86, 92, 100, 102, 214, 220
femme, 131-134, 136, 220
femmes-abeilles, 13, 21, 89, 120, 143, 197
Ferrara, G., 204
Festugière, A. J., 97, 218
fête, 62, 70
Feyel, M., 143
*Fides*, 126, 127
Finley, M. I., 15, 60, 70, 160
fleuves (dieux-), 95
formules, 66
Foucault, M., 9, 13
Fournier, H., 78, 115
Fourquet, J., 232
foyer, 120, 140, 174, 179, 180, 212
Fraenkel, Ed., 116, 124, 126
Fraenkel, H., 66, 74, 185, 190, 200, 202, 228, 230
Francotte, A., 229
Frisk, H., 52, 195
Fritz, K. von, 107
Fugier, H., 52

Gaia, 90
*ganos*, 139
gauche, la, 221, 223, 225
Gentili, B., 185, 190, 200
*Gèras*, 99, 110
Gernet, L., 11, 29, 30, 57, 83, 86, 94, 95, 100-102, 106, 107, 111, 114, 115, 120, 121, 123-126, 154, 158, 159, 164, 166, 170, 172, 177-180, 228, 237, 238
Geyer, F., 204
Glaucos, 89, 90, 92
gloire, 62, 74-77, 118, 200
Glotz, G., 93, 94, 95
Gorgias, 133, 141, 181, 187, 195, 196, 198, 205, 207, 208, 219
gouvernail, 181
Grande-Grèce, 24, 33, 205
Grégoire, F., 190
Greifenhagen, A., 128

Greindl, M., 74, 195
griot, 119, 135
Groningen, B. A. van, 63, 187
Guarducci, M., 185
guerriers, 10, 48, 49, 68, 69, 72, 126, 153, 155-157, 166-169, 171, 173, 176
Guillon, P., 88, 188
Guthrie, W. K. C., 105, 214

*haimulioi logoi*, 22, 87, 129, 130
*Halios Gerôn*, 89, 90
Halithersès, 122
*hamartèma*, 86
Hammourabi, 92, 93
Hanslik, R., 104
*haplous*, 129, 233. Cf. simple
Harrison, J., 119
*hèdonai*, 137
*Hèdonè*, 220-223, 225. Cf. plaisir
Heinimann, F., 176, 202
Heitsch, E., 56, 109, 110, 215, 240
Hélénos, 157
Hélicon, 22, 63
*helittein*, 198
Héphaïstos, 106, 133, 155
Héraclès, 89, 140, 188, 222
Héraclite, 118, 120, 146, 165, 176, 188, 230, 231
Hermès, 22, 68, 86, 89, 106, 116, 120, 130, 132, 133, 139, 140, 142, 181, 197, 207
Hérodote, 42, 46, 47, 94, 104, 144, 155, 162, 165, 168
Herzog-Hauser, G., 85, 86, 89, 171
Hésiode, 7-9, 16-23, 31, 32, 45, 48, 56, 59, 63, 64, 69-72, 80, 81, 85, 95, 99, 102, 109, 129, 136, 141, 145, 147, 149, 150, 165, 179, 188, 222, 229, 230, 240
Heures, 132, 133
Heusch, L. de, 56, 191
*Himeros*, 130, 131, 171
Hinks, D. A. G., 205
*hippeis*, 169
Hirzel, R., 98, 126, 172

histoire, 14, 29, 42, 47, 55, 178, 206, 209
*histôr*, 180
Hittites, 69, 92, 93
Hoffmann, E., 181, 231
Hofmann, J. B., 195
Holwerda, D., 116
Homère, 7, 19, 33, 48, 53, 59, 62, 70, 71, 88, 95, 97, 99, 135, 165, 189, 240
*homoioi*, 48, 73, 165, 169. Cf. semblables
*Horkos*, 100, 114
*Hubris*, 48, 222
*hugiès anèr*, 200
*hupar*, 197
*Hupnos*, 22, 113, 138, 139. Cf. Sommeil
Hus, A., 199
*Hymne homérique à Hermès*, 20, 86, 89, 96, 132, 143, 207

Idée, 163
*ikelos*, 188
Îles des Bienheureux, 222
illusion, 135, 149, 186, 192, 195, 203, 206
illusionnisme, 188
image, 147, 150, 188, 189, 194
immortalité, 78
imprécation, 115, 119
incantation, 64
Incertitude, 224
incubation, 18, 103, 105, 108, 109, 217, 218
Inde, 52, 67, 76, 93, 236
Indra, 117, 118
initié, 55, 108, 143, 216, 218, 223
intendant, 96, 97
invisible, l', 8, 67, 145, 191, 202, 225, 238
Isagoras, 104
*isègoria*, 168, 176
Isménion, 89
*isokratia*, 168
*isonomia*, 168, 171-173
*isos*, 172
*ithus*, 88. Cf. droit et *orthos*

Jäger, W., 229
Jason, 165
Jeanmaire, H., 69, 99, 126, 139, 143, 153, 167, 168, 177, 186
Jeffery, L. H., 188
jeux, 153-158, 161, 165-167, 170, 173, 199
Joly, R., 214, 220
Jour, 44, 54, 149, 229, 235
justice, 8, 85, 87, 90-98, 100, 102, 103, 110, 111, 113, 120-125, 141, 194, 205, 229. Cf. *Dikè*

*kairos*, 196, 204, 205
Kérényi, K., 106, 188
Kerferd, G. B., 204
Kerschensteiner, J., 212
Kirk, G. S., 66, 69
*kleos*, 62, 74, 195
*koinon*, 157, 163, 165, 169, 175. Cf. *xunon, xunèia*, commun
Koller, H., 146, 189, 207
*krainein*, 68, 115, 117, 120, 122, 124, 143, 180. Cf. *akra(a)nta*
Krischer, T., 21, 240
Kroll, W., 76, 107, 130, 205
*ktèmata*, 156, 159, 160, 166
*kudos*, 74, 195
Kupper, J.-R., 72

Labarbe, J., 63, 66
Lacroix, M., 99, 100
laïcisation, 10, 33, 34, 36, 48, 152, 178, 182, 193, 209, 239
Laïos, 104
Lambert, M., 191
Lanata, G., 60, 128, 145, 185, 189, 196
Langerbeck, H., 202
*laos*, 68, 168, 176, 177
Laroche, E., 168, 172, 173
Larsen, J. A. O., 172
Lasserre, F., 60, 185, 191, 201
Latte, K., 105, 116, 124, 143
Lattimore, R., 204
Leenhardt, M., 114
Lejeune, M., 69, 96
Le Roux, F., 93

Lesbos, 173, 174
Lesky, A., 89, 184, 203
*Lèthè*, 9, 21, 22, 45, 76, 77, 79, 80, 82, 84, 106-111, 113, 130, 132, 135-140, 143, 144, 146, 148, 149, 213-216, 218, 220, 221, 223-226, 234, 235. Cf. Oubli
lettres (de l'alphabet), 13, 16, 191
Leumann, M., 195
Lévêque, P., 15, 172-174
Lévi-Strauss, Cl., 12, 17, 29, 30, 42, 47, 57, 77, 148, 191
Levy, H. L., 163
Lipsius, H., 180
Lloyd-Jones, H., 190
Lobel, E., 173, 190
logique, 9, 31, 48, 56, 149, 203, 210, 221, 222, 225, 226, 232, 239
*loimos*, 102
Lord, A. B., 66
Lorimer, H., 98, 153
Louange, 8, 62, 70, 72-80, 82, 113, 117, 118, 125, 149. Cf. Éloge
Lumière, 8, 77, 79, 80, 133, 225, 228, 229, 235
Lune, 142
Luther, W., 54, 55, 74, 81, 86-88, 98, 116, 136, 152, 232, 240

Maas, P., 87, 190
Maehler, H., 78, 135, 189
mages, 210, 211, 217, 237, 239. Cf. *theios anèr*
magicien, 101, 120
*Mahābhārata*, 117
Maiandrios, 169, 171
main, 115, 159, 160, 163, 165
malédiction, 114, 122, 124
Malten, L., 154
mantique, 18, 46, 86-91, 102, 103, 108, 109, 111, 143, 217, 218
Marduk, 45, 69, 70
Mari, 92, 93
Marót, K., 59, 61, 129, 137
Martin, R., 155, 164

Masson-Oursel, P., 52
Matoré, G., 54
Maunier, R., 160
Mauss, M., 160
mauve, 217
Mayer, M., 59, 64
Méautis, G., 122
médecine, 218
Mégare, 91, 156
Meillet, A., 12, 126
*Meletè*, 63, 210, 211, 214, 216, 218, 220, 222, 223, 225
Melpomène, 62
mémoire, 7-9, 19-22, 24, 25, 31, 47, 60, 62, 64-68, 71, 72, 74, 75, 77-83, 106, 108, 113, 123-125, 136, 137, 139, 140, 144, 149, 190-193, 202, 208, 209, 211, 212, 214-216, 219-225, 234. Cf. *Mnèmè, Mnèmosunè, mnèmôn*
Mémorial, 78
mer, 89, 92, 94
Merkelbach, R., 85
Merleau-Ponty, M., 236, 237
Mésa, 173
Mésopotamie, 44, 92, 93, 95, 191
*mes(s)on*, 155, 157, 158, 160, 162, 163, 166, 172-175. Cf. centre
*Metameleia*, 214, 222
métier, 63, 185, 186, 189, 191, 192
*mètis*, 22, 37, 61, 86, 88, 133, 134, 136, 146, 147, 186, 197, 204. Cf. ruse et *dolos*
Meuli, K., 210
Meyerson, I., 11, 31, 52, 57, 182, 184
Michon, E., 97
miel, 20, 21, 30, 120, 128, 142, 143
Mikkola, E., 195
milieu, 155-169, 172, 175
*mimèsis*, 146, 147, 189
Minar, E. L., 201
Minos, 93, 94, 97, 98, 103, 109, 110, 217
Minton, W. W., 59

*mnaomai*, 60
*Mnèmè*, 62-64, 74. Cf. *Mnèmosunè*, mémoire
*mnèmôn*, 124, 180
*Mnèmosunè*, 8, 21, 62, 64, 65, 77, 78, 80, 106, 108, 109, 143, 145, 214-216, 225. Cf. mémoire
mnémotechnique, 65, 190, 191
Mnèsiphile, 204
modèles, 212
Momigliano, A., 28, 29, 54
*Mômos*, 22, 76, 79, 80, 113, 118, 139. Cf. Blâme
Moniot, H., 65
Montet, P., 92
Morrison, J. S., 204
mort, 22, 24, 77, 128, 138, 214, 216, 219, 220, 226
Mossé, Cl., 168
mots, 230-232
motte de terre, 95
*Mousa*, 8, 60, 61
Mugler, Ch., 78, 173
Multiple, 228, 233
Muses, 7, 9, 13, 17, 19-22, 59, 60, 62-64, 71, 73, 75, 77, 78, 80, 81, 103, 113, 119, 126, 128-130, 136-138, 141, 144, 145, 147, 189, 197, 218, 228, 229, 235
musique, 63
Mutschmann, H., 206
mythe (pensée mythique), 28-32, 36, 42, 43, 56, 178

navigation, 99, 181, 205
*nèmertès*, 85, 86, 88, 216
Némésis, 100, 134
*nèpioi*, 99
*nèputios*, 100
Nérée, 45, 85, 88-90, 92, 97-100, 110, 112, 134, 140, 147
Nestle, W., 185, 196, 204, 206, 208, 233
Nestor, 75, 135, 142, 146, 159
Nilsson, M. P., 85, 97, 106, 119, 153
nobles, 75, 82, 83

noblesse, 83, 200
noms, 231
Non-Être, 196, 221, 232, 235
Notopoulos, J. A., 65
Nuit, 22, 44, 54, 56, 76, 77, 79, 82, 85, 109, 110, 130, 132, 133, 136-139, 142, 149, 178, 220, 225, 228, 229, 235

*Oaristus*, 131, 134, 170, 171
oblique, 87, 88, 144. Cf. *skolios*
Obscurité, 9, 77, 80, 138. Cf. *Skotos, Skotios*
Œdipe, 124
Oliva, P., 103
Oliver, J. H., 139
*olophôia*, 143
Olympie, 90
*omen*, 121
*onar*, 197
*Oneiros*, 141. Cf. Songes
oracles, 89, 102, 104, 105, 120, 122, 144
ordalie, 18, 92-95, 110
Oreste, 129, 179
Orgogozo, J., 120
originel, l', 64
*orthos*, 88. Cf. droit et *ithus*
*Ossa*, 78. Cf. voix
Oubli, 7, 9, 21, 24, 25, 45, 65, 76, 77, 79-82, 86, 106-108, 110, 124, 125, 136-138, 140-142, 144, 149, 192, 213, 214, 216, 219-223, 225, 234. Cf. *Lèthè*
ouvrière, 98

Page, D. L., 69, 173, 192
*palaios logos*, 62
Palmer, L. R., 68
Pandora, 22, 87, 130, 132, 133
*Panionion*, 174
*Panteidyia*, 89
*Paraiphasis*, 134, 170. Cf. *Parphasis*
Paraître, 202
*Parègoros*, 170, 171
Parménide, 7, 10, 26, 31, 32, 34, 38, 39, 43, 44, 53, 201, 202, 205, 219, 227-236, 239, 240
Parméniscos, 107
parole, 8-10, 12-14, 19, 21, 22, 31-34, 36, 44-48, 55, 56, 60-65, 67-72, 75, 77-84, 86-88, 100, 111-129, 133-135, 137, 138, 141, 145, 149-152, 154, 163, 166-171, 176-182, 188, 189, 203, 206, 207, 210, 220, 224, 226, 230-232, 236, 238, 239
Paron, 192
*Parphasis*, 87, 129, 131, 134-136, 171, 195, 234, 235
Parthénées, 73
Pasiphaé, 105
*Pasitheè*, 138
pasteurs, 181
Patrocle, 49, 87, 145, 154
*patrôia*, 156
Paulme, D., 93
Pausanias, 223
peinture, 146, 186-189, 193, 195
*Peithô*, 122, 125-136, 138, 142, 149, 170, 171, 195, 196, 206, 207, 220, 224, 225, 238. Cf. Persuasion
Pélasgos, 179
Perdiccas, 95
Perelman, Ch., 236
Perrotta, G., 190, 200
Persuasion, 10, 37, 128, 129, 131, 141, 151, 170, 180-182, 206, 207, 208, 220, 235. Cf. *Peithô*
Pétron, 211, 212
phalange, 14, 177
*pharmakon*, 128
Phèdre, 212, 213
Philodème, 130, 168
*Philodoxoi*, 196
Philon d'Alexandrie, 62
philosophe, 9, 12, 13, 53, 55, 58, 205, 211, 231, 234, 235, 237
philosophico-religieuses (sectes), 55, 97, 137, 182, 184, 192, 210, 211, 216, 217, 219-225, 227, 230, 233, 235, 239
philosophico-religieux (milieux),

7, 23, 24, 28, 55, 63, 192, 215, 218, 221, 222, 224
philosophie, 10, 12, 14, 16, 20, 25, 32, 36, 38, 53, 56, 58, 112, 149, 150, 170, 178, 193, 203, 231, 236, 238
*philotès*, 131
*philtron*, 128
Phoibos, 77, 144
Phorkys, 89
*phronèsis*, 209, 222
Phronimé, 94
*phronimos*, 204
*phusis*, 47, 118, 119, 202
Piaget, J., 57
Picard, Ch., 89, 92-97, 104, 127, 139, 173, 214
Pindare, 44, 71, 75, 76, 78, 79, 82, 89, 118, 119, 121, 133-135, 150, 185, 228
Pirithoüs, 106, 126
Pisani, V., 52
Pisistratides, 104
*Pistis*, 61, 125-127, 149, 219, 220, 225, 230
Pittheus, 103, 112, 140, 141
Plaine d'*Alètheia*, 7, 55, 97, 211-216, 225
Plaine de *Lèthè*, 213-215, 225
plaisir, 130, 131, 137, 139, 207, 220, 222. Cf. *Hèdonè*
Platon, 18, 27, 46, 53, 62, 102, 132, 142, 146, 181, 186-188, 194-199, 205, 206, 208, 209, 212, 213, 215, 217, 218, 230, 234
Plutarque, 77, 91, 110, 124, 127, 130, 136, 139, 142, 144, 162, 187, 211, 212, 214, 220
poésie, 42, 60, 65, 67, 68, 71, 111, 184-187, 189, 190, 192, 193, 201-203
poète, 8, 9, 19, 21, 30, 44, 55, 59, 60, 62, 64, 67, 68, 70-73, 75, 76, 78-84, 108, 110-112, 115-119, 121, 123, 125, 133, 136, 137, 140, 141, 187, 189-191, 193, 203, 210, 225-228, 230
*poikilia*, 135

*poikilomètis*, 132, 197
*poikilos*, 136
polarité, 140, 222
Polis, 14, 26, 27, 165, 200, 217, 234
politique, le, 204, 205
Polycrate de Samos, 171, 172
Polymnie, 63
Ponos, 221, 223, 225
Poséidon, 90, 102
Pothos, 130, 133, 171
pousse, 117, 118
prairie d'*Atè*, 216, 223
*prapides*, 223
*prattein*, 122, 123
*Praxidikai*, 122, 124
*praxis*, 122, 123, 204, 210. Cf. action
*Praxitheai*, 122
Préaux, Cl., 71
prédroit, 154, 178
présage, 104, 119, 121
preuves, 111, 170, 179
privé, 162, 175, 176
prix (des jeux), 155-159, 161-163, 165, 166, 170
Proclus, 213
prognostic, 218
Prométhée, 214
*Promètheia*, 214
propriété, 157, 159, 160, 162, 165, 181
prostration, 114
Protagoras, 141, 176, 234
Protée, 45, 92, 133, 134, 136, 140
prudent, 204, 205
*pseudea*, 22, 87, 130, 132, 145-147, 207
*pseudeis logoi*, 22, 110, 129, 132, 142
*pseudès*, 86-88, 136, 147, 233
*pseudos*, 24, 86, 87, 146
psychagogie, 133, 207
public, 162, 163, 176, 180
publicité, 71, 161, 166, 167, 170, 192, 234
purificateur, 217
Pythagore, 7, 30, 109

raison, 30, 32, 36, 37, 42, 43, 53, 57, 178, 179, 206, 210, 211, 226
Ramnoux, Cl., 56, 85, 90, 118, 132, 144, 176, 178, 181, 230, 231
Rankin, H. D., 110
récitation, 63, 191
Redard, G., 198, 199
réforme hoplitique, 10, 14, 33, 48, 152, 153, 177
regard, 72, 158, 166, 167
Régis, L.-M., 198
réincarnation, 215
renard, 194, 197
Renou, L., 93, 114, 147
*République, La*, 194, 202, 213
rhéteur, 199, 206
rhétorique, 10, 129, 131, 133, 137, 141, 142, 146, 150, 171, 178, 182, 195, 203, 205, 206, 208, 211, 224
richesse, 75, 101, 117, 185, 200
Ringgren, H., 115
rire, 107
Rivaud, A., 212
Rivier, A., 116, 120, 146, 147, 188, 202, 230
Robert, F., 88
Robert, L., 136, 173, 174
Rohde, E., 103, 107
roi, 8, 30, 44, 45, 68, 70, 93, 96-98, 100-104, 110-112, 115, 120, 125, 134-136, 141, 142
Romilly, J. de, 206
Rosado Fernandes, R. M., 139
Roscher, W. H., 128, 207
Rosenmeyer, Th. G., 136, 146, 187
Rougier, L., 232
Roumeguère-Eberhardt, J., 148
Roussel, P., 99
Roux, G., 64
Rta, 52
Ruben, W., 236
Ruhl, L., 97
Rumeur, 78
ruse, 46, 132, 209. Cf. *dolos, mètis*

Russo, F., 188

Sages (Sept), 204, 218
Salamine, 204
salut, 191, 211, 215, 216, 222, 228
Sappho, 63, 78, 139, 184, 187
*satya*, 52
Sautel, G., 111, 179
sceptre, 102, 114, 115, 163-165, 177
Schaerer, R., 84, 140
Scherling, K., 105
Schmid, W., 184-186, 190, 191, 200, 203
Schuhl, P.-M., 119, 136, 186-188, 195, 204
Schulthess, 73, 169
Schwabl, H., 69, 229, 234, 235
Schwartz, J., 179
Schweitzer, B., 185
Scopades, 200
sculpture, 139, 189
Segal, Ch. P., 22, 23, 208
semblables, 48, 73, 169, 171. Cf. *homoioi*
serment, 102, 114, 126, 127, 161, 179, 180
Setti, A., 61, 64, 66, 128
Severyns, A., 63, 74, 164, 184, 187, 222
shamanisme, 210
signature, 188
Silence, 9, 76, 77, 80, 114, 138, 144, 224. Cf. *Siôpè*
silphion, 96
Simonide de Céos, 78, 91, 184-194, 199-203, 208, 224
simple, le, 52, 142, 233. Cf. *haplous*
Sinclair, T. A., 172
*Siôpè*, 77, 144. Cf. Silence
Sirènes, 128, 129, 137, 142, 197
Sisyphe, 129
skiagraphie, 194, 195
*skolios*, 87, 88, 194. Cf. oblique
*Skotios*, 77, 144
*Skotos*, 77
Smith, G., 200

Snell, B., 39, 60, 62, 64, 99, 165, 195, 203, 228
Snodgrass, A., 14, 153
Sokolowski, F., 128
Solmsen, F., 170
Solon, 91, 94
Sommeil, 22, 137-139, 217, 224. Cf. *Hupnos*
Songes, 108, 109, 120, 121, 141, 142, 143, 147, 218
sophiste, 9, 46, 199, 203-208
sophistique, 10, 112, 150, 182, 203-206, 208, 209, 211, 219, 224, 236, 238
*Sôphrosunè*, 127
source, 106, 107, 143, 215, 216, 223
Sparte, 48, 61, 72, 73, 104, 105
Sprute, J., 195, 196
Stanford, W. B., 144
Starr, Ch. G., 103, 162
statue, 188
*strephein*, 197, 198
Sumer, 92, 115
*Suppliantes, Les*, 120, 179
supplication, 114
Suys-Reitsma, S. J., 63

tablettes d'or, 23, 210, 214, 219, 223
tablettes Sc (Cnossos), 69
*talanta*, 95-97
talent, 96
Talthybios, 161
Tartare, 223
Télémaque, 163, 164
*telos*, 88, 89, 116, 121, 180
Temps, 123, 124, 137, 152, 169, 179, 192, 196, 212, 214-216, 218, 225, 226
Téos, 174
*terpein*, 128
Terpsichore, 63, 185
Thalamai, 105
Thalès, 174
Thalie, 62
*Thanatos*, 22, 138, 139
Théétète, 141, 197
*theios anèr*, 221. Cf. mages

*thelgein*, 128
*thelktèrion*, 128
*Thelxiepeia*, 128
*Thelxinoè*, 64, 128, 129
*Themides*, 104
*Themis*, 13, 22, 31, 61, 103
Thémison, 93, 94
*themistes*, 102, 109, 120
Thémistocle, 46, 119, 204
Théognis, 87, 91, 127, 156
*Théogonie*, 16, 17, 20-23, 45, 56, 71, 80, 86-88, 99, 102, 141, 145
théogonies, 68-70
Théonoé, 89, 90
Thersite, 177
Thésée, 94, 106, 126, 175
Thessaliens, 187
Thétis, 134, 155
Tiamat, 69, 70
Timpanaro-Cardini, M., 212
Tirésias, 89, 108, 112, 144
tissu bariolé, 133, 134
*tokos*, 207
tortueux, 87
tragédie, 146
travaux agricoles, 81
*Travaux et les Jours, Les*, 80, 81, 87, 222
Treu, M., 59, 185, 187, 189, 190, 193, 203
Trocmé, H., 103
tromperie, 22, 24, 46, 86, 87, 110, 129-133, 135, 143, 145, 147, 187, 206, 239. Cf. *pseudès, pseudea*
Trophonios, 103, 105, 107, 108, 143
troupeaux, 101, 102, 181, 207
Tümpel, 76
Tyrtée, 75, 165, 170

Uerschels, W., 138
Ullmann, St., 54
Ulysse, 19, 74, 129, 130, 132, 134, 146, 157, 161, 162, 164, 166, 177, 233
Un, 226, 228, 231-233
Untersteiner, M., 128, 136, 182,

索引 219

187, 196, 227, 229, 231, 234, 235

Van der Kolf, M. C., 122, 138
Van Lier, H., 51
Vansina, J., 65
Varenne, J., 52
Vendryes, J., 109, 110, 172
Verdenius, W. J., 197, 219
Vernant, Jacques, 119
Vernant, Jean-Pierre, 11, 14, 29, 30, 37, 43, 56, 57, 61, 63, 64, 66, 70, 85, 95, 100, 101, 105, 107, 118, 122, 123, 140, 145, 147, 148, 153, 159, 173, 174, 177, 180-182, 185, 186, 191, 192, 207, 210, 211, 213-217, 220, 222, 226, 233, 238, 239
Vernière, Y., 138, 220
vertus politiques, 99
Vian, F., 65, 104, 112, 153
Vidal-Naquet, P., 15, 58, 59, 157, 172-174
Vieillesse, 99, 110
Vieux de la Mer, 23, 45, 75, 85-91, 95, 98, 100, 108-111, 124, 125, 140, 143, 218
vin, 138
Vincent, A., 102
violence, 14, 100, 129, 135, 142, 181, 195, 207
visible, le, 202, 225, 226, 238
Vlastos, G., 172, 173, 229
Voigt, 128
voix, 63, 77, 78, 99, 115. Cf. *Ossa*

Vos, H., 102-104
voyance, 67, 68, 79, 84, 108, 110-112, 215, 218, 225, 229
Vṛtra, 117

Wahl, J., 53
Waites, M. C., 222
Walcot, P., 100
Warren, Ed. W., 140
Wartburg, W. von, 54
Webster, T. B. L., 70, 71, 97, 226
Weicker, 89
Weiss, E., 124
Wernicke, 136
Wilamowitz, U. von, 64, 143, 184, 187
Will, Ed., 90, 92, 165, 172, 173
Willetts, R. F., 97, 103, 217
Wismann, 17-22
Wittfogel, K. A., 191
Wolf, E., 91, 100, 102
Woodbury, L., 200
Wüst, E., 112, 119, 209

Xénophane, 116, 147, 186, 202, 240
*xunèia*, 157-159, 165, 166. Cf. *koinon*, commun
*xunon*, 165, 173, 174
*xunôniè*, 165

Yoshida, A., 69

Zahan, D., 76, 114, 119, 135
Zimrilim, 92

图书在版编目（CIP）数据

希腊古风时期的真理大师/(法)德蒂安著；王芳译. —北京：华夏出版社，2015.1
（西方传统：经典与解释）
ISBN 978-7-5080-8283-7

Ⅰ.①希… Ⅱ.①德… ②王… Ⅲ.①古希腊罗马哲学－研究 Ⅳ.①B502

中国版本图书馆CIP数据核字(2014)第256560号

Les Maîtres de Vérité dans la Grèce archaïque
© Librairie Générale Française 2006
All rights reserved.
北京市版权局著作权合同登记号：图字01-2012-5679

### 希腊古风时期的真理大师

| | |
|---|---|
| 作　　者 | (法)德蒂安 |
| 译　　者 | 王　芳 |
| 责任编辑 | 王霄翎 |
| 责任印制 | 刘　洋 |
| 出版发行 | 华夏出版社 |
| 经　　销 | 新华书店 |
| 印　　刷 | 北京建筑工业印刷厂 |
| 装　　订 | 三河市少明印务有限公司 |
| 版　　次 | 2015年1月北京第1版<br>2015年2月北京第1次印刷 |
| 开　　本 | 880×1230　1/32 |
| 印　　张 | 7.5 |
| 字　　数 | 180千字 |
| 定　　价 | 39.00元 |

华夏出版社　地址：北京市东直门外香河园北里4号　邮编：100028
　　　　　　网址：www.hxph.com.cn　　电话：(010)64663331(转)
若发现本版图书有印装质量问题，请与我社营销中心联系调换。

# 西方传统：经典与解释

## 古今丛编

**试论古今革命**
[法]夏多布里昂 著

**托兰德与激进启蒙**
刘小枫 编

**《劳作与时日》笺释**
吴雅凌 撰

**图书馆里的古今之战**
[英]斯威夫特 著

**但丁：皈依的诗学**
[美]弗里切罗 著

**在西方的目光下**
[英]康拉德 著

**大学与博雅教育**
董成龙 编

**恐惧与战栗**
[丹麦]基尔克果 著

**探究哲学与信仰——基尔克果与苏格拉底**
[美]郝岚 著

**穆佐书简**
[奥]里尔克 著

**撒路斯特与政治史学**
刘小枫 编

**民主的本性——托克维尔的政治哲学**
[法]马南 著

**希罗多德的王霸之辨**
吴小锋 编/译

**梅尔维尔的政治哲学——《切雷诺》及其解读**
李小均 编/译

**第二代智术师——罗马帝国早期的文化现象**
安德森 著

**英雄诗系笺释**
[古希腊]荷马 著

**统治的热望**
——修昔底德笔下的阿尔喀比亚德和帝国政治
[美]福特 著

**席勒美学的哲学背景**
[美]维塞尔 著

**雅典谐剧与逻各斯**
——《云》中的修辞、谐剧性及语言暴力
[美]奥里根 著

---

## 西方传统：经典与解释
## Classici et Commentarii
## HERMES
刘小枫◎主编

**莱园哲人伊壁鸠鲁**
罗晓颖 选编

**果戈里与鬼**
[俄]梅列日科夫斯基 著

**托尔斯泰与陀思妥耶夫斯基（两卷本）**
[俄]梅列日科夫斯基 著

**自传性反思**
[德]沃格林 著

**黑格尔与普世秩序**
[美]希克斯 等著

**新的方式与制度**
——马基雅维利的《论李维》研究
[美]曼斯菲尔德 著

**论埃及神学与哲学——伊希斯与俄赛里斯**
[古希腊]普鲁塔克 著

**凯撒的剑与笔**
李世祥 编／译

**纪念苏格拉底——哈曼文选**
刘新利 选编

**科耶夫的新拉丁帝国**
[法]科耶夫 等著

**夜颂中的革命和宗教——诺瓦利斯选集卷一**
[德]诺瓦利斯 著

**大革命与诗话小说——诺瓦利斯选集卷二**
[德]诺瓦利斯 著

**《利维坦》附录**
[英]霍布斯 著

**巨人与侏儒**
[美]布鲁姆 著

**或此或彼（上、下）**
[丹麦]基尔克果 著

**海德格尔与有限性思想（重订版）**
刘小枫 选编

**海德格尔式的现代神学**
刘小枫 选编

**走向古典诗学之路**
——相遇与反思：与伯纳德特聚谈
[美]伯格 编

论宗教大法官的传说
[俄]罗赞诺夫 著

上帝国的信息
[德]拉加茨 著

双重束缚
[美]基拉尔 著

俄耳甫斯教祷歌
吴雅凌 编译

俄耳甫斯教辑语
吴雅凌 编译

黑格尔的观念论
[美]皮平 著

古今之争中的核心问题
[德]迈尔 著

浪漫派风格——施莱格尔批评文集
[德]施莱格尔 著

神圣的罪业
[美]伯纳德特 著

论永恒的智慧
[德]苏索 著

宗教经验种种
[美]詹姆斯 著

尼采反卢梭
[美]凯斯·安塞尔-皮尔逊 著

施米特对自由主义的批判
[美]约翰·麦考米克 著

舍勒思想评述
[美]弗林斯 著

诗与哲学之争
[美]罗森 著

基督教理论与现代
[德]特洛尔奇 著

亚历山大的克雷蒙
[意]塞尔瓦托·利拉 著

伊壁鸠鲁主义的政治哲学
[意]詹姆斯·尼古拉斯 著

神圣与世俗
[罗]伊利亚德 著

中世纪的心灵之旅——波纳文图拉神学著作选
[意]圣·波纳文图拉 著

弓弦与竖琴——从柏拉图解读《奥德赛》
[美]伯纳德特 著

论古人的智慧
[英]培根 著

柏拉图注疏集

情敌
[古希腊]柏拉图 著

哲学如何成为苏格拉底式的
[美]朗佩特 著

苏格拉底与希琵阿斯
王江涛 编译

理想国
[古希腊]柏拉图 著

谁来教育老师——《普罗塔戈拉》发微
刘小枫 编

立法者的神学——柏拉图《法义》卷十绎读
林志猛 编

柏拉图对话中的神
[德]薇依 著

厄庇诺米斯
[古希腊]柏拉图 著

智慧与幸福——柏拉图的《厄庇诺米斯》
程志敏 选编

论柏拉图对话
[德]施莱尔马赫 著

柏拉图《美诺》疏证
[美]克莱因 著

政治哲学的悖论——苏格拉底的哲学审判
[美]郝岚 著

神话诗人柏拉图
张文涛 选编

人应该如何生活
[美]布鲁姆 著

阿尔喀比亚德
[古希腊]柏拉图 著

叙拉古的雅典异乡人——柏拉图《书简七》探幽
彭磊 选编

阿威罗伊论《王制》
[阿拉伯]阿威罗伊 著

《王制》要义
刘小枫 选编

柏拉图的《会饮》
[古希腊]柏拉图 等著

苏格拉底的申辩
[古希腊]柏拉图 著

苏格拉底与政治共同体
[美]尼科尔斯 著

政制与美德——柏拉图《法义》疏解
[美]潘戈 著

《法义》导读
[法]卡斯代尔·布舒奇 著

论真理的本质
[德]海德格尔 著

哲人的无知
[德]费勃 著

米诺斯
[古希腊]柏拉图 著

## 亚里士多德注疏集

品格的技艺
[美]加佛 著

亚里士多德哲学的基本概念
[德]海德格尔 著

《政治学》疏证
[意]托马斯·阿奎那 著

尼各马可伦理学义疏
——亚里士多德与苏格拉底的对话
[美]伯格 著

哲学之诗——亚里士多德《诗学》解诂
[美]戴维斯 著

对亚里士多德的现象学解释
[德]海德格尔 著

城邦与自然——亚里士多德与现代性
刘小枫 编

论诗术中篇义疏
[阿拉伯]阿威罗伊 著

哲学的政治——亚里士多德《政治学》疏证
[美]戴维斯 著

## 色诺芬注疏集

居鲁士的教育
[古希腊]色诺芬 著

驯服欲望——施特劳斯笔下的色诺芬撰述
[法]科耶夫 等著

论僭政——色诺芬《希耶罗》义疏
[美]施特劳斯 著

色诺芬的《会饮》
[古希腊]色诺芬 著

## 莎士比亚绎读

莎士比亚笔下的爱与友谊
[美]布鲁姆 著

莎士比亚戏剧与政治哲学
彭磊 选编

莎士比亚的政治盛典
[美]阿鲁里斯/苏利文 编

丹麦王子与马基雅维利
罗峰 选编

## 卢梭集

论哲学生活的幸福
[德]迈尔 著

致博蒙书
[法]卢梭 著

政治制度论
[法]卢梭 著

哲学的自传——卢梭的《孤独漫步者的遐思》
[法]卢梭 著

文学与道德杂篇
[法]卢梭 著

设计论证——卢梭的《社会契约论》
[美]吉尔丁 著

卢梭的自然状态
[美]普拉特纳 等著

卢梭的榜样人生——作为政治哲学的《忏悔录》
[美]凯利 著

## 莱辛注疏集

汉堡剧评
[德]莱辛 著

关于悲剧的通信
[德]莱辛 著

《智者纳坦》研究版
[德]莱辛 等著

启蒙运动的内在问题——莱辛思想再释
[美]维塞尔 著

莱辛剧作七种
[德]莱辛 著

历史与启示——莱辛神学文选
[德]莱辛 著

论人类的教育——莱辛政治哲学文选
[德]莱辛 著

## 尼采注疏集

尼采与基督教——尼采的《敌基督》论集
刘小枫 编

尼采眼中的苏格拉底
[美]丹豪瑟 著

尼采的使命——《善恶的彼岸》绎读
[美]朗佩特 著

尼采与现时代——解读培根、笛卡尔与尼采
[美]朗佩特 著

动物与超人之间的绳索
[德]A.彼珀 著

## 施特劳斯集

苏格拉底问题与现代性[增订本]
——施特劳斯演讲与论文集：卷二
[美]列奥·施特劳斯 著

政治哲学与启示宗教的挑战
[德]迈尔 著

霍布斯的宗教批判
[美]列奥·施特劳斯 著

斯宾诺莎的宗教批判
[美]列奥·施特劳斯 著

门德尔松与莱辛
[美]列奥·施特劳斯 著

哲学与律法——论迈蒙尼德及其先驱
[美]列奥·施特劳斯 著

迫害与写作艺术
[美]列奥·施特劳斯 著

柏拉图式政治哲学研究
[美]列奥·施特劳斯 著

阅读施特劳斯
[美]斯密什 著

《会饮》讲疏
[美]列奥·施特劳斯 著

柏拉图《法义》的论辩与情节
[美]列奥·施特劳斯 著

什么是政治哲学
[美]列奥·施特劳斯 著

古典政治理性主义的重生
[美]列奥·施特劳斯 著

施特劳斯与流亡政治学
[美]谢帕德 著

犹太哲人与启蒙
——施特劳斯演讲与论文集：卷一
[美]列奥·施特劳斯 著

回归古典政治哲学——施特劳斯通信集
[美]列奥·施特劳斯 著

隐匿的对话——施米特与施特劳斯
[德]迈尔 著

苏格拉底与阿里斯托芬
[美]列奥·施特劳斯 著

## 古典学丛编

希腊古风时期的真理大师
[法]德蒂安 著

古罗马的教育
[英]葛怀恩 著

古典学与现代性
刘小枫 编

表演文化与雅典民主政制
[英]戈尔德希尔、奥斯本 编

西方古典文献学发凡
刘小枫 编

古典语文学常谈
克拉夫特 著

古希腊文学常谈
[英]多佛 等著

## 修昔底德集

修昔底德笔下的人性
[加]欧文 著

修昔底德笔下的演说
[美]斯塔特 著

古希腊政治理论
格雷纳 著

## 赫西俄德集

神谱笺释
吴雅凌 撰

赫西俄德：神话之艺
[法]居代·德·拉孔波 等著

赫拉克勒斯之盾笺释
罗逍然 译笺

## 古希腊诗歌丛编

阿尔戈英雄纪（上、下）
[古希腊]阿波罗尼俄斯 著

诗歌与城邦
[美]费拉格、纳吉 主编

## 品达注疏集

幽暗的诱惑——品达、晦涩与古典传统
[美]汉密尔顿 著

## 阿里斯托芬集
《阿卡奈人》笺释
[古希腊]阿里斯托芬 著

## 古希腊肃剧注疏集
希腊肃剧与政治哲学
[美]阿伦斯多夫 著

## 希伯莱圣经历代注疏
希腊化世界中的犹太人
[英]威尔逊 著

第一亚当和第二亚当
[德]朋霍费尔 著

## 新约历代经解
属灵的寓意
[古罗马]俄里根 著

## 维吉尔注疏集
《埃涅阿斯纪》章义
王承教 选编

维吉尔的帝国
阿德勒 著

## 塔西佗集
塔西佗的政治史学
曾维术 编

## 但丁集
但丁的圣约书
[美]霍金斯 著

## 洛克集
上帝、洛克与平等
[美]沃尔德伦 著

## 施米特集
宪法专政——现代民主国家中的危机政府
[美]罗斯托 著

## 美国宪政与古典传统
美国1787年宪法讲疏
[美]阿纳斯塔普罗 著

## 大学素质教育读本
古典诗文绎读 西学卷·古代编（上、下）
古典诗文绎读 西学卷·现代编（上、下）

---

中国传统：经典与解释
Classici et Commentarii
刘小枫 陈少明◎主编

皇清经解提要
[清]沈豫 撰

冬灰录
[明]方以智 著

从公羊学论《春秋》的性质
阮芝生 撰

药地炮庄笺释·总论篇
[明]方以智 著

松阳讲义
[清]陆陇其 著

起凤书院答问
[清]姚永朴 撰

青原志略
[明]方以智 原编

冬炼三时传旧火——港台学人论方以智
邢益海 编

药地炮庄
[明]方以智 著

周礼疑义辨证
陈衍 撰

经学通论
[清]皮锡瑞 著

韩愈志
钱基博 著

论语辑释
陈大齐 著

《庄子·天下篇》注疏四种
张丰乾 编

荀子的辩说
陈文洁 著

古学经子—— 十一朝学术史述林
王锦民 著

经学以自治——王闿运春秋学思想研究
刘少虎 著

《铎书》校注
孙尚扬 肖清和 等校注

**经典与解释辑刊**（刘小枫 陈少明 主编）

1. 柏拉图的哲学戏剧
2. 经典与解释的张力
3. 康德与启蒙
4. 荷尔德林的新神话
5. 古典传统与自由教育
6. 卢梭的苏格拉底主义
7. 赫尔墨斯的计谋
8. 苏格拉底问题
9. 美德可教吗
10. 马基雅维利的喜剧
11. 回想托克维尔
12. 阅读的德性
13. 色诺芬的品味
14. 政治哲学中的摩西
15. 诗学解诂
16. 柏拉图的真伪
17. 修昔底德的春秋笔法
18. 血气与政治
19. 索福克勒斯与雅典启蒙
20. 犹太教中的柏拉图门徒
21. 莎士比亚笔下的王者
22. 政治哲学中的莎士比亚
23. 政治生活的限度与满足
24. 雅典民主的谐剧
25. 维柯与古今之争
26. 霍布斯的修辞
27. 埃斯库罗斯的神义论
28. 施莱尔马赫的柏拉图
29. 奥林匹亚的荣耀
30. 笛卡尔的精灵
31. 柏拉图与天人政治
32. 海德格尔的政治时刻
33. 荷马笔下的伦理
34. 格劳秀斯与国际正义
35. 西塞罗的苏格拉底
36. 基尔克果的苏格拉底
37. 《理想国》的内与外
38. 诗艺与政治
39. 律法与政治哲学
40. 古今之间的但丁
41. 拉伯雷与赫尔墨斯秘学
42. 柏拉图与古典乐教

**刘小枫集**

诗化哲学［重订本］
拯救与逍遥［修订本］
走向十字架上的真
这一代人的怕和爱［增订本］
现代性与现代中国：现代性社会理论绪论
沉重的肉身
圣灵降临的叙事［增订本］
罪与欠
西学断章
现代人及其敌人
儒教与民族国家
拣尽寒枝
施特劳斯的路标
重启古典诗学
共和与经纶
设计共和
卢梭与我们
好智之罪：普罗米修斯神话通释
民主与爱欲：柏拉图《会饮》绎读
民主与教化：柏拉图《普罗塔戈拉》绎读
巫阳招魂：《诗术》绎读

**编修［博雅读本］**

凯若斯：古希腊语文读本［全二册］
古希腊语文学述要
雅努斯：古典拉丁语文读本
古典拉丁语文学述要
危微精一：政治法学原理九讲
琴瑟友之：钢琴与古典乐色十讲